ARQUITECTONICS
MIND, LAND & SOCIETY

Institutions that support the review (Co-editors):

Universitat Politècnica de Catalunya
Grup de Recerca GIRAS. UPC
Universidad de los Andes
Mérida, Venezuela
Universidad Nacional del Litoral. *Santa Fe. Argentina*
Universidad de Santo Tomás
Bucaramanga. Colombia
Universidad Politécnica de Puerto Rico. *Puerto Rico*
Corporación HEKA. *Ecuador*
Colegio Nacional de Arquitectos del Ecuador. *Quito. Ecuador*
Pontificia Universidad Católica de Valparaíso
Valparaíso. Chile

Assistants to the Editor:
Helle Birk
Higini Herrero
Rafael Reyes

Mail and subscriptions
ARQUITECTONICS
Mind, Land & Society
Depart. de Projectes d'Arquitectura
Universitat Politècnica de Catalunya
Av. Diagonal, 649, 5a planta
08028 Barcelona / Spain
Tel.: (0034) 934 016 406
Fax.: 934 016 396
newsletter.pa@upc.edu
www.arquitectonics.com
www.agapea.com

Fotografía y Dibujo de cubierta:
Josep Muntañola

Edición:
Edicions UPC
Jordi Girona Salgado 31, Edifici TG
08034 Barcelona
Tel.: 934 015 885 Fax: 934 054 101
Edicions Virtuals: www.edicionsupc.es
E-mail: edicions-upc@upc.es
ISSN: 1579-4431
ISBN: 978-84-9880-405-8
Depósito legal: B-13909-2010
Impresión: LIGHTNING SOURCE
© 2009, *ARQUITECTONICS* y los autores de los textos
© 2010, EDICIONS UPC

Primera edición: marzo de 2010

Head of the Series:
Josep Muntañola. *Barcelona*

Editors for this Issue:
Josep Muntañola. *Barcelona*
Marcelo Zárate. *Barcelona*

Associate Editors of the Series:
Magda Saura. *Barcelona*
Alfred Linares. *Barcelona*

Adjoited Co-Editors:
Beatriz Ramírez. *Universidad de los Andes. Mérida. Venezuela*
Marcelo Zárate. *Universidad Nacional del Litoral. Santa Fe. Argentina*
Ruth Marcela Díaz, Samuel Jaimes Botía. *Universidad Santo Tomás, Bucaramanga. Colombia*
Nadya K. Nenadich. *Universidad Politécnica de Puerto Rico. Puerto Rico*
Rodrigo Saavedra. *Pontificia Universidad Católica de Valparaíso. Valparaíso. Chile*

Board of Advisory Editors (Scientific Committee):
Botta, Mario; *Architect, Switzerland*
Boudon, Pierre; *Architect, Canada*
Bilbeny, Norbert; *Philosopher, Spain*
Carbonell, Eudald; *Archaeologist, Spain*
Fernández Alba, Antonio; *Architect, Spain*
Ferrater, Carlos; *Architect, Spain*
Gómez Pin, Víctor; *Philosopher, Spain*
Heikkinen, Mikko; *Architect, Finland*
Kalogirou, Nikolaos; *Architect, Greece*
Langer, Jonas; *Psychologist, USA*
Levy, Albert; *Architect, France*
Lagopoulos, Alexandros; *Urban Planner, Greece*
Mack, Mark; *Architect, USA*
Magnaghi, Alberto; *City Planner, Italy*
Messori, Rita; *Philosopher, Italy*
Mateo, Josep Lluís, *Architect, Spain*
Moore, Gary T; *Architect, Australia*
Mul, Jos de; *Philosopher, The Netherlands*
Pallasmaa, Juhani; *Architect, Finland*
Pardo, Jose Luis; *Philosopher, Spain*
Ponzio, Augusto; *Philosopher, Italy*
Preziosi, Donald; *Anthropologist and Linguist, USA/UK*
Provensal, Danielle; *Anthropologist, Spain*
Rapoport, Amos; *Architect, USA*
Rewers, Eva; *Philosopher, Poland*
Ricoeur, Paul, *Philosopher, France* †
Romañà, Teresa; *Pedagogue, Spain*
Salmona, Rogelio; *Architect, Colombia* †
Sanoff, Henry; *Architect, USA*
Scandurra, Enzo; *Urban Planner, Italy*
Solaguren, Félix; *Architect, Spain*
Tagliabue & Miralles, *Architects, Spain*
Valsiner, Jaan; *Psychologist, USA*
Werner, Frank; *Historian, Germany*

ARQUITECTONICS
MIND, LAND & SOCIETY

PRÓLOGO / *FOREWORD*

11 Josep Muntañola .... Hacia una arquitectura dialógica:
La construcción de escenarios para la vida
Towards a Dialogical Architecture:
Building Settings for Life

EDITOR

29 Marcelo Zárate .... El lugar urbano como estrategia de
conocimiento proyectual en urbanismo

PERSPECTIVAS Y REFERENCIAS / *PERSPECTIVES AND REFERENCES*

67 Alberto Magnaghi .... Scenari strategici e progetto locale:
verso la bioregione urbana

101 Massimo Carta. .... Patrimonio territoriale, descrizione strutturale, statuti
del territorio, scenari di trasformazione e progetti integrati.
Cinque punti chiave per un approccio territorialista
al progetto e al governo dei nuovi paesaggi
Territorial heritage, structural description, statutes
of the territory, strategic scenarios and integrated project.
Five key points for an innovative approach to
the project and the government of new landscapes

125 Sergi Valera .... Identidad y significado del espacio urbano
desde una perspectiva psicosocioambiental.
Nuevo espacio público y nuevos retos sociales

137 Manuel Delgado .... La ciudad levantada. La barricada
y otras transformaciones radicales del espacio urbano
The Revolted City. The Barricade and other
Radical Transformations of Urban Space

TRABAJOS DE INVESTIGACIÓN / *RESEARCH WORKS*

157 Manuel Sierra .... La ciudad según indicadores de sostenibilidad. Matrices de cambio territorial
Sustainability rating Systems Cities. Urbans Matrix of territorial Change

167 Rosane Azevedo .... Desenvolvimento mental e sociedade: A cidade sou eu
Mental Development and Society: The city is me

193 Listado de autores y resúmenes .... Escenarios educativos en arquitectura y escenarios para la planificación urbana
del Primer Seminario International Arquitectonics Network
Eduactional Settings in Architecture and Urban Planning Settings
List of authors and abstracts of the First International Seminar Arquitectonics Network

Title and Institution of the authors

Título e institución de los autores

Josep Muntañola
Architect. Universitat Politècnica de Catalunya, Spain

Marcelo Zárate
Architect. Universidad Nacional del Litoral, Santa Fe, Argentina

Alberto Magnaghi
Urban Planner, Facoltà di Architettura dell'Università di Firenze, Empoli, Firenze, Italy

Massimo Carta
Urban Planner, Facoltà di Architettura dell'Università di Firenze, Empoli, Firenze, Italy

Sergi Valera
Psychologist, Universitat de Barcelona, Spain

Manuel Delgado
Anthopologist, Universitat de Barcelona, Spain

Manuel Sierra
Architect. Universidad de Sevilla, Spain

Rosane Azevedo
Architect and Urban Planner. Universidade Federal do Rio de Janeiro. Brasil

Hacia un urbanismo alternativo
Towards an alternative planning

Hacia una arquitectura dialógica: la construcción de escenarios para la vida

Josep Muntañola
jose.muntanola@upc.edu

*Toward a Dialogical Arquitecture:
Building Settings for Life*

Introduction

This issue of the Arquitectonics Review on An Alternative Planning *is in keeping with an unavoidable necessity of finding new ways to develop the land that are less aggressive to nature, to culture and to mankind in general. In a recently finished second volume of* Las formas del tiempo *(The Shape of Time) I have started a profound reflection on this new city planning that several professors aim to describe here. In this article I contribute with some ideas on dialogical architectures such as settings of social life, which should be the base of any alternative vision towards an architecture of the land that is more human and more alive.*

This enormous field of research has been the object of hundreds of doctoral theses by young architects, today not so young, now working at universities all over the world under difficult conditions, because, altogether, the architect, as a professional of design and building, has not been sensitive to theoretical and methodological reflection, considering it outside his/her field of professional practice. However, this practice changes fast, and without deep and broad reflection, the architect will no longer be necessary in our digitalized world, or, what is even worse: He/she will disurbanize.

Introducción

Este número de la revista *Arquitectonics* sobre *Un urbanismo alternativo* se inscribe en una necesidad ineludible de encontrar nuevas maneras de urbanizar la tierra menos agresivas con la naturaleza, con la cultura y con la propia humanidad en general. He escrito ya un segundo volumen de *Las formas del tiempo* para iniciar esta profunda reflexión sobre el nuevo urbanismo que aquí numerosos profesores intentan describir. En este artículo aporto algunas ideas sobre las arquitecturas dialógicas como escenarios de vida social, un camino que debería estar en la base de cualquier visión alternativa hacia una arquitectura del territorio más humana y más viva.

Este inmenso campo de investigación ha sido objeto de centenares de tesis doctorales por parte de jóvenes arquitectos, hoy ya no tan jóvenes, que trabajan hoy en universidades de todo el mundo en condiciones difíciles, porque, en su conjunto, el arquitecto, como profesional del proyecto y de la construcción, no ha sido sensible a la reflexión teórica y metodológica por considerarla muy alejada de su práctica profesional. Sin embargo, esta práctica cambia con rapidez, y sin una reflexión profunda y amplia, el arquitecto dejará de ser necesario en nuestro mundo digitalizado o, lo que es peor: desurbanizará.

Para incorporar la investigación en la práctica profesional y la práctica profesional en la investigación, la revista

To incorporate research into professional practice and professional practice into research, the Arquitectonics Review *aims to help select, evaluate and broadcast research on this relation, fundamental for the architect, between the development of the mind, the development of society and the development, or construction, of its territory.*

I would like to finish this introduction with a personal anecdote. During my first contacts with Lewis Mumford many years ago, he vividly recommended me —knowing the direction of my interests on architecture and education— to read the book The Theatre of Spontaneity *of the German psycho-sociologist, of Jewish origin, J.C. Moreno, very fashionable since the thirties in New York because of his "group therapy" through settings of a "spontaneous" theatre. At the time I did not understand very well the reason for his interest. Today research on space and the city has proven the importance of Professor Mumford's intuition.*

1. Towards Dialogical Settings for Architecture

*In diagrams I and II, I reproduce the three classical dimensions of architecture from antiquity as analyzed today from different disciplines with interest in the spatial dimension of man, such as philosophy, anthropology or psychology of built and inhabited space of architecture. In diagram I, I recall the three professions that according to Aristotle have intimate relationship with a practical wisdom of foreseeing the best future (*Phronesis*).*

In diagram III, I aim to articulate within the same model the three kinds of settings analyzed at the International Seminar in Barcelona in 2008: the settings for the education of the architect, the settings for the planning of the territory, and the settings for building architecture from

Arquitectonics pretende ayudar a seleccionar, evaluar y difundir las investigaciones y los centros de investigación que estén dispuestos a profundizar en esta relación, fundamental para el arquitecto, entre el desarrollo de la mente, el desarrollo de la sociedad y el desarrollo, o la construcción, de su territorio.

Quisiera finalizar esta introducción con una anécdota personal. En mis primeros contactos con Lewis Mumford, hace ya muchos años, él me recomendó vivamente, al conocer por dónde iban mis intereses sobre arquitectura y educación, leer el libro *El teatro de la espontaneidad* del psicosociólogo alemán, de origen judío, J.C. Moreno, muy de moda desde los años treinta en New York por su "terapia de grupo" desde los escenarios de un teatro "espontáneo". En aquel momento no entendí muy bien el por qué de su interés. Hoy, y este congreso es una buena muestra, las investigaciones sobre el espacio y la ciudad han puesto de manifiesto la importancia de esta intuición del Profesor Mumford.

Capítulo 1. Hacia unos escenarios dialógicos para la arquitectura

En los diagramas I y II, adjuntos, reproduzco las tres dimensiones clásicas de la arquitectura desde la antigüedad tal como hoy en día se analizan desde diversas disciplinas interesadas por la dimensión espacial del hombre, como la filosofía, la antropología o la psicología del espacio construido y habitado de la arquitectura. En el diagrama I recuerdo las tres profesiones que según Aristóteles tienen íntima relación con una sabiduría práctica de prever el mejor futuro (*Phronesis*).

En el diagrama III intento articular dentro del mismo modelo los tres tipos de escenarios que se analizan en el Seminario Internacional en Barcelona en el año 2008: los escenarios para la educación del arquitecto, los escenarios para planificar el territorio, y los escenarios para construir arquitectura desde la práctica profesional. Los

professional practice. The three settings are different but, from a dialogical view of architecture, they meet in the same "center" of diagram III, that is, in the building of a "dialogical cultural space" where reciprocity between mind, society and land allows to relate in a living and healthy way the three fundamental dimensions of diagrams I and II, namely: building, using and design.

I am not going to reproduce here hundreds of previous works on the specific characteristics of a "dialogical cultural space", I refer to my own publications, however, we must specify the origin of this concept, a little obscure, whose founder, the Russian scholar Mikhail Bakhtin, in spite of his great impact on world culture, is still a stranger to many specialists.

Very briefly, dialogics is founded in an anthropological and philosophical base that from Aristotle is extended to E. Kant, to the post-Kantians and to Martin Buber as a last reference. There is a social and phenomenological link between subjects, which are always different and should necessarily decide their actions for themselves. The famous Bakhtian non alibi *is the key stone of the "architectonics" of any human culture, which the author extends to any intersubjective relationship it being scientific, artistic or ethical-political.*

Architecture, together with literature, music, etc., are dimensions of this "architectonics", which has one of its best definitions in the ability to identify, in the artistic object, the specific of its aesthetical value, distinguishing this value from any other, that being scientific, technical, natural, political, ethical or religious.

We can now found a dialogical theory of architecture without touching metaphysics or subjective or objective spacetemporal "a prioris". The only "a priori" is the existence of a human species capable of thinking,

tres escenarios son diversos pero, a partir de una visión dialógica de la arquitectura, los tres confluyen en un mismo "centro" del diagrama III, o sea, en la construcción de un "espacio dialógico cultural" en el que la reciprocidad entre la mente, la sociedad y el territorio permite relacionar de manera viva y saludable las tres dimensiones fundamentales de los diagramas I y II, a saber: el construir, el usar y el diseñar.

No voy aquí a reproducir centenares de trabajos previos sobre las características especificas de un "espacio dialógico cultural", remito a mis propias publicaciones; sin embargo, sí hay que precisar el origen de este concepto, un tanto oscuro, pues su fundador, el intelectual ruso Mijaíl Bajtín, a pesar de su enorme impacto en la cultura mundial, todavía es un desconocido para muchos estudiosos.

De una manera muy breve, la dialogía se fundamenta en una base antropológica y filosófica que desde Aristóteles se extiende a E. Kant, a los poskantianos y a Martin Buber como último referente. El vínculo social y fenomenológico entre los sujetos, que son siempre diferentes y que deben decidir sus acciones necesariamente por ellos mismos. El famoso *non alibi* bajtiano es la piedra fundamental de la "arquitectónica" de cualquier cultura humana, que el autor extiende a cualquier relación intersubjetiva sea esta científica, artística o ético-política.

La arquitectura, junto a la literatura, la música, etc., son dimensiones de esta "arquitectónica" que tiene una de sus mejores definiciones en la capacidad de precisar, en el objeto artístico, lo que es específico de su valor estético, destruyendo este valor de cualquier otro, sea éste científico, técnico, natural, político, ético o religioso.

Todo ello permite fundamentar una teoría dialógica de la arquitectura sin caer en metafísicas o en *a prioris* espaciotemporales subjetivos u objetivos. El único *a priori* es la existencia de una especie humana capaz de

making literature and designing architecture. Everything else emerges from it.

We are dealing with a European humanism clearly inspired in the Greek-Christian origin of our civilization, but with a modern and peculiar feel about it, which is useful today in many fields of social sciences.

2. The Chronotopic Structure of Built Inhabited Architectural Forms

The function of architecture as dialogical setting has been structured from multiple perspectives that I have started to analyze in recent works.

I could quote the works of Jaan Valsiner, Jonas Langer or David Hirsch, but the list would be endless. In any case, the essential is the progressive development of an enormous capability for "retroactivation" between living organisms and their environment, in such a way that the theses on the biunivoque influences between genes, behavior, and physical, cultural and social environment, constantly increase, including in this process the diachronic relations with very ancient cultural pasts.

But it was Sigfried Giedion, in his posthumous book, who dared to determine the stages of the dialogical development in architecture from primitive times to the present, however, without being able to establish a direct relation with Mikhail Bahktin (see diagram IV).

To determine the dialogical structure of architecture, it is of great importance to use correctly the essential conceptual tool: the chronotope, because its use in architecture is very different from its use in literature. The essential difference is indicated to us by Bakhtin himself when he says that in sculpture, architecture, etc., the user should not relate to a subject that is part of the art work, that is, the author implicit in "the hero" of literature,

pensar, hacer literatura y proyectar arquitectura. Todo lo demás surge de aquí.

Se trata de un humanismo europeo y claramente inspirado en el origen griego-cristiano de nuestra civilización, pero con un sabor moderno y peculiar que es el que está siendo útil hoy en muchos campos de las ciencias sociales.

Capítulo 2. La estructura cronotópica de las formas arquitectónicas construidas y habitadas

El funcionamiento de la arquitectura como escenario dialógico ha sido estructurado desde múltiples perspectivas que he empezado a analizar en obras recientes.

Podría citar los trabajos de Jaan Valsiner, Jonas Langer o David Hirsch, pero la lista sería interminable. En cualquier caso, lo esencial es el desarrollo progresivo de una enorme capacidad de "retroactivación" entre los organismos vivos y su medio ambiente, de tal manera que las tesis sobre las influencias biunívocas entre los genes, el comportamiento y el medioambiente físico, cultural y social, no hacen más que crecer, incluyendo en este proceso las relaciones diacrónicas con pasados culturales muy antiguos.

Pero fue Sigfried Giedion en su libro póstumo quien se atrevió a determinar las etapas de desarrollo dialógico de la arquitectura desde la época primitiva hasta nuestros días, sin que se haya podido establecer una relación directa con Mijaíl Bajtín (ver diagrama IV).

Para determinar la estructura dialógica de la arquitectura es esencial usar correctamente la herramienta conceptual esencial: el cronotopo, ya que su uso en arquitectura es muy diferente al de la literatura. La diferencia esencial nos la indica el mismo Bajtín cuando indica que en escultura, arquitectura, etc., el usuario no debe relacionarse

but should communicate with a potential author suggested by the work, just as happens when nature is converted into art: a sunset, a wood, etc. In these cases, the user or observer of architecture identifies with an author that inhabit the building, and that, with his absence, allows other subjects to enjoy the work, by substituting him. The structure of a chronotope between "voices" and "viewpoints", which relate building and dwelling poetically, dialogically and rhetorically, adapts well to urban planning and architecture, if we understand that this process of retroactivation between architecture and its inhabitants is based on a capability for intelligibility of the built plot, that allows this "retroactivation" that goes from use to form and from form to use.

The sociologist Carlos Lozares (2007) indicates this "retroactivity" in an excellent way when he states, referring to the relationships between knowledge, behavior and enveloping space, that:

> *"The objective of this activity of the ordering (of space) consists in reducing the complexity of reality. Reversely, many of the cognitive competences that we process are rooted, precisely, in how they are structured or how we structure space informationally".*

To place well a geometry in a landscape we have seen the need for the architects of this placing to act from a space that Paul Ricoeur defines as a "third" space, situated between living and historical space, which he compares to the time of the "calendar", situated, at the same time, between cosmic astronomical time and phenomenological and social time.

This third space is the result of an interference between building a geometry and inhabiting places, and constitutes the configurative quality of any materialized architecture in a concrete territory in a concrete social time.

con un sujeto que forme parte de la obra de arte, o sea el autor implícito en "el héroe" de la literatura, sino que debe comunicarse con un autor potencial que la obra sugiere, tal como sucede cuando la naturaleza se convierte en arte: una puesta de sol, un bosque, etc. En estos casos, el usuario o contemplador de la arquitectura se identifica con un autor que habita el edificio y que, con su ausencia, permite a otros sujetos disfrutar de la obra, sustituyéndole. La estructura de un cronotopo entre "voces" y "puntos de vista", que relacionan poéticamente, dialógicamente y retóricamente, construcción y habitar, se adapta bien al urbanismo y la arquitectura, si entendemos que este proceso de retroactivación entre la arquitectura y sus habitantes se basa en una capacidad de inteligibilidad de la trama construida, que permite esta "retroactividad" que va del uso a la forma y de la forma al uso.

El sociólogo Carlos Lozares (2007) indica esta "retroactividad" de una forma excelente cuando indica, con respecto a las relaciones entre conocimiento, comportamiento y espacio envolvente, que:

> "El objetivo de esta actividad de ordenación (del espacio) consiste en reducir la complejidad de la realidad. Inversamente, muchas de las competencias cognitivas que poseemos provienen precisamente de cómo se estructuran o estructuramos informacionalmente el espacio".

Para colocar bien una geometría en un paisaje hemos visto estos días la necesidad de que los arquitectos de esta colocación actúen desde un espacio que Paul Ricoeur define como un "tercer" espacio, situado entre el espacio vivo y el histórico, y que compara con el tiempo del "calendario", situado, a su vez, entre el tiempo cósmico astronómico y el tiempo fenomenológico y social.

Este tercer espacio es el resultado de una interferencia entre construir una geometría y habitar unos lugares, y

The setting of the architect is, then, placed between that of the educator and that of the planner (legislator), and is structured chronotopically from the materialized durability of this "third" space, or setting, of the architect complementing the "duration" of time. It is very significant how the architect should bear in mind, at the same time, the setting for the education of the individual and the setting for social coexistence of a collective planning, because the object, building or city, is, as also suggests Ricoeur, a story within another story, a geography within a geography, and, therefore, attention must be paid to the individual "within" other individuals, as considered Plato in Timaeus *(when defining place). Thus, the concept of chronotope gains all its strength, because it is the ability of synchronizing the correct network of function with a geometrical network that gives birth to the optimal architectural form, or to the correct setting for life. I am obliged here to make reference to the intelligibility of an embryo, which is capable of doing a very complex epigenesis and respond, quickly, to changes in the social, physical and cultural environment it is surrounded by. But, what are the demands of the architect as a result of this crossfire between education and legislation? This will now briefly be explored.*

Chronotopic intelligibility of an architectural object is based on its ability to turn into reversible the relation between form and location of activities. In epigenetic terms this is what is uncovered as the covariance and as the bidirectionality between genes and the physical, social and cultural environment.

However, in this case the chemical and neuronal flow, genes and organic forms and functions, and their behavior are substituted by other elements that are shown in diagram V. The secret here is to see how language in literature and building in architecture are capable of maintain-

constituye la cualidad configurativa de cualquier arquitectura materializada en un territorio concreto en un tiempo social concreto.

El escenario del arquitecto está, pues, colocado entre el del educador y el del planificador (legislador) que en este congreso hemos estudiado, y se estructura, como estos otros, de forma cronotópica desde la durabilidad materializada de este "tercer" espacio, o escenario, del arquitecto complementando la "duración" del tiempo. Es muy significativo cómo el arquitecto debe tener presente, a la vez, el escenario para la educación del individuo y el escenario para la coexistencia social de una planificación colectiva, ya que su objeto, edificio o ciudad, es, como también sugiere Ricoeur, una historia dentro de otra historia, una geografía dentro de una geografía y, por tanto, ha de atender al individuo "dentro" de otros individuos, tal como Platón lo planteó en su *Timeo* (al definir el lugar). Es así como el concepto de cronotopo toma toda su fuerza, porque es la capacidad de sincronizar la correcta red de función con una red geométrica lo que dará nacimiento a la forma arquitectónica óptima, o al correcto escenario para la vida. La referencia aquí a la inteligibilidad de un embrión que es capaz e ejercer una epigénesis complejísima y de responder, con rapidez, a los cambios del ambiente social, físico y cultural que le rodea es obligada, pero ¿qué exigencias tiene el arquitecto como resultado de este fuego cruzado entre educación y legislación? Esto es lo que ahora hay que explorar brevemente.

La inteligibilidad cronotópica de un objeto arquitectónico se basa en su capacidad de convertir en reversible la relación entre forma y ubicación de actividades. Es lo que, en términos de epigenética, se descubre como covarianza y como bidireccionalidad entre los genes y el medioambiente físico, social y cultural.

Sin embargo, en este caso, los flujos químicos y neuronales, los genes y las formas y funciones orgánicas y sus comportamientos están substituidos por otros elementos

ing the third space of the architect in a "state of flow" aesthetically, ethically and scientifically speaking.

Its fundamental structure is that of "imagine that" (see diagram III), that is, the fact that it is capable to overlap my space with the space of other, giving way for a configuration within which objects and subjects "coexist". There are biological facts in the development of the embryo that give suggestions as to the phenomenon of coexistence. Thus, the relations between physical, social and cultural environment and very early ages, a few days, before or after birth, are shown later to be crucial for the development of intelligence in all living species, and not only in man.

The latest research by Bill Hillier represents a scientific base of this configurative and chronotopic ability of the built territory in contrast to calendar time. But it is also important to analyze this phenomenon not only in behavior but also in the history of urban form (see diagram II), or in sociophysical planning pointing to a network of living places that are strengthened as we have seen in the proposal of A. Magnaghi.

We arrive, thus, to a place of coincidence between these three laboratories: the educational, that of historical-planning, and the topogenetical of the building of the territory based on the profession and on the analysis of the already built. From one you can get to the other, and it is not difficult to see that the fundamental sociophysical relations (that is, the chronotope between voices and viewpoints) are the ones that make possible the move between settings, based on coherence between psychogenesis, sociogenesis and topogenesis.

Let us remember that these relations are not irrelevant, whether dialogical or not, and in which way they are so, that is, to which chronotopical organization between subjects and objects they respond,

que aparecen en el diagrama V. El secreto es aquí, pues, ver cómo el lenguaje en literatura y la construcción en arquitectura es capaz de mantener el tercer espacio del arquitecto en "estado fluido" estética, ética y científicamente hablando.

Su estructura fundamental es la de "figurarse que", (ver diagrama III), es decir, el hecho de que es capaz de entrecruzar mi espacio con el espacio del otro, dando lugar a una configuración dentro de la cual "conviven" objetos y sujetos. Existen hechos biológicos en el desarrollo del embrión que dan sugestiones acerca de este fenómeno de convivencia. Así, las relaciones entre el medioambiente físico, social y cultural y unas edades muy tempranas, de pocos días, antes o después del nacimiento, se manifiestan más tarde como cruciales para el desarrollo de la inteligencia en todas las especies vivas, y no solo en el hombre.

Las investigaciones más recientes de Bill Hillier constituyen una base científica de esta capacidad configurativa y cronotópica del territorio construido como contrapartida al tiempo del calendario. Pero es también importante analizar este fenómeno no solo en el comportamiento, sino en la historia de la forma urbana (ver diagrama II) o en la planificación sociofísica a base de una red de lugares vivos que se refuerzan, como ya hemos visto en la propuesta de A. Magnaghi.

Llegamos, así, a un lugar de coincidencia entre estos tres laboratorios: el educativo, el histórico-planificador y el topogenético de la construcción del territorio desde la profesión y desde el análisis de lo ya construido. Desde uno se puede llegar al otro y no es difícil de ver que las relaciones sociofísicas fundamentales (o sea el cronotopo entre voces y puntos de vista) son las que hacen posible el paso entre escenarios, a partir de una coherencia entre psicogénesis, sociogénesis y topogénesis.

Recordemos que estas relaciones, sean dialógicas o no, y en qué sentido lo sean, es decir, a qué organización

because it is this distinction that determines cultural social and vital differences totally different in each of the three settings of diagram III.

3. The Topogenesis: Genealogies and Pathologies in the Building of Architectural Forms

As these sociophysical and chronotopical relations are developed synchronically, without a clear knowledge of their causes or their effect, the analysis of the "pathologies" in these settings should be a privileged subject for study. In diagram VI, I reproduce the general description of the triggering factors of schizophrenia as a referent to what is happening in the architectural field. But, moreover, it confronts us with a great many pathologies that in architecture, and following the parallelism between human life and architecture, leads us to diagram V where we see the enormous complexity of human culture and the spaces (or settings) through which we build it.

These pathologies are all born from a dysfunction between the three settings of diagram III, and, at the same time, they correspond with the three origins of schizophrenia of diagram VI: physical, psychological and social. These pathologies become apparent in the individual behavior, as I analyzed years ago in the "corporal" dimension of topogenesis, or in the social dimension of the territory with street violence, intercultural violence, etc., following the structures by Bill Hillier and his "disurbanization", as "retroactivator" of social pathologies, or, finally in building itself where carried out under the coordination of architects distanced from any possibility of "affordance" on the part of the user. The central core of diagram III is the center both of the reason of "imagine that" and of the schizophrenia of a "bad imagine that" one is what one is not, hearing "voices" and living under "viewpoints" dissociat-

cronotópica entre sujetos y objetos responda, no son irrelevantes, sino que esta distinción es la que determina diferencias culturales, sociales y vitales totalmente distintas en cualesquiera de los tres escenarios del diagrama III.

Capítulo 3. La topogénesis: genealogías, las patologías de la arquitectura cronotópica

Dado que estas relaciones sociofísicas y cronotópicas se desarrollan de manera sincrónica, sin un claro conocimiento ni de sus causas y ni de sus efectos, el análisis de las "patologías" en estos escenarios debería ser un objeto privilegiado de estudio. En el diagrama VI reproduzco el cuadro general de los factores desencadenantes de la esquizofrenia, como referente de lo que pasa en el campo de la arquitectura. Pero, además, nos confronta con un sinfín de patologías que en arquitectura, y siguiendo el paralelismo entre vida humana y arquitectura, nos conduce al diagrama V, en el que se ve la enorme complejidad de la cultura humana y de los espacios (o escenarios) a través de los cuales la construimos.

Estas patologías nacen todas ellas de una disfunción entre los tres escenarios del diagrama III, que, a su vez, se corresponden con los tres orígenes de la esquizofrenia del diagrama VI: físico, psicológico y social. Estas patologías pueden manifestarse en el comportamiento individual, tal como analicé hace años ya en la dimensión "corporal" de la topogénesis, o en la dimensión social del territorio, con violencia callejera o intercultural, etc., siguiendo las estructuras analizadas por Bill Hillier y su "desurbanización", como "retroactivador" de patologías sociales, o bien, finalmente, en la propia construcción realizada bajo la coordinación de arquitectos que se alejan de cualquier posibilidad de "apropiación" (o de *affordance*) por parte de cualquier usuario. El núcleo central del diagrama III es centro tanto de la razón de un "figurarse que" como de la esquizofrenia de un "figurarse" uno es lo que no es, oyendo "voces" y viviendo bajo

ed from any real or virtual "reason". From this central core, I repeat, pathologies can both be strengthened and be cured through more or less fast social transformations.

Pointing to this same central core of diagram III, we must profoundly include the phenomena of fascism, communism and fundamentalism, which take advantage of the necessity of a "background" in order to live, as describes in detail John Searle in one of his less used books.

So, if the origin of reason and madness is the same, the architect can produce both, he or she can "reactivate" them, and, in accordance with Bakhtin, the objects will be the "responsible" result of an ethical decision within the three indicated settings, based on the knowledge of the "space of the architect" immersed in the impulses implicit in our minds, as Jaan Valsiner has described in his most recent works.

Thus, we return to the beginning from the end of this article, and we arrive again to diagram I, where we can confirm the ethical indissolubility between the educator, the legislator, and the architect, all of them united by a unique "architectural" virtue, the only one to allow a wisdom able to foresee the future of humanity.

Conclusions. An Example is Better Than a Thousand Words

There is no example to reflect the whole theoretical richness I have explained here. Therefore, the example I now uncover should be treated with tolerance so nobody or nothing will be mythicized: I just think it is a good example of a setting for life.

The example is a work by the architect Magda Saura Carulla that earned the FAD Architecture Prize in 1994. It is a public primary school in an urban devel-

"puntos de vista" disociados de cualquier "razón" real o virtual. A partir de este núcleo central, repito, tanto pueden reforzarse las patologías como curarse, mediante transformaciones sociales más o menos rápidas.

Desde este mismo núcleo central del diagama III debe comprenderse en profundidad los fenómenos del fascismo, y del comunismo y del fundamentalismo, que se aprovechan de la necesidad de un *background* para vivir, tal como describe con precisión John Searle en uno de sus libros menos utilizados.

Por lo tanto, si el origen de la razón y de la locura es el mismo, el arquitecto puede producir tanto lo uno como lo otro, puede "reactivarlos" y, de acuerdo con Bajtín, los objetos serán el resultado "responsable" de una *decisión ética* dentro de los tres escenarios indicados, a partir de un conocimiento de un "espacio del arquitecto" sumergido en los impulsos implícitos de nuestra mente, tal como Jaan Valsiner ha descrito en sus últimos trabajos.

Y así volvemos al principio desde el final de este artículo y llegamos de nuevo al diagrama I, en el que se puede comprobar la indisolubilidad ética entre el educador, el legislador, el arquitecto, todos ellos unidos por una única virtud "arquitectónica", la única que permite una sabiduría capaz de prever el futuro de la humanidad.

Conclusión: un ejemplo es mejor que mil palabras

No existe ningún ejemplo capaz de reflejar toda la riqueza teórica que aquí he explicado. Por lo tanto, debe tratarse con tolerancia el ejemplo que descubriré a continuación para no mitificar a nadie ni a nada: sencillamente creo que es un buen ejemplo de escenario para la vida.

Se trata además de un ejemplo en el que fui director de la obra, con un proyecto de la arquitecta Magda Saura Carulla, que ganó un Premio FAD el año 1994. Es una

opment that, to my opinion, is emphasized by its beauty in the suburban periphery.

The structure of "voices" and "viewpoints" can be conceived in the urban plans that aim to create a network of sociophysical relations between the landscape and the public park situated between the urban center and the school, all sited at the river that runs through the town, and which is dried up most of the time, though fertile.

The relations of "imagine that", central in the dialogical form of the place, come off the network of passageways suspended between buildings through ramps in the open spaces inside and outside the school, etc., but, moreover it is strengthened thanks to the "inside-outside" global setting relations of the closed spaces, of the classrooms, that participate.

It was necessary to change the planned urban setting completely, to articulate landscape, open spaces and school buildings, and, finally, the three settings came into resonance, which does not guarantee a good educational result, but, at least, encourages to include space in a dialogical process of socialization.

The "potential" authors here are mainly children and teachers, and the complexity and globality of the setting wishes to be a paradigm of what could be possible in the whole suburban periphery.

Today this school is like an oasis, structured through an itinerary between the urban center and the school, as a core of socialization between the children, where both the internal and the external space is part of "recognizing oneself as student" and, at the same time, as inhabitant of a cultural landscape, but public and stimulating, very distanced from the typical suburban development of Barcelona. It is an example of Les parcour de la reconnaissance, *posthumous book of Paul Ricoeur.*

escuela de educación primaria pública y forma parte de un conjunto urbanístico que, yo creo, destaca por su belleza entre la periferia suburbial.

La estructura de "voces" y "puntos de vista" puede concebirse en los planos urbanísticos que intentan crear una red de relaciones sociofísicas entre el paisaje y el parque público situado entre el núcleo urbano y la escuela, todo ello ubicado junto a un río que atraviesa la población, seco la mayor parte del tiempo, pero frondoso.

Las relaciones de "figurarse que", centrales en la forma dialógica del lugar, se desprenden de la red de pasos suspendidos entre edificios de las rampas en los espacios abiertos dentro y fuera de la escuela, etc., pero, además se potencia gracias a las relaciones "dentro-fuera" de los espacios cerrados, de las aulas, que participan del escenario global.

Hubo que cambiar totalmente el escenario urbano previsto; hubo que articular paisaje, espacios abiertos y edificios escolares, y, por una vez, los tres escenarios entraron en resonancia, lo cual no garantiza un buen resultado educativo, pero, al menos, incita a incluir el espacio en un proceso dialógico de socialización.

Los autores "potenciales" son aquí primordialmente niños y maestros y la complejidad y globalidad del escenario quiere ser un paradigma de lo que podría ser posible en toda la periferia suburbana, pero que no lo es.

Hoy esta escuela es como un oasis, estructurado a partir de un itinerario desde el centro urbano hasta la escuela, como núcleo de socialización entre los niños, siendo tanto el espacio interno como el externo parte del "reconocerse como estudiante" y, a la vez, como habitante de un paisaje cultural, pero público y estimulante, muy alejado de la típica urbanización suburbial de Barcelona. Es un ejemplo de *Les parcour de la reconnaissance*, libro póstumo de Paul Ricoeur.

The possibilities of an encounter between generations of grandparents and grandchildren are increased thanks to the park, and thus the central chronotope that is crucial in interactive and sustainable education is strengthened.

Las posibilidades de un encuentro entre generaciones abuelos-nietos se incrementa con el parque, y así se refuerza el cronotopo central de una búsqueda de escenarios para la educación interactiva y sostenible.

Bibliography

Giedion, S. Architecture and the Phenomena of onTransition. *Cambridge: Harvard University Press, 1971.*
Hillier, B. Space is the Machine, *Cambridge: Cambridge University Press, 1996.*
Lozares, C. Interacción, redes sociales y ciencias cognitivas. *Granada: Editorial Comares, 2007.*
Magnaghi, A. The Urban Village. *London: Zed Books, 2005.*
Muntañola, J. Architecture 2000. Arquitectonics series number 11. *Barcelona: Edicions UPC, 2004.*
Ricoeur, P. Les parcours de la reconnaissance. *Paris: Stock, 2005.*
Searle, J. The Construction of Social Reality. *New York: Free Press, 1995.*
Tryphon, A. and Voneche, J. Piaget Vigotsky: The Social Genesis of Thought. *UK: Psychology Press, 1996.*
Valsiner, J. The Social Mind. *Cambridge: Cambridge University Press, 2000.*

Diagrama I: *Las tres profesiones que necesitan sabiduría arquitectónica, según Aristóteles*

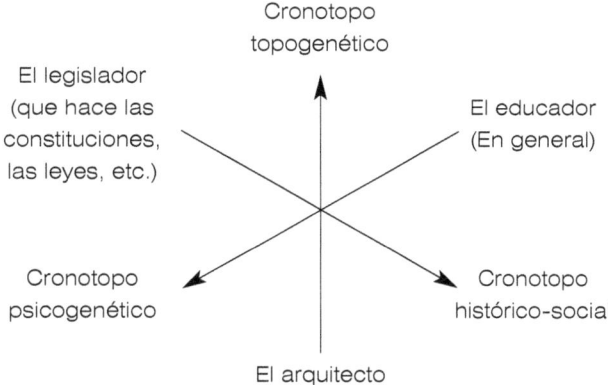

Diagrama II: *Las tres dimensiones fundamentales de la arquitectura*

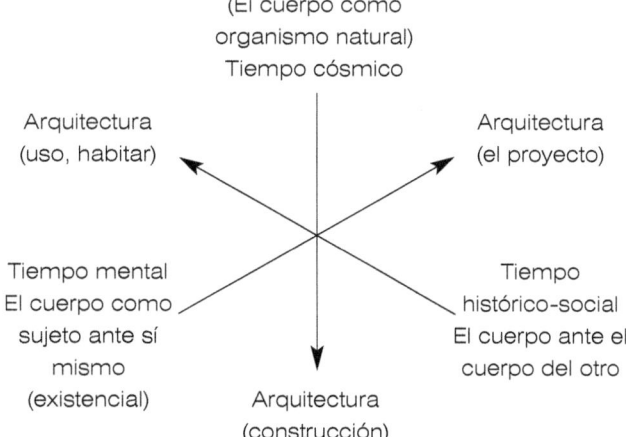

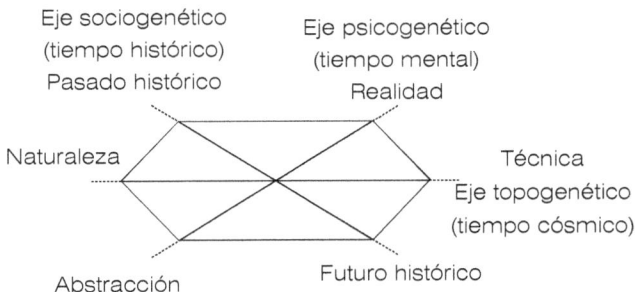

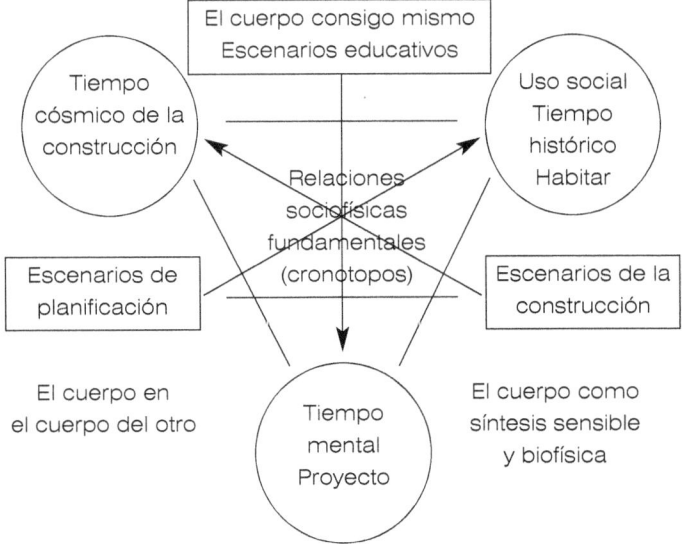

Diagrama III: *Los tres escenarios de la arquitectura*

Diagrama IV: *Etapas cronotópicas en la historia de la arquitectura, según Sigfried Giedion*

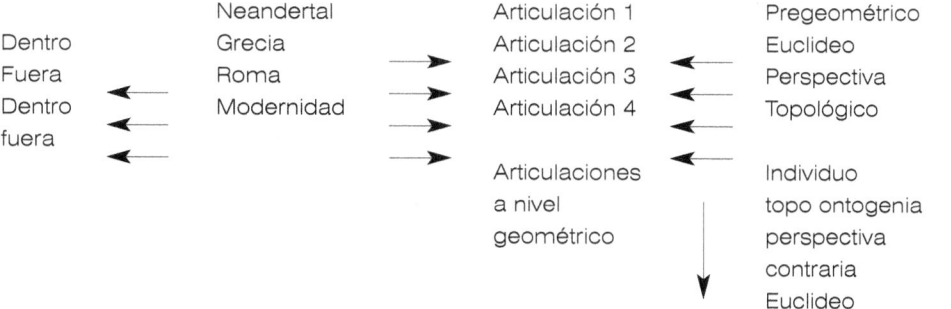

Diagrama V: *Origen de las patologías en las relaciones entre mente, territorio y sociedad*

	Físico	Social	Individual
Medio interno corporal	Desequilibrios genéticos y/o neuro-químicos	Interacción social inexistente (niños salvajes) o patológica	Traumas desequilibrios psicológicos Stress
El medio ambiente externo	Contaminaciones ambientales de todo tipo. Espacios de extrema pobreza y suciedad	Desurbanización incitadora de interacciones patológicas. Guerras	Desadaptaciones extremas individuales entre el medio construido y el comportamiento. Pobreza absoluta, etc. Fascismos, violencia extrema

La retroactivación entre estas patologías acelera los efectos hacia la muerte individual o colectiva.

Diagrama VI: *Los tres orígenes de la esquizofrenia*

I. *Herencia y factores constitucionales*
   Ansiedad excesiva
   Furia excesiva
   Potencial para el pensamiento anormal
   Integración visual-proprioceptiva afectada
   Debilidad en la conservación de objetos
   Desarmonía neuropsicológica

II. *Contribución ambiental*
   Relaciones problemáticas y disociación psicosomática
   Turbulencia afectiva
   Diferenciación inadecuada incluyendo trastornos de la imagen del cuerpo
   Capacidades del ego deficientes
   Trastornos mentales
   Contradicciones inasimilables
   Xenofobia y aportaciones extrafamiliares deficientes

III. *El papel de la fantasía intrafísica*
   Escenarios imaginados muy intensos, fragmentados, y espasmódicos
   Imaginación retrospectiva
   Objetos extraños
   Incorporación de fantasías malignas de los padres

Diagram I: *The three professions that need architectural wisdom because they must foresee the future somehow or other (according to Aristotle).*

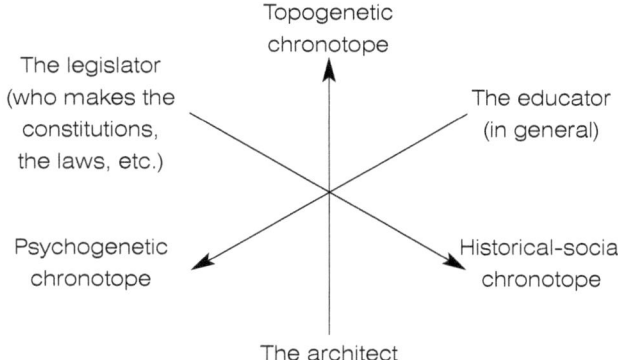

Diagram II: *The three fundamental dimensions of architecture*

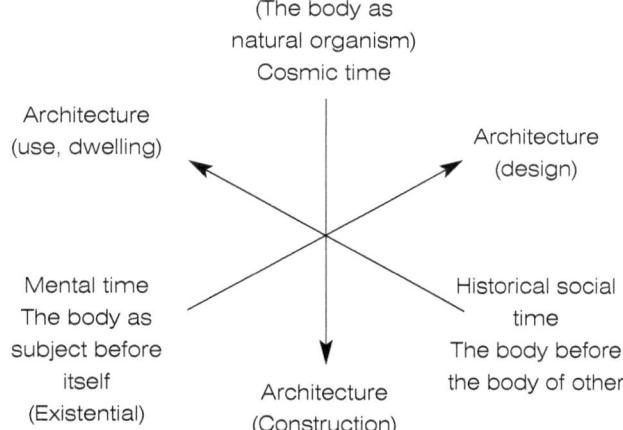

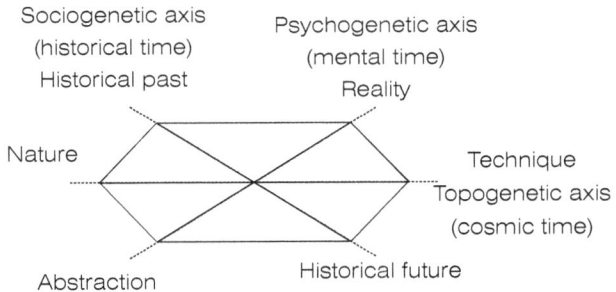

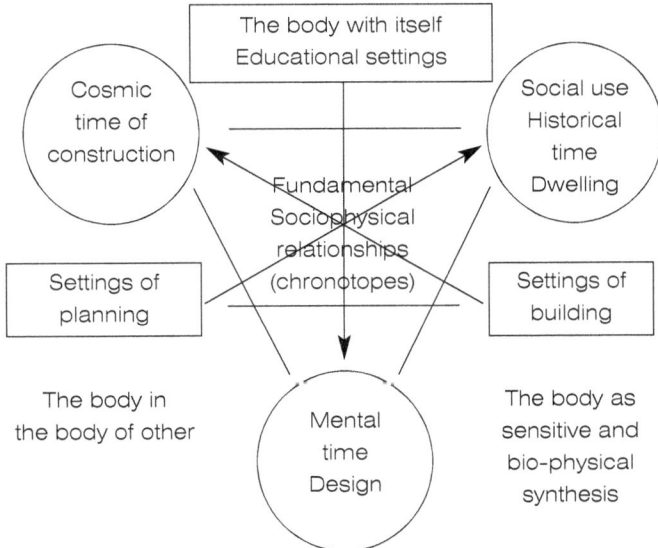

Diagram III: *The three settings of architecture*

Diagram IV: *Chronotopic stages in the history of architecture according to Sigfried Giedion*

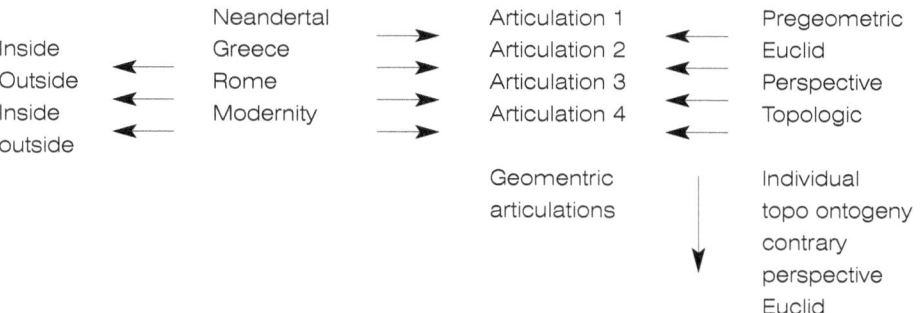

	Physical	Social	Individual
Internal physical environment	Genetic and/or neuro-chemical disorders	Nonexistent social interaction (wild children) or pathologies	Traumas Psychological disorders Stress
External environment	Environmental contaminations of all kinds. Extremely poor and dirty spaces	Desurbanización triggering pathological interactions Wars	Individual extreme disadaptations between built space and behavior. Absolute poverty, etc. Pobreza absoluta, etc. Fascisms, extreme violence

Diagram V: *Origin of the pathologies in the relations between mind, land and society*

The retroactivation between these pathologies accelerates the effects towards individual or collective death.

Diagram VI: *The three origins of schizophrenia*

I. *Heredity and Constitutional Factors*
   Excessive anxiety
   Excessive rage
   Potential for abnormal thinking
   Impaired visual-proprioceptive integration
   Weak object cathexis
   Neuropsychological disharmony

II. *Environmental Contribution*
   Problematic object relations and psychosomatic dissociation
   Affective turbulence
   Inadequate differentiation including body image disorders
   Deficient ego skills
   Thought disorders
   Unassimilable contradictions
   Xenophobia and deficient extrafamilial input

III. *The Role of Intrapsychic Fantasy*
   Intense, split, and fantastic phase specific scenarios
   Retrospective fantasizing
   Bizarre objects
   Incorporation of malevolent parental fantasies

Bibliografía

GIEDION, S. *La arquitectura, fenómeno de transición*. Barcelona: Gustavo Gili, 1975.
HILLIER, B. *Space is the Machine*, Cambridge: Cambridge University Press, 1996.
LOZARES, C. *Interacción, redes sociales y ciencias cognitivas*. Granada: Editorial Comares, 2007.
MAGNAGHI, A. *Il progetto locale*. Torino : Bollati Boringhieri, 2000.
MUNTAÑOLA, J. *Arquitectura 2000*. Serie Arquitectonics n° 11. Barcelona: Edicions UPC, 2004.
RICOEUR, P. *Les parcours de la reconnaissance*. París: Stock, 2005.
SEARLE, J. *La construcción social de la realidad*. Paidós, Buenos Aires, 1997.
TRYPHON, A. and VONECHE, J. *Piaget Vigotsky: The Social Genesis of Thought*. UK: Psychology Press, 1996.
VALSINER, J. *The Social Mind*. Cambridge: Cambridge University Press, 2000.

El lugar urbano como estrategia de conocimiento proyectual en urbanismo

Marcelo Zárate
marzamar@ciudad.com.ar

A partir de las propuestas más innovadoras que se están sucediendo en el urbanismo de matriz ambiental entre fines del s XX y principios de s XXI, se podría considerar que estamos asistiendo a una segunda fase de evolución del paradigma ambiental en la cual se plantean nuevos retos epistémicos a la disciplina.

En una primera fase, entre los años 1960 y 1980, el urbanismo ambiental estaba fuertemente orientado hacia una visión biocéntrica en torno a conceptos claves de la ecología para interpretar el fenómeno urbano como un ecosistema artificial, caracterizada por acentuar la consideración de los ecosistemas naturales para determinar el modo ecológico más sostenible de localización, uso y explotación de actividades humanas sobre el territorio.

Entre los mayores exponentes de la visión biocéntrica podrían citarse el planeamiento y diseño ecológico, la ecología del paisaje, la proyectación ecológica, las que se ocupan fundamentalmente del territorio a escala regional y de sitios. En ellas, y para citar solo los autores más representativos, se utilizan conceptos como los de "adaptabilidad" de las regiones fisiográficas (MacHarg, I.; 1992); "topologías ambientales del paisaje" y "corredores ambientales" (Lewis Jr., P. H.; 1996); las "biorregiones" o "ecorregiones" como los lugares más idóneos del paisaje (Steiner, F.; 2000); los "corredores, parches y matriz ambiental" en tanto integración entre formas naturales y humanas (Forman, R.; Gordón, M.; 1986). A escala de sitios, se utilizan conceptos tales como los de "firmas del paisaje" a partir de la intersección entre geometría y geomorfología (Woodward, J. H. ; Mayer, E. K. ; Franklin, C.; 1997).

La característica común que las relaciona es considerar como objeto de estudio el paisaje en tanto resultado de una síntesis estética, formal, entre procesos y formas naturales y culturales capaces de brindar identidad al territorio. Se trata de interpretaciones que proponen estrategias interdisciplinarias de marcado carácter técnico más que concep-

tual, centradas sobre las ciencias del territorio (ecología, edafología, hidrología, pedología, agronomía, botánica, geología, climatología, fitología, geografía física, etc.) a las que se articulan aspectos provenientes de las ciencias sociales (economía, sociología, antropología, psicología ambiental). Predomina así una visión externa, de tipo lógica interproposicional o extensionalista, entre factores y variables de estudio, soportada en los patrones físicos del territorio (objeto empírico) y la visión estética del mismo sintetizada en el paisaje (objeto teórico).

No obstante lo expuesto anteriormente, aparecían contemporáneamente a esta primera fase algunos enfoques contrastantes con la visión biocéntrica desde la línea teórica de la proyectación ambiental italiana, que, originada en la década de 1970, ya mostraba preocupación por integrar aspectos propios de las ciencias sociales en la interpretación del ambiente. En tal sentido merecen destacarse conceptos tales como el de los "lugares urbanos" y sus reglas culturales y de asentamiento historizadas (Magnaghi, A.; 1995; 2000; 2001); las "dominantes ambientales o metarreglas" de los "lugares densos" generados por complejas articulaciones biológicas y culturales que los hacen únicos e irrepetibles (Maciocco, G.; 1991); desde el paradigma paisajístico, las "unidades de paisaje", entendidas como "unidades problemáticas", como "ámbitos caracterizados por específicos y distintivos sistemas de relaciones visibles, ecológicas, funcionales, históricas y culturales, que le confieren una precisa fisonomía y una reconocible identidad" (Gambino, R.; 1995).

Particular atención merece la propuesta de Mariolina Besio, Marcelo Frixione, Ricardo Lavaggi, Orietta Pedemonte, Carlo Schenone y Raffaella Semeria, a partir de considerar que la relación entre sistema territorial y sistema civil es de naturaleza semántica y pone en relación recíproca una estructura de signos con una estructura de significados. La relación es de naturaleza lingüística y expresiva y consiste en leer a través de un sistema de signos las formas del territorio —significados y contenidos que mantiene al sistema civil— caracteres socioeconómicos y comportamentales de la comunidad (Besio, M.; 1996).

A partir de principios de 1990 asistimos a una segunda fase de desarrollo del urbanismo ambiental, comandado principalmente por la vertiente de la proyectación ambiental italiana, en la que se acentuará la preocupación por la incorporación de perspectivas y conceptos propios de los estudios culturales urbanos. El foco de atención se reorientará hacia el ambiente del hombre y con ello se intentará obtener una visión más sensible con los aspectos propios de las ciencias sociales consideradas dentro del campo de lo urbano. En este sentido podría citarse como un antecedente bien representativo al "enfoque territorialista" italiano, a través de figuras claves como A. Magnaghi; G. Ferraresi; A. Peano; E. Trevisiol; A. Arozzi; E. Scandura; G. Giangrande; D. Borri; B. Rossi Doria (Giangrande, A.).

En esta línea teórica el foco de interés pasa por asumir el territorio como un hecho cultural que trasciende la idea de paisaje como representación visual, formal, para en cambio concebirlo como una construcción cultural no solo material sino también sociosimbólica. El territorio actúa como articulador de procesos naturales, sociales y de significación reconocibles en los procesos de territorialización, desterritorialización y reterritorialización (Raffestin, C.; 1986; Magnaghi, A.; 2001) restituyendo al habitante el rol activo de productor directo de manufactos y significados, y al habitar, la dimensión procesual como acto historizado de una cultura.

Podría considerarse al "enfoque territorialista" italiano como uno de los que ha calado más hondo en la cuestión del tipo de objeto de estudio más innovador a través del cual conceptuar el ambiente del hombre y con ello el territorio, a través del recuperado concepto de "lugar" (en sentido antropológico) con todo lo que ello supone de complejidad sociofísica.

Si bien la aparición en la escena del urbanismo del concepto de lugar no es una exclusividad de la proyectación ambiental y el enfoque territorialista, ya que si de pioneros se trata no se puede dejar de considerar los primeros pasos en la materia, cada uno a su manera, dados por Patrick Geddes, Lewis Mumford, Benton Mac Kaye, Jane Jacobs y Christopher Alexander, sí, en cambio, constituye un aporte innovador la consideración del concepto de lugar dentro del paradigma ambiental contemporáneo como vía de conocimiento proyectual del territorio alternativa a la visión biocéntrica imperante. También en ello habría que reconocerle a Lewis Mumford el haber sido un auténtico pionero en la materia cuando hace más de cincuenta años ya planteaba una visión ambiental tan madura como la que hoy se propone dentro del enfoque territorialista italiano al cambiar el foco de atención hacia el ambiente del hombre. En este sentido, merece destacarse el rico procesamiento teórico del legado de Mumford dentro de estas líneas teóricas, lo cual no es causalidad sino que, en cierto modo, podría considerarse como una versión contemporánea de aquel legado ambiental sensible al concepto de región mumfordiano en el que se articulaban los conceptos de "lugar-trabajo-gente".

La cuestión fundamental es que, en la actualidad, el concepto de lugar dentro del urbanismo ambiental ya es un tema instalado que nos presenta una posibilidad más que interesante para generar una auténtica estrategia de conocimiento proyectual propia del urbanismo. No obstante, plantear la hipótesis de asumir la ciudad como una compleja articulación de lugares nos compromete con la consideración del concepto mismo de lugar que, de por sí, resulta difícil definir desde un campo disciplinar en particular, ya que se trata de una categoría teórica compleja por naturaleza. En este sentido hace una gran contribución el esfuerzo teórico de Josep Muntañola (Muntañola, J.; 1996; 2000) por tratar de elaborar una teoría lo suficientemente holística para conceptuar lo que es el lugar; en

esa teoría, llega a la conclusión de que todas las perspectivas que intentan de algún modo u otro conceptuar el lugar son, en ultima instancia, complementarias, ninguna puede considerarse excluyente. De este modo, a través de su teoría sociofísica del lugar, Muntañola elaborará una síntesis lo suficientemente comprehensiva del concepto como para convertirlo en una categoría básica desde la cual poder establecer articulaciones con las conceptualizaciones que sobre el lugar se hacen desde distintos campos disciplinarios.

De esta visión comprensiva, el lugar será el resultado de un triple encuentro de dimensiones significativas, la del par hablar-habitar, inherente a todo proceso comunicativo; la del par conceptuar-figurar que puede ser sintáctica o semántica, pero en todo caso nos define la significación propiamente lógica; la del par medio físico-medio social que es el significado situacional, que puede ser emocional o simbólico, o también podrían ser los valores de una situación (Muntañola, J.; 1996). Así, el lugar propone un entrecruzamiento de las polaridades hablar —habitar, medio físico— medio social, conceptualización —figuración, sin que se identifiquen. A través de esta visión comprensiva, lo que se logra es una compleja manera de entender las relaciones que se dan en el lugar y el significado que éstas van adquiriendo.

El concepto de lugar, planteado en términos generales, remite a los innumerables ambientes que puede generar una persona o un grupo de personas a partir de todo tipo de actividades que puedan desarrollar en su habitar dentro del espacio que le sirva de escenario y recurso de acción, comunicación y soporte de signos. Los múltiples lugares que conforman los ámbitos dentro de los cuales transcurre el habitar conforman lo que se denomina "sistema de lugares del comportamiento" que, asociados al escenario físico, se convierten en un "sistema de asentamientos de comportamiento" de grupos sociales. Se trata de la combinación de estructuras estables del comportamiento con su medio (Rapoport, A.; 2003).

La vida de las personas y los distintos grupos humanos transcurren dentro de lo que se denomina "recinto residencial" a los cuales esta vinculado el espacio del comportamiento. Según A. Rapoport existen cinco componentes etológicos que conforman el recinto residencial. 1) El recinto de la residencia. Se trata del límite usual de la zona residencial con diferentes espacios unidos por corredores. 2) El núcleo central. Son las zonas de recinto residencial que más se usa. 3) El territorio. Zona apropiada y defendida, bien físicamente, bien socialmente, o bien a través de un proceso de personalización. 4) La jurisdicción. Es la propiedad legal con leyes concretas, pero sólo en determinadas circunstancias excepcionales. 5) El espacio personal y distancia personal. Es el espacio entre individuos cara-a-cara, o la "burbuja" espacial que rodea a las personas en sus actividades. Estos cinco componentes cambian con la cultura, edad, sexo, clase, etc.

De este modo nos encontramos frente a un sistema de asentamientos del comportamiento y de itinerarios que los vinculan; todo ello, según Rapoport, afecta el conocimiento de la ciudad y su morfología subjetiva.

La vivienda, en tanto región privada de asentamiento, se encuentra vinculada al sistema de asentamientos del comportamiento, y el barrio actúa como elemento mediador semipúblico, semiprivado, entre la privacidad de la vivienda y la naturaleza pública de la ciudadanía como un todo (Rapoport; A.; 2003).

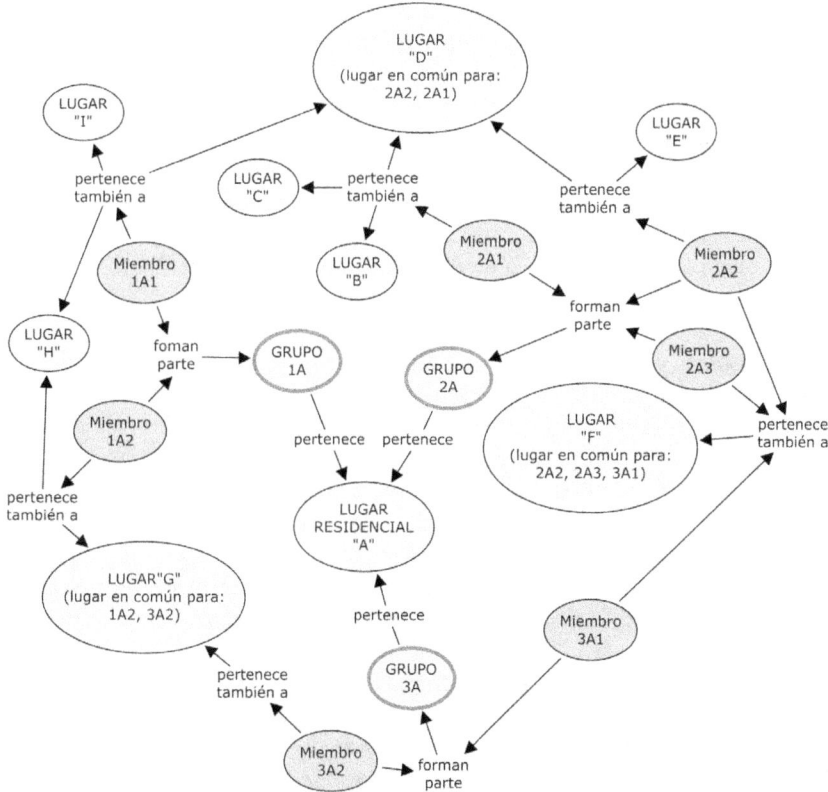

Cuadro nº 1. *El cuadro nº 1 representa un esquema interpretativo de la relación entre Grupos humanos a partir de los lugares de actividades propios del habitar y de las prácticas sociales que constituyen un sistema de asentamientos de actividades.*

Interpretar la ciudad desde el concepto de lugar implica concebirla como un sistema complejo de asentamientos generado a partir de las interacciones entre escenario físico, grupos humanos y prácticas sociales, mediatizadas por el mundo de lo simbólico. Desde esta perspectiva nos encontraríamos frente a un objeto de estudio virtual, ya que el lugar no puede ser recluido o reducido a ninguna de las dimensiones que lo constituyen, ya sea el escenario físico, las prácticas sociales o el mundo de lo simbólico, sino que se constituye a partir de las interacciones mismas entre ellas. Es el entramado entre aquellas dimensiones el que a lo largo de un proceso histórico logra cierta condensación de sentido y con ello posibilita la generación de identidad de lugar, la apropiación, el arraigo, el imaginario urbano, y tantos otros procesos mediante los cuales los seres humanos nos vinculamos en forma física, funcional, emocional y simbólica a nuestros marcos físicos y a través de ellos a nuestros entornos, ambientes o lugares.

Una estrategia posible para abordar la complejidad sociofísica del lugar, y con él llevar adelante la propuesta de concebir un urbanismo ambiental alternativo a partir de asumir la ciudad como una compleja articulación de lugares, es la propuesta del Urbanismo Ambiental Hermenéutico (UAH), el cual, a partir de tomar como marco mayor de referencia el enfoque territorialista italiano y la teoría sociofísica del lugar de Muntañola, desarrolla su propia estrategia de conocimiento proyectual.

Desde la propuesta del UAH se asume al *territorio* como un *sistema complejo de lugares*, a partir de los aspectos humanos fundamentales que se articulan para su producción desde las distintas prácticas sociales, tal como ya se plantea en la *teoría sociofísica* antes apuntada, actividades que caracterizan la producción y reproducción del lugar y la emergencia de construcciones simbólicas que a ellos se entrelazan en una cultura particular a partir de las distintas practicas sociales. Desde el punto de vista de su manifestación empírica representada por el medio físico natural y construido, el territorio asumiría entonces rasgos de *materia cultural configurada* y *significada*, que actuaría como una *infraestructura posibilitante* (García, J.L.; 1976) y de mediación simbólica en la construcción del complejo sistema de *lugares*.

La *sociogénesis, morfogénesis* y *semiogénesis* (Marcos, I.; 1995) de los *lugares urbanos* son leídas a partir del proceso de *territorialización* (*producción de calidad ambiental, habitativa, valorización de identidad territorial y urbana, de pertenencia, de producciones típicas en paisajes típicos, de crecimiento y consolidación de sociedades locales* [A. Magnaghi, 2001]) en tanto texto de múltiples *trazas*[1] discursivas (Ricoeur, P.; 1996), (las del ambiente natural, transformado y construido; las del ambiente socioproductivo y tecnológico; las del ambiente sociopolítico; las del ambiente semiótico o *semiósfera* [Lotman, Y.; 1999], que actúan como representación metafórica posibilitando la *dialogía* (Bakthin, M. M.; 1981) interdisciplinar a partir de *conceptos nómades* (uso metafórico de términos conceptuales [Stengers, I. 1988]), con la intención de construir tramas narrativas, regularidades estructurales, patrones, articulados por

los *cronotopos* del territorio (articulación de tiempo-espacio y sentido en el lugar; [Bakthin, M.;1981]) generados a partir de la interacción de las dimensiones propias del *lugar*.

El sentido de este proceso es captado a través de una *hermenéutica de la articulación de los cronotopos de la territorialización*[2] como estrategia interpretativa de la *identidad* (invariantes y permanencias, sedimentos materiales y cognitivos sobre el territorio), los *valores* (interpretación social activa sobre el *patrimonio*) y el patrimonio del territorio (valoración cultural sobre el sedimento histórico que deja la territorialización [Magnaghi, A.; 2001]), en tanto recursos indispensables para la sostenibilidad sociofísica del mismo. Esta se basa en alentar solidaridades positivas que los agentes sociales, en sus lugares, manifiesten hacia articulaciones exitosas entre *correspondencias sociosimbólicas* (relación entre *prácticas sociales y sus representaciones sociales, percepciones, identidad de lugar, territorialidad*) (Giddens, A. 1984; Jodelet, D., en Iñiguez-Pol, 1996; Rappoport, A.; 2003; Valera, S. – Pol, E. ; 1996; García, J.L.; 1976) y *congruencias sociofísicas* (localización y uso sustentable de actividades humanas sobre el escenario) generadas por las *prácticas sociales* dentro de un específico *lugar*, contribuyendo a una territorialización sustentable, al enriquecimiento del territorio, a la calidad ambiental.

De este modo, el *problema ambiental* es conceptualizado como un modo particular de articulación no exitosa entre *correspondencias sociosimbólicas* y *congruencias sociofísicas*.

Desde esta perspectiva, se propone deconstruir el objeto de estudio *lugar urbano* a partir de tres conceptos íntimamente articulados: el *ambiente epistémico*, el *ambiente cultural* y el *ambiente espacial*.

El *ambiente epistémico* sería el campo abierto y virtual del pensamiento, en constante transformación y actualización de sus contenidos en el que pueden reconocerse momentos de equilibración dinámicos tempoespaciales y de sentido a partir de un proceso de *aprehensión*[3] de la realidad, posibilitando así las condiciones de acceso al conocimiento a partir de la problematización de la realidad orientada por la manifestación concreta y contextualizada en forma histórica y tempoespacial de una problemática dentro de un encuentro de *horizontes de sentido* (Gadamer, H. G.; 1994, 1997): el de quienes interpretan y el de lo que se interpreta en el lugar. Este campo virtual no reconoce un centro estable, un objeto teórico fijo, sino un sucederse de articulaciones conceptuales entre objetos de estudio y campos disciplinarios, a modo de una *centralidad acentrada*, a partir de una operación de transferencia y propagación de términos conceptuales abiertos a la realidad[4], entre disciplinas por medio de estructuraciones *ad hoc*, evocadas por el *problema ambiental* a tratar, desde su condición de *focus metafórico*. Esta compleja combinatoria de trazas multidimensionales en tanto campo de problematización se constituiría en el *objeto de estudio* (OT) del aquí propuesto *urbanismo ambiental hermenéutico*.

El *ambiente cultural* sería el contexto de especificación histórico, en tiempo, espacio y tradición, en el cual se manifiestan las distintas prácticas sociales y sus procesos organizativos funcionales y simbólicos, ideológicos y de poder, representando la complejidad sociosimbólica del lugar urbano. Se trata de una construcción social funcional significativa y compleja organizada en múltiples dimensiones de *ordenes implicados*[5] (procesos regulativos de la producción, organización social, y significaciones emergentes en planos semióticos). Este orden implicado se manifiesta en una *forma* (regularidades organizativo funcionales y simbólicas, definidas conceptualmente desde distintas perspectivas teóricas) y en un *contenido* (dado por la articulación complementaria entre la especificidad característica de una realidad cultural concreta en un particular momento de lectura, representada por la *forma* y el proceso diacrónico de transformación de esa misma realidad en la histórica producción y reproducción de sentido, *tradiciones*). Además, el *ambiente cultural* es el ámbito de lo gestionable indirectamente a través de los sistemas reguladores de las distintas praxis sociales y su sistema de significaciones, como podría ser, por ejemplo, la acción política sobre lo social, económico y cultural.

Por su parte, el *ambiente espacial* sería la dimensión material concreta y parcial de las dimensiones manifiestas del *ambiente cultural* en su proceso de apropiación y transformación territorial, expresada como *orden explicado* o explícito (configuración territorial) articulado a un *orden implicado*. En este sentido, el *ambiente cultural* actúa como articulador material entre la *forma* y el *contenido* del *ambiente cultural* a partir de los rasgos específicos de configuración que pueda asumir un fragmento territorial particular. Por otra, parte sería el ámbito de lo gestionable directamente por la técnica y lo práctico, o sea, por el nivel técnico operativo del urbanismo sobre la *infraestructura posibilitante*.

La característica fundamental de la articulación entre los conceptos anteriores es que no se concibe escisión alguna entre *ambiente cultural* y *ambiente espacial*, desde la condición espistémica general antes planteada. No se trata de dos realidades externas una de la otra, no existe desvinculación alguna entre el tipo de *orden implicado* del primero y *explicado* del segundo, sino que se trata de un *continuum* en el nivel del pensamiento, de las ideas y conceptos, de las representaciones y significaciones anudadas por el concepto de *lugar*. *Forma*, *materia* y *contenido*, constituyen tres unidades solidarias que solo cobran sentido pleno a los efectos de interpretar el lugar, dentro de una relación de complementariedad funcional y simbólica entre ellas. Ya sea que se los considere desde lo ecológico funcional, y los procesos organizacionales de lo real a través de las operaciones mentales que sobre ello actúa mediante el intercambio de información dentro de la energía, posibilitando la emergencia de forma informada y con ello significación (como en la epistemología de Gregory Bateson (Bateson, G.; 1972); ya sea que se ingrese desde el cruce generativo y reproductivo de procesos de significación y representación de tipos sociales, partiendo desde lo psicogenético y luego desde lo sociogenético dentro de un escenario de las repre-

sentaciones (como en la "teoría sociofísica" de Josep Muntañola), los tres elementos, *forma*, *materia* y *contenido*, se funden en la dimensión compleja del *lugar*.

La articulación entre *correspondencias sociosimbólicas* y *congruencias sociofísicas* es la problemática estratégica central para la presente propuesta, ya que representa la interpretación *dialógica enactiva* y *hermenéutica* en su máximo nivel de complejidad, del proceso de construcción y reproducción del territorio, generada a partir de una lectura que involucra el siguiente proceso:

Como ya se ha expresado antes, el *ambiente cultural* representa el contexto de especificación histórico, en tiempo, espacio y tradición, a modo de metalenguaje semiótico, en el cual se manifiestan las distintas prácticas sociales y sus procesos sociales y simbólicos, ideológicos y de poder, representando la complejidad sociosimbólica del lugar urbano. Dentro de este ambiente encontramos, por un lado, las manifestaciones organizativas funcionales de las distintas prácticas sociales, traducidas como actividades características de distintos tipos que presentan cierta regularidad y recurrencia funcional posibilitando así el reconocimiento de cierta *forma* y estructuración, lo que las hace factibles de ser inteligibles como objetos de estudio. Desde esta manifestación funcional, la articulación de los distintos objetos de estudio que representan estas prácticas sociales posibilitarán encontrar un sentido en el ámbito organizativo funcional, o sea, cierta racionalidad subyacente a las articulaciones entre objetos de estudio.

Estas regularidades y organizaciones funcionales que manifiestan las distintas prácticas sociales, no se encuentran en un vacío de contexto funcional, sino que ellas son parte de un proceso en constante cambio y regeneración que es lo que caracteriza el desarrollo vivo de una cultura a partir de los hechos sociales y que solo puede ser captado en una lectura diacrónica que muestre el proceso mismo de generación organización y transformación en el cual podemos establecer objetos de estudio, formas y estructuraciones a partir de momentos de equilibración dinámica de ese proceso.

Por otra parte, dentro del mismo *ambiente cultural*, encontramos lo que se denomina *planos de organización semiótica*, o sea, ambientes comunes de significaciones compartidas por determinados grupos culturales que sirven como interfase de diálogo y mutuo reconocimiento en tanto sujetos sociales y diferenciación de otros grupos compartiendo distintos planos semióticos. Estos ambientes semióticos están nutridos por aspectos tales como las *representaciones sociales*, la *identidad de lugar*, la *percepción del ambiente*, la *territorialidad*, los *signos del ambiente*. Este ambiente semiótico, considerado aquí con ciertas licencias, es el ámbito en el que se manifiestan otras tantas regularidades, formas y estructuraciones emergentes de las prácticas sociales. Un ejemplo de ello serían el juego articulado de objetos simbólicos que carga de sentido social y valor el sentirse partícipe y ser reconocido como miembro de un determinado grupo, ambiente, actividad y expresión

culturales, etc. lo que refuerza la cohesión y la identidad de ese grupo frente a otros y brinda un sentido extra funcional a las prácticas sociales. En este caso, también existe un contexto de referencia simbólico, que está en constante transformación y regeneración, dentro del cual se dan momentos de equilibración y estabilidad dinámica en el que pueden reconocerse objetos de estudio, formas y estructuraciones simbólicas.

La cuestión fundamental que aquí se postula es que estos dos ambientes no actúan en forma independiente, sino que presentan ciertas correspondencias originadas por un proceso de interacción que realimenta uno y otro ambiente a partir de las prácticas sociales. O sea que estas son el movilizador de las interacciones que a su vez las reorientan y organizan dentro de un desarrollo en constante evolución y cambio. Esto equivale a considerar que no es concebible una subordinación del ambiente simbólico al ambiente funcional ni del funcional al simbólico, sino que ambos se necesitan porque a la vez que cada actividad concreta desarrollada es precedida de una idea sobre la misma, un proyecto, una prefiguración y precomprensión que la oriente; cada significación construida solo puede serlo en función de que la actividad es necesaria para la vida, todo discurre, y dentro de este discurrir (*habitar*) el sujeto es un ser activo constructor proyectual, que va construyéndose y construyendo su mundo, por lo tanto no puede escapar de un necesario distanciamiento reflexivo, que oriente su actividad epistémica y con ello vaya brindando sentido a su propia acción constructora. Es a partir de este proceso que el hombre reconoce el carácter histórico en el que se forman los horizontes de sentido del que nos habla Gadamer, dentro de los cuales estamos inmersos como condición previa actual y potencial a nuestro proyecto como sujeto individual y social. Por ello resulta estratégico no solo explicar (causalmente, interproposicionalmente) una determinada práctica social, sino verla dentro de una interpretación como condición subyacente de sentido (intraproposicionalmente, genéticamente).

Con respecto a las *congruencias sociofísicas*, se considera que la articulación sociosimbólica antes explicada no se da en un vacío de espacio, sino que es parte constitutiva del mismo la dimensión física o sea el espacio natural y construido como soporte, como *infraestructura posibilitante* para que aquellas articulaciones puedan desplegarse. En este caso se trata de un *ambiente espacial* que actúa como articulador material determinado y a la vez determinante de las practicas sociales, pero no directamente sobre ellas, sino sobre la articulación sociosimbólica, ya que es inconcebible un soporte material sin mediación simbólica. La materia, el espacio natural y construido, no se nos presenta como un objeto mudo, asemiótico, ya que desde el momento mismo que nos constituimos como sujeto constituimos el lugar y este es el modo en que el escenario físico se relaciona con nosotros, o sea a través del filtro del *lugar*. No se trata de una relación entre objetos orgánicos (hombre y ecosistemas naturales) u orgánicos e inorgánicos (hombre y edificios), sino de una relación mediatizada por aquellos procesos mentales que interactúan con las prácticas sociales, o sea, las interacciones sociosimbólicas. Son estas las que proyectan sobre la materia o escenario las

condiciones desde las cuales será asumida e integrada como materia significada en el proceso de desarrollo de una determinada práctica social. De este modo, la congruencia sociofísica refiere no solo al grado de acuerdo exitoso en términos ecológicos entre la manifestación organizativo funcional de una determinada práctica social sobre el medio natural o construido, sino también al grado de acuerdo (exitoso o no) entre la significación activada de la materia cultural desde las correspondencias sociosimbólicas. La materia cultural, o territorio, ingresa de este modo en el *ambiente cultural* desde su condición de campo de proyección y reflejo de una determinada *significación activada* desde lo cultural y soportada materialmente en una particular configuración ecosistémica del territorio que puede resultar favorecida o desfavorecida según aquella aliente o destruya la sustentabilidad ecológica del mismo. De allí que se considere que se dará la sostenibilidad sociofísica cuando la articulación entre la *significación activada* del territorio y la *articulación sociosimbólica* estimule la estabilidad y durabilidad del ecosistema territorial directamente concernido, a la vez que posibilite el desarrollo y la evolución del *ambiente cultural*.

Se trata, por ejemplo, de interpretar determinadas prácticas productivas, culturales, etc. asociadas a grupos humanos particulares, dentro de determinadas reglas de juego de producción y poder, desde sistemas de significaciones y representaciones de esas prácticas dentro de un ambiente semiótico. Este actúa como trasductor, no solo entre las relaciones sociales dentro del grupo, sino entre las reglas de juego de la producción y poder y la atribución de valor a los recursos materiales e intangibles (conocimiento adquirido), en tanto bienes patrimoniales disponibles, entre los cuales se encuentran los ecosistemas naturales con sus cualidades específicas, la ciudad como escenario tecnoambiental artificial y el bagaje de conocimientos adquiridos.

Este tipo de lectura implica que, ya sea que se ingrese desde lo social, a partir del estudio del sistema socioproductivo, o bien se ingrese desde el medio natural y construido, a partir de las cualidades configurativas y ecológicas del territorio, la interpretación estará siempre sujeta a dos condiciones: la que muestre el factor de estudio como cualidad local y la que represente el factor de estudio como cualidad asignada, proyectada desde su entorno ambiental. Por ejemplo, la lectura de una matriz ecológica de un territorio a partir de reconocer *parches*, *corredores* y *matriz*, tal como lo plantea la ecología del paisaje, representaría los rasgos locales del factor de estudio territorio ingresando a su interpretación desde el medio natural y construido, pero esta lectura está necesariamente vinculada a lo que estos parches corredores y matriz representen desde las prácticas sociales, filtrado desde lo simbólico. O sea, que un tipo de relación que se presenta ecológicamente sostenible o congruente entre una determinada práctica socioproductiva y medio natural, leída, por ejemplo, desde la ecología del paisaje, necesita aún ser articulada con el tipo de correspondencia que esa práctica socioproductiva asume dentro del ambiente simbólico, en el cual se encuentran aspectos de representación social y valoración de la misma, que suelen

ser estratégicos en su combinación con la valoración de aquella relación por el beneficio económico-funcional a partir de los bienes materiales obtenidos por ella.

Desde la perspectiva de este trabajo, interesa indagar en lo que nosotros, desde nuestro conocimiento operante, desde nuestro *habitar* y *representar*, ponemos en la realidad, instituimos sobre ella desde la *enacción hermenéutica*, ya que a través de esta no solo construimos la realidad, sino que nos construimos a nosotros mismos como sujetos tomando conciencia de este proceso que es constructivo y reproductivo, histórico e interpretativo, relativo a un horizonte de sentido, evolutivo y abierto.

De allí que sea lícito y esté justificado ver como una articulación necesaria a la del *ambiente epistémico-ambiente cultural-ambiente espacial*. Con ello lo que se pretende es reintegrar, en el proceso de construcción de los mismos al sujeto que mediante la praxis social construye las articulaciones entre el *orden implicado* y *explicado* de su ambiente.

El hecho de que en el nivel de lo manifiesto, el sujeto y su escenario aparezcan como escindidos y externos entre sí, no implica que en el nivel del *orden implicado* también lo estén. Si bien se reconoce la autonomía relativa de ciertos procesos dentro del *orden explicado* (permanencia física relativa de la obra del hombre, y procesos ecológicos del medio natural), ello no los vuelve autónomos y aislados desde el punto de vista del *ambiente del hombre*. Quizás lo que confunda es que al nivel de lo manifiesto no necesariamente toda la complejidad de este ambiente está en directa relación con el sujeto operante, pero al nivel *implicado*, el *ambiente Espacial* o manifiesto, no puede escapar del *ambiente cultural* y el compromiso ético del sujeto cognoscente desde el *ambiente epistémico* y su característica hologramática en la que se anudan los ejes *científico* (semiótica-epistemología), *estético* (poética-retórica) y *ético* (política-ética) (Muntañola, J.; Zárate, M.; 2001).

De allí la importancia en considerar el aspecto de las significaciones (propias de lo *implicado*) como vía de tratamiento y recomposición de la articulación entre sujeto y escenario, y su repercusión en lo manifiesto. Ya que es en el nivel de las significaciones (en tanto procesos mentales) en donde sujeto y escenario son inseparables, no puede existir el uno sin el otro, se trata de un proceso de mutua conformación, mientras el sujeto construye su *identidad de lugar*, el *lugar* recibe significación que a su vez reactúa sobre el proceso de construcción de la identidad del sujeto y los grupos sociales.

Por otra parte, no es concebible una significación en sí misma sin referentes o contextos, entiéndase *horizontes de sentido* dados por ejemplo por la *tradición* (Gadamer, H. G.; 1997), elaborados por una cultura particular, dentro de los cuales se constituya tal significación. Ello indica que, a través de la consideración necesaria del contexto, permanecemos ligados a múltiples ámbitos o dimensiones que actúan como marcos de referencia dentro del *ambiente*

cultural, entre los cuales actúa también el *ambiente espacial* como *infraestructura posibilitante* y soporte material de significaciones. Es aquí en donde también aparece el carácter de *continuum* entre los distintos niveles de ordenes dentro de lo *implicado* y de estos con lo *explicado*.

Este proceso de puesta en contexto de significaciones, tratando de ir interpretando las relaciones entre los dos niveles de órdenes, vistos como un proceso mental, sólo puede ser abordado desde una estrategia *hermenéutica* (Gadamer, H. G.; 1997) de las *praxis sociales*, en tanto aproximación iterativa a la interpretación de significaciones emergentes articuladoras. Para ello, se propone ingresar desde el plano intermedio, propio de las articulaciones, representado por la *interfase del lugar* (a partir de, por ejemplo, las *representaciones sociales*, la *territorialidad* y los *mapas mentales*), en tanto campo articulador entre el plano de las *conceptualizaciones de las practicas sociales*, y el plano del *territorio, en tanto materia cultural configurada y significada*.

Leer el territorio como un medio de transporte de significados, como una cantera en la que han sedimentado significados e identidad a lo largo de un proceso de territorialización por una cultura particular, solo puede ser posible desde el plano intermedio que representa la interfase sociosimbólica del *lugar*. De ahí que el paisaje pertenezca a esta interfase, y esté asociado a la *territorialidad*, a las *representaciones sociales* y a las *percepciones*.

En la propuesta del Urbanismo Ambiental Hermenéutico, se aborda la problemática, aún poco desarrollada, de concebir un sistema de comunicación, a modo de metalenguaje de carácter simbólico, que pueda actuar de mecanismo de trasducción y articulación sintagmática entre patrones físicos, funcionales y semánticos. A partir de ello se plantea la posibilidad de interpretar un fragmento configurado de territorio como un texto, al cual aplicarle una estrategia de interpretación hermenéutica sobre los trazos que, en sentido metafórico, representan el proceso morfogenético y semiogenético de territorialización.

Desde el propósito de volver operativo el concepto de lugar como vía de ingreso en el territorio se propone deconstruirlo en aquellos conceptos que, proviniendo fundamentalmente de las ciencias sociales, actuarían de mediadores entre los tres ambientes antes considerados (el ambiente epistémico, el ambiente cultural y el ambiente espacial) a partir de considerar cuatro elementos básicos: los grupos humanos (G), las actividades por estos generadas (A), los escenarios (E), y la significación derivada de las actividades de los grupos (S), proyectadas tanto sobre los escenarios como sobre las propias actividades y grupos.

Entre los conceptos mediadores seleccionados se proponen los siguientes: desde la psicología ambiental: la identidad social urbana, la identidad de lugar, el espacio simbólico urbano y la apropiación. Desde la Sociología: el arraigo, los imaginarios urbanos, las representaciones sociales, la imagen urbana. Desde la Antropología: el concepto de lo urbano,

la territorialidad, y el de espacio público. Desde la Geografía y la Psicogeografía: el territorio, territorialización y los mapas psicogeográficos. Desde las Ciencias Cognitivas: los mapas cognitivos, los mapas parroquiales o comunitarios. Desde el Urbanismo: la imaginación urbana, la forma urbana, el diseño urbano.

La selección de estos conceptos se fundamenta en su cualidad de fronterizos o dialógicos por excelencia, ya que en todos ellos se verifica cierta complementación cognoscitiva, o sea, lo que se explica o interpreta desde un determinado concepto puede ser complementado con lo que se explica o interpreta desde otro. Por ejemplo, la complementación entre los conceptos de imagen urbana y espacio simbólico urbano, o entre identidad social urbana, apropiación y arraigo, son algunos ejemplos. Esta cualidad posibilita establecer múltiples relaciones entre las dimensiones y variables en las que pueden ser descompuestos los distintos conceptos, contribuyendo así a conformar un entramado de articulaciones conceptuales que posibilitan ingresar al lugar desde cualquiera de los campos disciplinarios a los que pertenezcan los conceptos preservando la perspectiva dialógica entre ellos (ver Cuadro nº 2).

Se aclara que la intención de generar un entramado conceptual no es la de producir una metateoría a modo de síntesis transdisciplinar, con lo cual se asume que se trata solamente de complementaciones y no de síntesis conceptuales. El objetivo está puesto solamente en establecer posibles vasos comunicantes, piedras de toque, entre campos disciplinares a partir de reconocer que los conceptos seleccionados y relacionados brindan la posibilidad de una visión caleidoscópica sobre el lugar. Con ello lo que se pretende es preservar la connotación cognoscitiva de cada concepto dentro de su campo disciplinar de pertenencia.

Por otra parte, si bien cada concepto está controlado desde el propio campo disciplinar que lo ha generado, y es este mismo campo el que hace las lecturas de los observables que necesita obtener; en todos los casos, se detecta que existen datos que, con ciertas licencias, podrian actuar como referentes comunes a más de un campo disciplinar. También aquí hay que hacer la salvedad que la intención cognoscitiva desde la cual se leen ciertos datos de la realidad, que en apariencia podrían resultar los mismos para dos campos distintos, desde el punto de vista teórico, no es así, ya que un mismo dato, por ejemplo, una forma urbana, puede ser considerada desde una determinada disciplina de un modo particular y desde otra ser considerada según una intencionalidad teórica distinta. No obstante, resulta muy útil para construir el entramado conceptual el hecho de que se haya verificado que existe un número importante de datos que, aun considerando las diferentes intencionalidades teóricas de los diversos campos disciplinarios, esos datos pueden ser tomados como referentes comunes, o al menos, con un alto grado de similaridad en cuanto a cómo son definidos. Incluso, existe la posibilidad de establecer un nivel promedio de desagregación y detalle de algunos datos que no modificarían su contribución a los distintos conceptos a los que tributarán. El ejemplo más

claro en este sentido es el de la forma urbana, que es tomada como referente empírica desde distintos conceptos, no existiendo, en este caso, dificultad alguna en establecer un nivel de deconstrucción de la misma en elementos típicos que podrían servir por igual a los distintos conceptos. Esto nos posibilita definir un conjunto controlado de observables comunes en relación al escenario del lugar, al menos desde la forma urbana, a la vez que hace posible utilizarlos como una vía más de ingreso a las articulaciones conceptuales.

Teniendo en cuenta las dimensiones y variables fundamentales de cada concepto, el trabajo propone agruparlos según grandes categorías que intentan resaltar cualidades particulares de la trama, en relación a: las actividades, el escenario y la significación. En el primer caso tendríamos las categorías de conceptos relacionados con: la apropiación, las relaciones sociales, las regulaciones de las relaciones sociales. En el segundo caso tendríamos las categorías de conceptos relacionados con: los recursos del entorno físico, la forma del entorno físico. En el tercer caso tendríamos las categorías de conceptos relacionados con: la significación, la cognición del entorno, las creencias, las emociones. En este caso los grupos humanos actuarían como los protagonistas que ponen en relación las actividades, el escenario y la significación.

De este modo, la función más importante asignada a la trama de conceptos, pasa por contar con un instrumento cognoscitivo que actúe como sistema complejo y multidimensional de contención para la interpretación de posibles situaciones de correspondencias socio-simbólicas y congruencias sociofísicas según sean las articulaciones de los cuatro elementos básicos (los grupos, las actividades, los escenarios y las significaciones), dentro de un Sistema de asentamiento del comportamiento, y más en particular, dentro de un escenario específico o fragmento configurado y significado de territorio (ver Cuadro nº 3).

El esquema del cuadro nº 2 no tendría sentido si no se lo refiriera a algún contexto cultural, espacial y temporal particular que le diera sentido social e histórico. De allí que la estrategia propuesta ubique la trama conceptual dentro de una determinada cultura, en tanto marco de referencia mayor ordenada, a su vez, en: un sistema político, un sistema económico, un sistema jurídico, un sistema natural (o medio físico natural de soporte), y un determinado grupo humano que, a través de sus diversas prácticas sociales, genera las actividades. Todos estos sistemas actúan según momentos cronotópicos, o sea, anudamientos de sentido en el tiempo y el espacio reconocibles en la historia de una cultura y su territorio (Ver Cuadro nº 3).

Llegados a este punto nos encontramos con que los cuatro elementos fundamentales del modelo a partir del cual volver operativo el lugar como vía de ingreso para la interpretación del hecho urbano se podrían vincular según un esquema combinatorio como el que a continuación se indica, dentro de las variables del entorno.

Cuadro nº 2

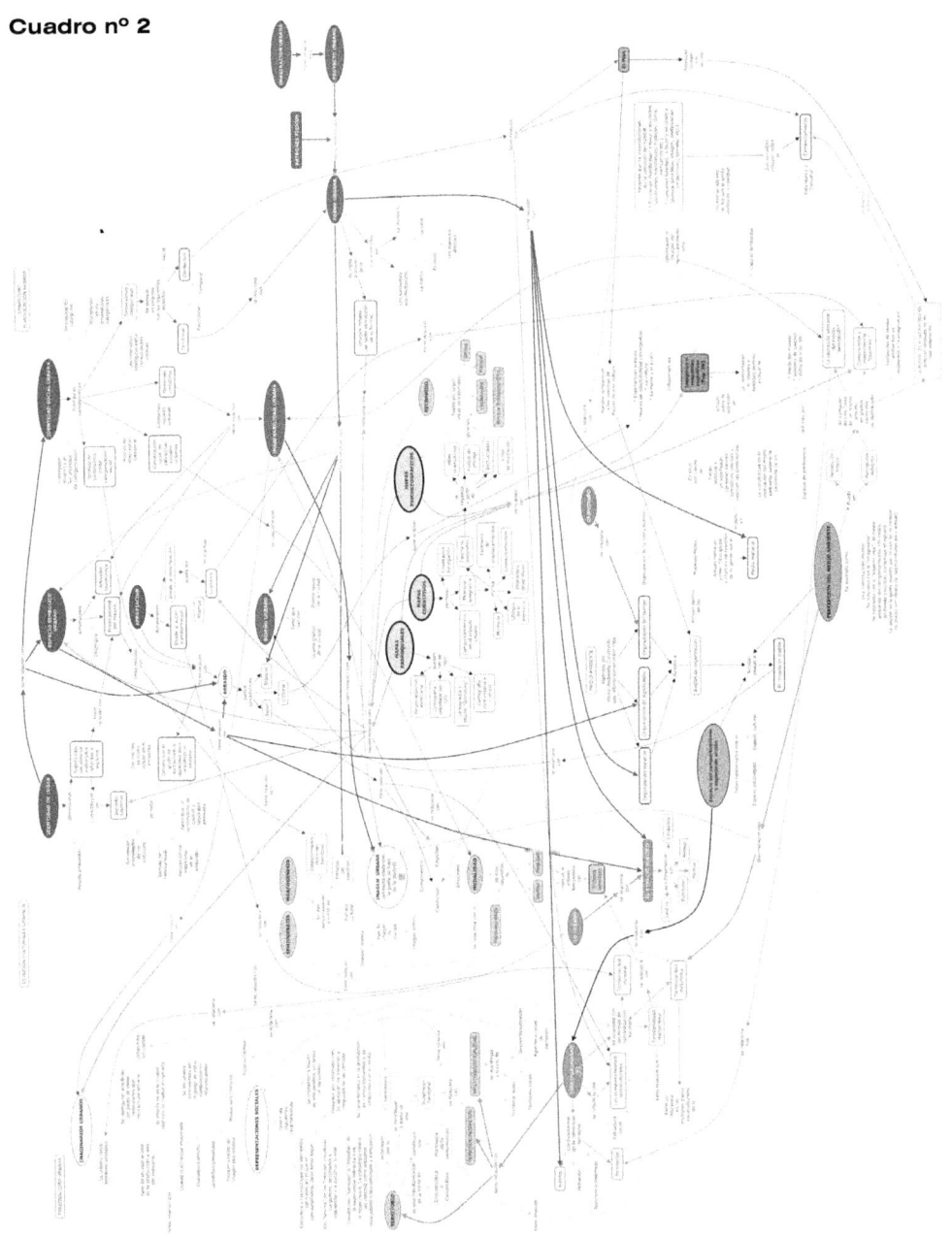

Cuadro nº 3

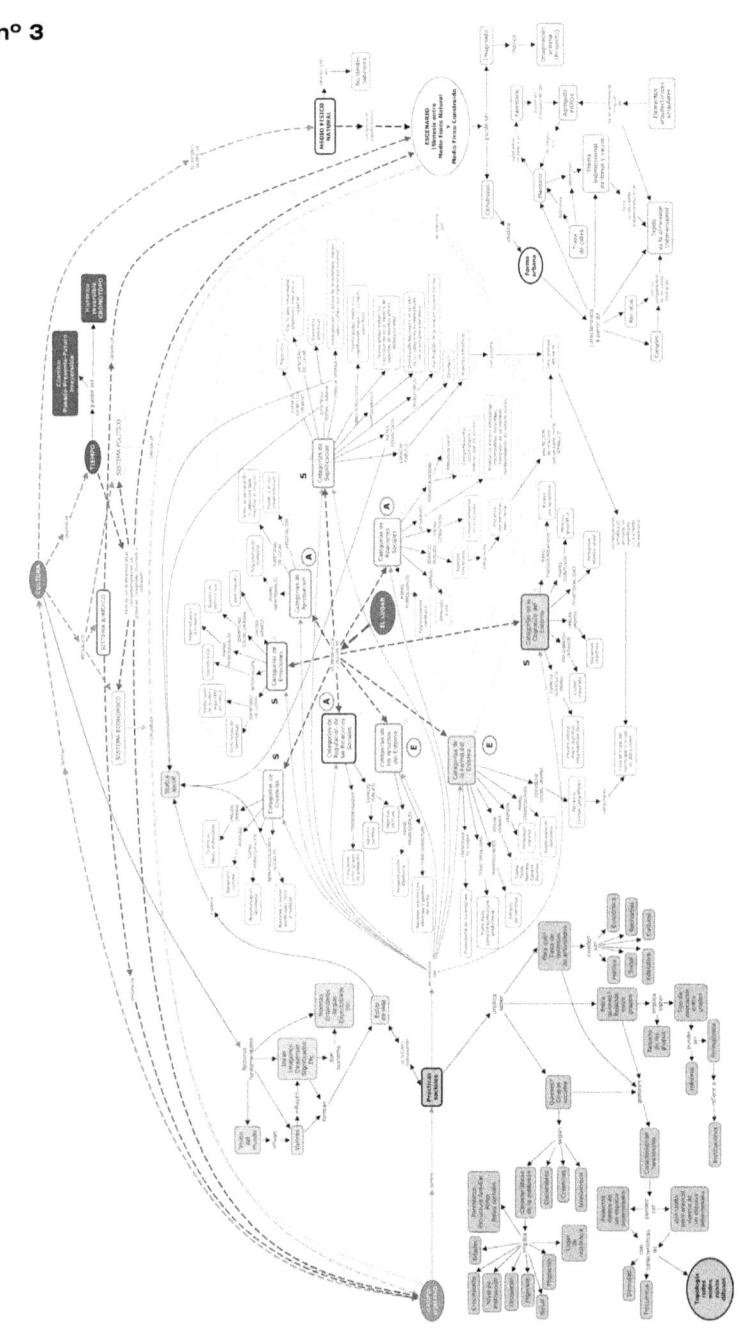

Cuadro nº 3

A	Actúa sobre	E	Proyecta una	S	Carga		E
					No carga		E
					Realimenta		A
					No realimenta		A
					Impacta		Sobre otra significación
					No impacta		Sobre otra significación
				No proyecta	S		
				Impacta	Sobre otro Escenario		
		E	Reactúa	A			
		E	No reactúa	A			
A	Proyecta	S	Carga	E	Impacta		S
					No impacta		S
					Impacta		A
					No impacta		A
					Impacta		Sobre otro Escenario
					No impacta		Sobre otro escenario
			No carga	E			
			Impacta	Sobre otra significación			
			Realimenta	A			
			No realimenta	A			
			No carga	E			
E	Impacta	A	Proyecta	S	Carga		E
					No carga		E
					Realimenta		A
					No realimenta		A
					Impacta		Sobre otra significación
					No impacta		Sobre otra significación
			No proyecta	S			
			Impacta	Sobre otra Actividad			
			Reactúa	E			
			No reactúa	E			

E	Genera	S	Impacta	A	Impacta	E	
					No impacta	E	
					Realimenta	S	
					No realimenta	S	
					Impacta	Sobre otra actividad	
					No impacta	Sobre otra actividad	
			No impacta	A			
			Impacta	Sobre otra significación			
			Realimenta	E			
			No realimenta	E			
S	Carga	E	Impacta	A	Impacta	E	
					No impacta	E	
					Realimenta	S	
					No realimenta	S	
					Impacta	Sobre otra actividad	
					No impacta	Sobre otra actividad	
			Impacta	Sobre otro escenario			
			No impacta	A			
			Carga	S			
			No carga	S			
S	Carga	A	Impacta	E	Se adapta	A	
					No se adapta	A	
					Realimenta	S	
					No realimenta	S	
					Impacta	Sobre otro escenario	
					No impacta	Sobre otro escenario	
			Impacta	Sobre otra actividad			
			No impacta	E			
			Realimenta	S			
			No realimenta	S			

Tabla A : *Cuadro de combinatorias posibles entre: actividades (A), escenario (E), significaciones (S).*

Las articulaciones entre los componentes A, S y E se darían a partir de un código de comunicación en el que se reconocen los siguientes términos y características del tipo de contenido que se transmitiría dentro de cada modalidad de comunicación:

TÉRMINOS	NATURALEZA	FORMA DE REPRESENTACIÓN	FORMA EN QUE ACTÚA
Significado	Intangible	Verbal	Orienta la acción entre personas y entre personas y escenario; marca una situación topológica en el escenario; alimenta las ideas, las creencias y las imágenes, refuerza el valor de un recurso o bien, potencia o reduce el valor de una norma
Creencia	Intangible	Verbal	Establece un modo de ver y relacionar grupos humanos, acciones, recursos y bienes; alimenta los significados, ideas, imágenes; interpreta la temporalidad y la norma
Idea	Intangible	Verbal, gráfica	Particulariza la interpretación de las acciones entre grupos, entre grupos y escenario; relaciona significados, sentimientos, creencias, recursos y bienes, norma y temporalidad.
Imagen	Tangible	Gráfica	Particulariza una configuración posible integrando idea, creencia, recurso o bien, norma, temporalidad, escenario, sentimiento y significado.
Valoración	Intangible	Verbal	Orienta una acción entre personas y entre personas y escenario
Acción	Tangible	Grafos, redes, topologías espaciales	Establece una relación entre personas y entre estas y escenario

Nombre	Intangible	Verbal	Designa e identifica acciones entre personas y entre estas y escenario, designa e identifica situaciones topológicas del escenario, designa e identifica la temporalidad de acciones y la temporalidad del escenario
Escenario	Tangible	Mapas, planos, modelos 3D	Forma el marco físico de soporte a las acciones entre grupos; es el significante de los símbolos; contiene los recursos y bienes
Grupo humano	Tangible	Grafos, redes, topologías espaciales	Es el motor de las acciones, es el constructor de significados, genera sentimientos, asigna nombres, transforma y construye el escenario, formula creencias, desarrolla ideas, genera imágenes, establece lo que es un recurso y un bien, establece normas, ordena la temporalidad
Recurso o bien	Tangible/ Intangible	Verbal, grafos, redes, Topologías espaciales, mapas, planos, modelos 3D.	Alimenta las acciones, las relaciones entre grupos y entre estos y el escenario; estimula las creencias, ideas, imágenes, sentimientos, significados, norma y encuentra en la temporalidad un criterio de evaluación
Norma	Intangible	Verbal, grafos, redes	Regula las acciones entre grupos y entre estos y el escenario y los recursos x y entre estos y el escenario; bienes; encuentra en la temporalidad un criterio de evaluación; estimula la creencia, la imagen, la idea, sentimiento y significado.

Temporalidad	Tangible/ Intangible	Verbal, grafos, redes, topologías espaciales, mapas	Posibilita ver la dinámica de la acción, la transformación del escenario, el modo en que actúa una creencia, una imagen, una norma, un significado, el despliegue de una idea, la explotación de un recurso o bien.

Tabla B: *Listado de términos comunes que podrían actuar como código de comunicación entre los componentes de cada categoría conceptual dentro de la trama conceptual*

En el cuadro nº 4, se muestra una visión hologramática de la relación entre los cuatro componente básicos del modelo: grupos, actividades, escenario y significación. El carácter de holograma está dado por reconocer que aunque se tome en forma aislada cada componente, el resto siempre estará presente del modo en que se detalla en el cuadro. O sea, que existe una relación inseparable entre los cuatro elementos y cuando son considerados en forma particular, lo único que se hace es focalizar la atención sobre uno de ellos, pero eso no implica que el resto deje de actuar. Esta es la condición necesaria para realizar las combinatorias de articulaciones posibles tal como las plantea la *Tabla A* según el código de comuicación de la *Tabla B*.

Tomadas en consideración las premisas anteriores, el UAH elabora su propia hipótesis sobre el valor interpretativo de carácter sociofísico que se podría obtener a partir de reconocer correspondencias sociosimbólicas y congruencias sociofísicas entre G (grupos humanos), A (actividades de los grupos), E (escenario) y S (significación).

A partir de ello, en una primera instancia, la hipótesis fundamental considera lo siguiente:

Se parte de la premisa básica de que estamos dentro de un sistema de asentamiento del comportamiento reconocido como tal por sus habitantes como su sistema de lugares dentro de la ciudad (en este caso se consideran aquellos lugares públicos o semipúblicos, siendo el espacio público urbano el protagonista por excelencia), que conformen una unidad de sentido reconocida a partir del concepto de identidad de lugar, dentro de la cual se reconozcan grupos con identidad social urbana, los que, dentro de este ámbito contarían con un sistema reconocido de espacios simbólicos urbanos que estructuran sus esquemas o mapas mentales soportados en un escenario que haga de marco de referencia o significante al sistema simbólico y funcional.

1) Dado un determinado grupo humano, caracterizado como tal por alguna de las características básicas de grupo definidas según el cuadro nº 4, que establezca un rasgo común entre sus miembros;

2) considerando que ese grupo desarrolla alguna actividad, básica, complementaria o de bienestar, tal como se las define en el cuadro nº 4, tal que refuerce los lazos entre sus miembros, y la practique según una determinada duración y frecuencia en el tiempo;

3) considerando que la actividad genera una determinada significación, como las detalladas en el cuadro nº 4, para el propio grupo que la desarrolla, lo cual puede realimentar la motivación del grupo por la actividad;

4) asumiendo que la significación de esa actividad se proyecta sobre el escenario que hace de soporte material a la actividad, con lo cual este se estaría cargando de significación, y pasaría a ser el soporte material o significante de la actividad, tanto para el grupo que desarrolla la actividad como para otros grupos que son solo espectadores de la situación;

5) a partir de las premisas anteriores, se postula la hipótesis que considera que a mayor nivel de adaptación del escenario para el desarrollo apropiado de la actividad, se generará en el grupo primero un proceso de identificación con el escenario, para pasar luego a una fase de apropiación del mismo.

6) En este caso estaríamos frente a un caso de congruencia sociofísica entre grupo, actividad y escenario, en la cual el escenario, a la vez que se adapta funcionalmente a la actividad, se carga con una significación proyectada desde tal actividad asociada al grupo protagónico que la desarrolla.

En una segunda instancia se considera que:

1) Dado un determinado escenario, con rasgos configurativos definidos, ya sea por un proyecto o por el proceso morfogenético general de la ciudad;

2) suponiendo que ese escenario estuviera cargado con una significación en particular, o sea el significante de una significación, tal como se lo plantea en el cuadro nº 4;

3) considerando que esa significación estuviera estimulado determinada actividad para ciertos grupos humanos, o sea, estuviera representando ciertos recursos, valores de uso o de identidad, tal como se plantea en el cuadro nº 4;

4) si se detectara que dentro del escenario de desarrollaran actividades, básicas, complementarias o de bienestar general, tal como lo indica el Cuadro nº 4, que se correspondieran con la significación proyectada por el escenario;

Cuadro nº 4

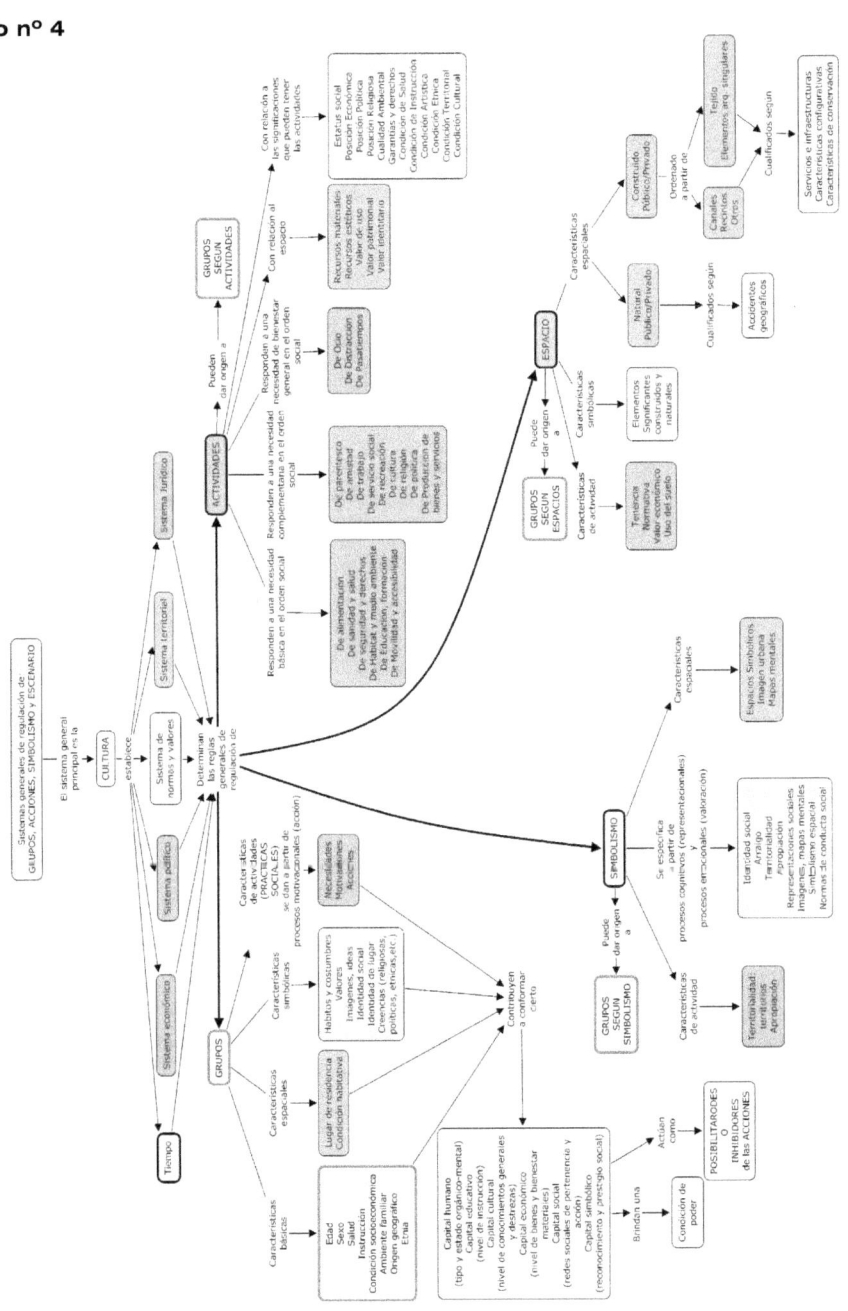

5) en este caso nos encontraríamos frente a una situación de correspondencia sociosimbólica entre escenario, significación proyectada por este y actividad estimulada.

En una tercer instancia se considera que:

1) cuando existiera un alto grado de coincidencia entre la significación proyectada por una actividad sobre un determinado escenario y la significación con la que ese escenario ya estuviera cargado previo a la actividad;

2) cuando el escenario a partir de sus rasgos configurativos se adaptara a la significación proyectada por una actividad en particular que se desarrollara en ese escenario;

3) en este caso nos encontraríamos frente a un caso de sostenibilidad sociofísica de alta probabilidad de éxito debido a que las correspondencias sociosimbólicas y las congruencias sociofísicas estarían reforzándose mutuamente.

(Ver cuadro nº 5.)

Cuadro nº 5

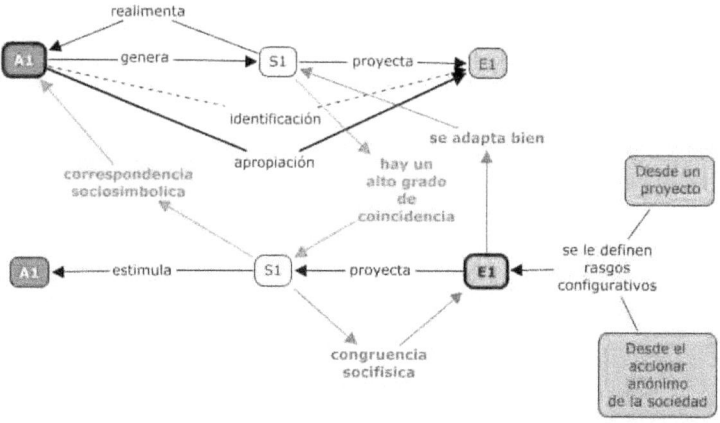

Llegados a este punto, se hace necesario considerar que el éxito de la sostenibilidad sociofísica puede asumir tanto un signo negativo como positivo, según sea el punto de vista, la significación y valoración que atribuyan tanto a los propios grupos, como a las actividades y a los escenarios; los grupos involucrados, los cuales pueden estar en dos situaciones básicas, la de ser protagonistas de las actividades o la de ser espectadores de las mismas, forman parte del entorno del lugar.

La interpretación de la relación entre grupos protagónicos y sus actividades dentro de escenarios particulares y las significaciones por ellos generadas tiene un valor cognoscitivo parcial (es el caso mostrado en el cuadro nº 5), ya que les faltaría el entorno, o sea, los otros grupos que, perteneciendo al mismo sistema de lugar de asentamiento, no usaran aquel escenario para actividad alguna, y solo lo consideraran como un referente simbólico dentro de sus representaciones, identidad de lugar, imaginario urbano, etc. a partir de lo cual lo valorarían.

La relación fundamental se dará entre el o los grupos que se constituyan en los protagonistas de actividades dentro de escenarios particulares y el resto de los grupos que formando parte del lugar solo participen como espectadores que tienen una determinada representación de esos escenarios, de los grupos protagónicos y de sus actividades.

Desde estas consideraciones, se puede extraer el siguiente esquema de situaciones combinatorias posibles entre grupos protagónicos y grupos espectadores:

Tabla C

Situación 1	Grupo/s espectador/s	Compatible o afín con	Grupo/s protagónico/s	Actividad del o los grupos protagónico/s	Es aceptada por el/los grupo/s espectador/res
Situación 2					Es rechazada por el/los grupo/s espectador/res
Situación 3		No compatible o afín con	Grupo/s protagónico/s	Actividad del o los grupos protagónico/s	Es rechazada por el/los grupo/s espectador/res
Situación 4	Grupo/s espectador/s	Ha cargado con una significación positiva un determinado escenario	Existe una relación compatible o afín con un	Grupo/s protagónico/s que desarrolla una	La actividad puede ser aceptada por su significación positiva por el o los grupos espectadores
Situación 5					La actividad puede ser rechazada por su significación negativa por el o los grupos espectadores

Situación 6		Existe una relación no compatible con un	grupo/s protagónico/s que desarrolla una negativa que	La actividad será rechazada por la significación porte el grupo protagónico
Situación 7	Ha cargado con una significación negativa un determinado escenario	Existe una relación compatible o afín con un	grupo/s protagónico/s que desarrolla una	La actividad puede ser aceptada según sea la significación en relación a la del escenario
Situación 8				La actividad puede ser rechazada según sea la significación en relación a la del escenario
Situación 9		Existe una relación no compatible con un	grupo/s protagónico/s que desarrolla una	La actividad será rechazada por la significación negativa que se asigne al grupo protagónico

En la Tabla C, lo que está en juego entre grupos protagónicos y grupos espectadores es el filtro que producen en conjunto: las representaciones sociales, las territorialidades, los planos miméticos, la identidad social urbana, propios de cada grupo social.

Consideremos, por ejemplo, el caso de una actividad socialmente aceptada y con significación positiva, como podría ser el uso recreativo sano y ameno que determinados grupos de la población de un lugar pudieran desarrollar dentro de una plaza de barrio y la significación positiva con la que estuviera cargado dicho espacio a partir de esas actividades desempeñadas por grupos compatibles, estimulando su uso, apropiación y disfrute (Situación 1 de la Tabla C).

O bien, podría ser el caso de una actividad propia del mundo de la marginación social y la delincuencia, generada por grupos de marginados sociales que hicieran uso de un espacio

urbano abandonado, como podría ser un terreno ferroviario desafectado con galpones en ruina, como ámbito propicio para llevar adelante sus prácticas reñidas con la ley. En este caso estaríamos frente a una sostenibilidad sociofísica positiva para los delincuentes, ya que ellos encuentran en el escenario un ámbito bien adaptado para el desarrollo de la actividad, con la cual se identifican, y se lo apropian. Esta situación se combina con la significación asignada a dicho espacio por el entorno o los grupos espectadores, que, en estos casos, es siempre negativa y está asociada a sitios peligrosos, refugio de malvivientes, zona de basurales y malezas, tierra de nadie, incluso de difícil acceso para las fuerzas de seguridad (situación, en este caso, negativa, que se podría derivar también del cuadro nº 5).

En los dos casos anteriores, la trama de conceptos aquí propuesta, básicamente la de los cuadro Nº. 3 y 4, se verá activada parcialmente en función de los aspectos conceptuales (presentados en primera instancia en el cuadro nº 2) que pudieran estar brindando la interpretación más rica posible del tipo de articulación entre grupos, actividades, escenario y significaciones, según el código de la tabla B y situaciones combinadas entre el cuadro nº 5 y la tabla C.

De lo anterior se pueden derivar las siguientes hipótesis:

Cuando dentro de un determinado lugar urbano existiesen situaciones de sostenibilidad sociofísicas positivas tanto para los grupos protagónicos mismos, como en el caso del cuadro nº 5, combinadas con una situación de compatibilidad como las situaciones 1 y 2 de la tabla C, se supone que cualquier intento por cambiar los rasgos configurativos del escenario en cuestión generaría una reacción negativa, de oposición, importante, por parte de todos los grupos del lugar, tanto los protagónicos como los espectadores. Esta sería la situación que presentaría las mayores trabas para cualquier intento de reconfiguración del escenario desde un proyecto urbanístico. En este caso sería recomendable trabajar desde la significación como vía estratégica para cualquier proyecto de reconfiguración alternativo.

Ante una situación como la 3 de la tabla C, y suponiendo que se combinara con una situación del grupo protagónico como la de la tabla nº 5, en el caso en que el escenario en cuestión formara parte del sistema de espacios simbólicos de los grupos espectadores, se recomienda buscar un escenario alternativo que no forme parte del sistema de espacios simbólicos de referencia de la identidad de lugar con poca o difusa carga significativa para todos los grupos, para que el impacto del grupo protagónico sea menor y permita mejores condiciones de dialogo y negociación entre grupos no compatibles.

En una situación como la 5 de la tabla C, sería recomendable actuar a partir de los rasgos configurativos del escenario, en tanto soporte de una significación a implantar desde el proyecto urbanístico, para lograr que el mismo hiciera de mediador entre actividades en conflicto.

En una situación como la 6 de la tabla C, sería recomendable actuar sobre la actividad del grupo protagónico para tratar de adaptarla al escenario como primer paso para abrir el diálogo y la negociación entre grupos antagónicos persiguiendo el propósito de que tal actividad pueda convertirse en un factor que contribuya a la valoración positiva del escenario.

En situaciones como la 4 y la 7 de la tabla C, no habría mayores inconvenientes para actuar desde un proyecto urbanístico a partir de tomar como elemento fuerza del proyecto las actividades y como elementos estratégicos la configuración y las significaciones consecuente del escenario.

En situaciones como la 8 de la tabla C, sería conveniente actuar sobre la actividad para tratar de erradicarla o reorientarla, según sea el impacto negativo o positivo, respectivamente, que la misma pueda generar sobre el escenario en cuestión.

En una situación como la 9 de la tabla C, sería conveniente una actuación fuerte sobre el escenario para modificar su condición configurativa y con ello estimular actividades que lo pudieran convertir en un espacio simbólico con significación positiva para el lugar (este es el caso típico de los terrenos ferroviarios urbanos desafectados y abandonados que están insertos dentro de auténticos lugares urbanos).

Cuestiones a indagar e integrar a la trama conceptual en una fase de investigación inmediata

La estrategia de conocimiento proyectual que propone el urbanismo ambiental hermenéutico que aquí se ha esbozado no constituye una problemática concluida, sino que se encuentra aún en una fase de investigación en la cual se considera la importancia y necesidad de integrar los rasgos geométricos del escenario en relación a lo social funcional y simbólico. O sea, cuál sería el tipo de comportamiento y significación estimulados, según sean los rasgos geométricos del escenario. Este es el gran reto en el que pretende avanzar la presente estrategia de conocimiento proyectual. Con este objetivo, se reconocen importantes antecedentes, que si bien abordan en forma más precisa esta cuestión, les falta integrar las dimensiones que ya viene integrando la estrategia del lugar desde la trama de conceptos tal como antes se la expusiera. Entre los antecedentes más interesantes se pueden citar:

- Los estudios de Nikos Salingaros (Salingaros, N.; 2003; 2007) desde una visión matemática del hecho urbano considerado como un sistema de comunicación, dentro del contexto de la teoría de Christopher Alexander.

- Por su parte Christopher Alexander (Alexander; Ch.; 2003; 2004) a través de su teoría de los patrones, provee una categoría de interpretación tanto para el *proceso de territoria-*

lización como de deconstrucción del *lugar urbano* en sus trazas componentes. Se trata de un lenguaje arquetípico que resulta útil como primer esbozo de sistema comunicacional entre territorio y sociedad, pero tanto el aporte de Alexander como el de Salingaros deben ser enriquecidos con los contenidos semióticos para que supere su naturaleza configurativa espacial. El aporte conceptual que quizás cobre mayor relevancia de este autor para el presente trabajo sería el de su obra más madura y reciente: *La naturaleza del orden*.

- Otro antecedente de interés es el trabajo de Bill Hillier (Hillier, B.; 1984; 1996) y su método de análisis configuracional del espacio urbano tratando de esclarecer cuales son los patrones y estructuras subyacentes. Su interés está centrado en considerar los edificios no solo como objetos, sino como transformaciones de espacio a través de objetos. Según Hillier, el espacio crea una especial relación entre significado funcional y social en el edificio. Considera que la ordenación del espacio en los edificios es realmente la ordenación entre personas. Además, a través de los edificios nos es permitido reconocer a la sociedad: esa que existe y tiene cierta forma. Para el autor, hablar de edificios no es solo hablar de objetos, sino de sistemas de relaciones espaciales. Su propiedad fundamental: sus ordenamientos dentro de sistemas de relaciones corporeizando propósitos sociales son muy sencillos de usar y de tomar por garantías más que hablar de ellos analíticamente. De este modo tomará como premisas: la autonomía descriptiva para el espacio a través de patrones espaciales; grandes variaciones en lo morfológico; y la toma en cuenta de los modos en los cuales el espacio cabe dentro del resto del sistema social. Propone establecer un *modelo sintáctico-semántico* de la estructura abstracta de los *sistemas discretos*, que se comportan aleatoriamente según *reglas locales* y que se constituyen a partir de celdas espaciales elementales, *generadores elementales*. Estas *reglas abstractas* toman como objeto de estudio los *genotipos* y su proceso aleatorio de comportamiento tratando de determinarles restricciones. Se trata de establecer la sintaxis de un *lenguaje mórfico* (lenguaje ideográfico).

- Otro de los antecedentes de interés es el intento por construir una nueva ciencia coranómica de Javier García Bellido García de Diego, (García Bellido García de Diego, J.; 1999), a partir de detectar los procesos universales mediante los cuales se generan las ciudades en cada cultura concreta y precisa; cómo crecen y se transforman con tal diversidad, preservando no obstante características homólogas; cuáles son las reglas universales que las gobiernan; qué es lo que hay debajo de las formas físicas de las plantas y estructuras de las casas, aldeas y ciudades; qué es lo que tocan o relacionan o articulan las decisiones de los diversos grupos humanos capaces de generar respuestas adaptativas y creativas de soluciones universales y convergentes (y sus excepciones, sedicentes 'retrocesos', divergencias o bifurcaciones evolutivas) en ámbitos o medios culturales distintos o análogos. La orientación que propone García Bellido a estas respuestas está en la homología basada en la biología genética entre el hombre y otros seres vivos en, pues como los

animales construye sus hábitat como respuestas naturales determinadas por las capacidades genéticas alcanzadas en la evolución de las especies. Apoyándose en la genética, el autor considera que los seres vivos han transmitido con la evolución idénticos grupos de genes que dirigen la formación de propuestas morfológicas homólogas en órganos y sistemas análogos de animales tan diferentes como la mosca, el ratón y el hombre. A partir de ello se pregunta: ¿Es acaso la predisposición o capacidad/facultad de generar una agrupación humana de casas hasta formar una aglomeración aldeana o urbana lo que está en la estructura hereditaria del hombre y se expresa sólo cuando actúa en sus relaciones sociales, desde las más simples y familiares a las sociedades más complejas? ¿No sería que las formas aparentes de la casa y la aldea y hasta las ciudades, como las de los fonemas, nombres y verbos de las miles de lenguas, poseen estructuras subyacentes de las que aquéllas son sólo expresión morfológica? ¿Y cuál es la morfología y la sintaxis, la gramática, en suma, de dichas estructuras universales de las que cada una de las representaciones locales de los diversos urbanismos es sólo su expresión morfológica? A partir de este planteamiento, García Bellido pretende encontrar una estructura profunda común a todos los urbanismos, basada en los elementos básicos más simples que, por combinación entre ellos y la estructura según reglas sintácticas, sean capaces de generar las formas urbanas. De este modo es como la propuesta se relaciona con la lingüística transformacional o generativa, para desentrañar los mecanismos universales de aprendizaje y transmisión de los signos lingüísticos como expresiones del lenguaje natural de la comunicación humana. Con este objetivo, el autor retoma el concepto de celda básica de estructuración del espacio propuesta por Bill Hillier como el elemento generador más elemental.

Bibliografía

AGUILAR DÍAZ, Miguel Angel. «Una de las ideas centrales del imaginario es la de problematizar aquello que damos por sentado» Revistateína; Número 04; "La ciudad"; Abril-Mayo-Junio de 2004; Valencia, España

ALEXANDER, Christopher. The Phenomenon of Life: The Nature of Order, Book 1. Publisher: Center for Environmental Structure (June, 2003). The Process of Creating Life: The Nature of Order, Book 2. Publisher: Center for Environmental Structure (August, 2003). A Vision of a Living World: The Nature of Order, Book 3. Publisher: Center for Environmental Structure (September, 2004)

APARECIDO BORDO, Adilson; PRUDENCIO DA SILVA, Cleide Helena; NUNES, Marcelo; BARBOSA, Tulio; MIRALA, Wagner; As direrentes abordagens do conceito de territorio

BAKHTIN, M.M. THE DIALOGIC IMAGINATION. Ed. Michael Holquist; University of Texas Press; 1981; Austin

BATESON, Gregory. PASOS HACIA UNA ECOLOGÍA DE LA MENTE. Una aproximación revolucionaria a la autocomprensión del hombre. Ed. Planeta Carlos Lohle; 1972; Buenos Aires

BESIO, Mariolina. "Verso un'integrazione di conoscenze simboliche e rappresentazioni metaforiche dell'ambiente costruito". En: Maciocco, Giovanni (a cura di). LA CITTA IN OMBRA. Pianificazione urbana e interdisciplinarita. Ed. FrancoAngeli; 1996; Milano; pag. 221

BILLINGHURST, Mark; WEGHORST, Suzanne. The Use of Sketch Maps to Measure Cognitive Maps of Virtual Environments. Human Interface Technology Laboratory; FJ- 15, University of Washington; 1995.

BOHM, David. "El universo plegado-desplegado: entrevista con David Bohm". En: EL PARADIGMA HOLOGRAFICO. Una exploración en las fronteras de la ciencia. Wilber, Ken (edición a cargo). Ed. Kairós; 1986; Barcelona; pag. 65

BRICEÑO AVILA, Morella; GIL SCHEUREN, Beatriz. Ciudad, imagen y percepción. Revista Geografía Venezolana, Vol. 46(1) 2005, 11-33

CAMPOS M., Fernando; YÁVAR S., Paulina. Lugar Residencial. Propuesta para el estudio del hábitat residencial desde la perspectiva de sus habitantes. Documento de trabajo n°5; Instituto de la Vivienda; Facultad de Arquitectura y Urbanismo, Universidad de Chile; 2004

CONSTANZA MUJICA, María. Entrevista a Armando Silva. "Sersantiaguino o porteño es, primero, un deseo". www.bifurcaciones.cl; núm. 4, primavera 2005

DABOR, Guy. Teoría de la deriva. Arte Nómade. Recorridos, Intervenciones y Situaciones. Internacional situacionista, vol. I: La realización del arte, Madrid, Literatura Gris, 1999.

DABORD, Guy E.Introducción a una crítica de la geografía urbana # 6 de *Les lévres nues* (septiembre 1955). Traducción de Lurdes Martínez aparecida en el fanzine Amano # 10

DE CASTRO AGUIRRE, Constancio. Mapas cognitivos. Qué son y cómo explorarlos

DE PIERO, Sergio. Pensando el Espacio Público en la globalización: cuatro reflexiones. Revista On-line de la Universidad Bolivariana de Chile Volumen 1 Número 4 2003

DEL ACEBO IBAÑEZ, Enrique. SOCIOLOGIA DEL ARRAIGO. Una lectura crítica de la teoría de la ciudad. Ed. Claridad, 1996, Buenos Aires

DELGADO, Manuel. De la ciudad concebida a la ciudad practicada. Archipiélago n° 62

DELGADO, Manuel. Lo urbano. Universidad de Barcelona

DELGADO RUIZ, Manuel. Etnografía del espacio público. Universidad de Barcelona

DELGADO RUIZ, Manuel. Ciudad líquida, ciudad interrumpida. Editorial Universidad de Antioquia. Facultad de Ciencias Humanas y Económicas de la Universidad Nacional de Colombia; Medellín; 1999

DELGADO, Manuel. Hacia una ciudad sin ciudad. www.eurozine.com

DEMATTEIS, Giuseppe; GOVERNA, Francesca. Territorio y territorialidad en el desarrollo local. La contribución del modelo SLOT. Boletín de la A.G.E. n° 39; 2005, págs. 31-58

ESPINOZA NANJARÍ, Jorge. Cartografía mental: una alternativa para la comprensión del comportamiento espacial del habitante urbano. Este artículo forma parte del proyecto FONDECYT N° 92/330. CONICYT. Comisión Nacional de Investigación Científica y Tecnológica; Gobierno de Chile; http://www.conicyt.cl/bases/bibfon/3/0/920330.html

FANFANI, David. Identitary representation in planning practices. www.planum.net

FERNÁNDEZ GUTIÉRREZ, Fernando; NIETO CALMAESTRA, José Antonio; MACHADO SANTIAGO, Rafael; JIMÉNEZ BAUTISTA, Francisco. Aproximación a la imagen subjetiva y vivencial de Granada

FORMAN, Richard; GODRON, Michael. LANDSCAPE ECOLOGY. Ed. John Wiley & Sons; 1986; New York

GADAMER, Hans George. - VERDAD Y METODO I. Ed. Sígueme; 1997; Salamanca. - VERDAD Y METODO II. Ed. Sígueme; 1994; Salamanca

GAMBINO, Roberto. PROGETTI PER L'AMBIENTE. Ed. FrancoAngeli; 1996; Milano

GAMBINO, Roberto. Separae quanto necesario, integrare ovunque possibile. "Urbanistica 104", enero-junio 1995, INU Ediz. , Roma

GARCÍA, José Luis. ANTROPOLOGIA DEL TERRITORIO. Ed. Taller Ediciones JB; 1976; Madrid

GARCÍA BELLIDO GARCÍA DE DIEGO, Javier. Coranomía: Los universales de la Urbanística. Estudios sobre la estructuras generativas en las ciencias del territorio. Escuela Técnica Superior de Arquitectura de Madrid. Universidad Politécnica de Madrid; Director: Luis Moya González, Doctor Arquitecto; Madrid, abril de 1999.

GARCÍA CANCLINI, Nestor. Ciudad invisible, ciudad vigilada, 1997

GARCIA, Rolando. "Interdisciplinariedad y sistemas complejos". En: Leff, Enrique (Coord.). LOS PROBLEMAS DEL CONOCIMIENTO Y LA PERSPECTIVA AMBIENTAL DEL DESARROLLO. Siglo XXI Editores S.A. de C.V., 1ra., 1986, México D.F.

GIANGRANDE, Alessandro. L'APPROCCIO TERRITORIALISTA ALLO SVILUPPO SOSTENIBILE

GIDDENS, Anthony. LA CONSTITUCION DE LA SOCIEDAD. Bases para la teoría de la estructuración. Ed. Amorrortu; 1984; Argentina

GORELIK, Adrián. Imaginarios urbanos e imaginación urbana. Para un recorrido por los lugares comunes de los estudios culturales urbanos. Reproducido en el libro de Adrián Gorelik: Miradas sobre Buenos Aires, historia cultural y crítica urbana; Editorial Siglo Veintiuno, 2004.

GUTIÉRREZ, Carlos; PEÑA, Jaime. La Percepción geográfica como factor en el desarrollo local. Valparaíso, febrero de 1996

HIERNAUX, Daniel. Los imaginarios urbanos: de la teoría y los aterrizajes en los estudios urbanos. Revista eure (Vol. XXXIII, N° 99), pp. 17-30. Santiago de Chile, agosto de 2007

HILLIER, Bill; HANSON, Julienne. THE SOCIAL LOGIC OF SPACE. Cambridge University Press; 1984; New York

HILLIER, Bill. SPACE IS THE MACHINE. Cambridge University Press, Glasgow, 1996

HODGE, Robert; KRESS, Gunter. Social Semiotic. Cornell University Press. Itaca, New York; 1995.

HOUGH, Michael. NATURALEZA Y CIUDAD. Planificación urbana y procesos ecológicos. Ed. Gustavo Gili; 1998; Barcelona

IÑIGUEZ, Lupicinio; POL, Enric (compiladores). Monografies Psico-socio Ambientals n° 9; Cognición, Representación y Apropiación del espacio;; Universitat de Barcelona; 1996; Barcelona
IÑIGUEZ, Lupicinio; POL, Enric. La transformación del medio ambiente urbano. Análisis desde la Psicología Ambiental y Social. Universitat de Barcelona; XXIV Congreso Interamericano de Psicología; Santiago de Chile. 4-9 Julio 1993.
JODELE, Denise. "Las representaciones sociales del medio ambiente". En: Iñiguez, Lupicinio; Pol, Enric (compiladores). Monografies Psico-socio Ambientals n° 9; Cognición, Representación y Apropiación del espacio;; Universitat de Barcelona; 1996; Barcelona
KONG, Lily; YEOH, Brenda. The meanings and making of place: exploring history, community and identity
LACARRIEU, Mónica. La "insoportable levedad" de lo urbano.. Revista eure (Vol. XXXIII, N° 99), pp. 47-64. Santiago de Chile, agosto de 2007
LEWIS Jr., PHILLIP H.. TOMORROW BY DESIGN. A Regional Design Process for Sustainability. Ed. John Wiley & Sons, Inc.; 1996; New York
LINDÓN, Alicia. La ciudad y la vida urbana a través de los imaginarios urbanos. Revista eure (Vol. XXXIII, N° 99), pp. 7-16. Santiago de Chile, agosto de 2007
LINDÓN, Alicia. Los imaginarios urbanos y el constructivismo geográfico: los holograms espaciales. Revista eure (Vol. XXXIII, N° 99), pp. 31-46. Santiago de Chile, agosto de 2007
LINDÓN, Alicia. Diálogo con Néstor García Canclini. ¿Qué son los imaginarios y cómo actúan en la ciudad?. Entrevista realizada por Alicia Lindón. 23 de febrero de 2007, Ciudad de México
LOTMAN, Yuri. LA SEMIOSFERA III. La semiótica de las artes y la cultura. Ed. Cátedra; 1999; Madrid
MACCHI, Silvia. "Metáfora e analogía nella pianificazione urbana e territoriale: una questione di pertinenza". Grupo de Ciudades Sustentables. Dipartamento di Architettura e Urbanistica per l´Ingegneria. Universitá di Roma "La Sapienza"
MCHARG, Ian. DESIGN WITH NATURE. Ed. John Wiley & Sons, Inc; 1992; New York
MACIOCCO, Giovanni. LE DIMENSIONI AMBIENTALI DELLA PIANIFICAZIONE URBANA. Ed. FrancoAngeli; 1991; Milano
MAGNAGHI, Alberto. Progettare e pianificare il territorio: un contributo alla questione ambientale. "Urbanistica 104", enero-junio 1995, INU Ediz. , Roma
MAGNAGHI, Alberto (a cura di). Rapresentare I Luoghi. Metodi e Tecniche. Alinea Editrice; Firenze; 2001
MAGNAGHI, Alberto. Il Progetto Locale. Bollati Boringhieri; Torino; 2000
MARCOS, Isabel. "Epaisseur sémantique, épaisseur topologique: L'exemple de Lisbonne au XVIe siécle". En: THE MAN AND THE CITY. Spaces, Forms, Meanings. Ed. Architecton; 1995; Saint-Petersburg (Rusia); Pag. 171
MONTELLO, Daniel R.. Cognitive Map-Design Research in the Twentieth Century: Theoretical and Empirical Approaches. Cartography and Geographic Information Science, Vol. 29, No. 3, 2002, pp. 283-304
MORA, Martín. La teoría de las representaciones sociales de Serge Moscovici. Atenea Digital; Num. 2; otoño de 2002
MORIN, Edgard. INTRODUCCION AL PENSAMIENTO COMPLEJO. Ed. Gedisa; 2da. ; 1995; Barcelona
MOSCOVICI, Serge. La representación social: un concepto perdido. En: El Psicoanálisis, su imagen y su publico. Ed. Huemul, Buenos Aires, 1979, 2da. edición. Cap. I, pp. 27-44.
MUNTAÑOLA, Josep. LA ARQUITECTURA COMO LUGAR. Edicions UPC; Quaderns d'Arquitectes 13; 1996; Barcelona
MUNTAÑOLA, Josep. TOPOGENESIS. Fundamentos de una nueva arquitectura. Ediciones UPC; 2000; Barcelona
MUNTAÑOLA THORNBERG, Josep; ZÁRATE, Marcelo. EL LUGAR, LA ARQUITECTURA Y EL URBANISMO. Elementos teóricos para el conocimiento y proyeco del ambiente sociofísico.. Ed. Centro de Publicaciones de la Universidad Nacional del Litoral; Polis Científica n° 3; Santa Fe; 2001; ISBN 987-508-128-0
SEGOVIA, Olga ; JORDÁN, Ricardo . Espacios públicos urbanos, pobreza y construcción social. Medio Ambiente y Desarrollo 122; Chile; diciembre de 2005.
ORTIZ GUITART, Anna. Reflexiones en torno a la construcción cotidiana y colectiva del sentido de lugar en Barcelona. Polis 04, volumen Uno, pp. 161-183; 2004
PALAZZO, Danilo. SULLE SPALLE DI GIGANTI. Le matrici della pianificazione ambientale negli Stati Uniti. Ed. FrancoAngeli; 1997; Milano
PAVA, Giancarlo. Insurgent city. Racconti e geografie di un'altra Firenze. Ricerca svolta all'interno del Lapei(Laboratorio di progettazione ecológica degli insediamenti) del Dipartimento di. Urbanistica e Pianificazione del Territorio dell'Università di Firenze.. Coordinamento della ricerca: Giancarlo Paba. Gruppo di lavoro: Giovanni Allegretti, Marvi Maggio, Anna; Lisa Pecoriello, Camilla Perrone, Daniela Poli, Francesca, Rispoli, Lorenzo Tripodi
POL, Enric. "La apropiación del espacio". En: (Iñiguez; Pol, 1996)
POL, Enric; VALERA, Sergi. Symbolisme de l'espace public et identitée sociale.. Villes en Paralelle, 28-29, 13-33; 1999.

Pol, E.; Guardia, J.; Valera, S.;Wiesenfeld, E.; Uzzell, D.. Cohesión e identificación en la construcción de la identidad social: la relación entre ciudad, identidad y sostenibilidad. Dossier Identidad urbana; Universitat de Barcelona; Universidad Central de Venezuela; University of Surrey.

Raffestin, Claude. "Sociotopia". Un concept pour servir a la construction d'une théorie de la territorialité. En: Angelo Turco; TEXTES PRESENTES AU COLLOQUE "LA TERRITORIALITE, UNE THEORIE A CONSTRUIRE".

Raffestin, Claude. Ecogenese tgerritoriale et territorialite. En AURIAC F., BRUNET R. (dir.), Espaces, jeux et enjeux, Paris, Fayard, 1986, p. 173-185

Ramadier, Thierry; Moser, Gabriel. Social legibility, the cognitive map and urban rehaviour. Journal of Environmental Psychology; 1998; 18, 307-319. Academic Press

Rapoport, Amos. ARQUITECTONICS. Mind, Land & society n° 5: CULTURA, ARQUITECTURA Y DISEÑO. Edicions UPC; 2003; Barcelona

Ricoeur, Paul. TIEMPO Y NARRACION III. El tiempo narrado. Siglo XXI Editores; 1996; México

Salingaros, Nikos; Coward, L. Andrew. "La Arquitectura de la Información en las ciudades". En: Journal of Information Science 30 n° 2 (2003)

Nikos A. Salingaros, Michael W. Mehaffy (Contribution by), Terry M. Mikiten (Contribution by). A Theory of Architecture . ISI Books; 2007

Safa Barraza, Patricia. El estudio de las identidades vecinales: una propuesta metodológica. Centro de Investigaciones y Estudios Superiores en Antropología Social. Ciesas-Occidente

Searle, John R. LA CONSTRUCCION DE LA REALIDAD SOCIAL. Ed. Paidós, Barcelona, 1997

Silva, Armando. La ciudad como arte. Parabólica, Ravista ilustrada, n° 3

Somoza Medina, José. La geografía de la percepción como instrumento de ayuda al planeamiento urbano. Un posible ejemplo en la ciudad de Ourense. Universidad de Santiago de Compostela

Stengers, Isabelle (Dir y Coord.). DA UNA SCIENZA ALL'ALTRA. Concetti nomadi. Ed. Hopefulmonster; 1988; Firenze

Steiner, Frederick. THE LIVING LANDSCAPE. An Ecological Approach to Landscape Planning. Ed. McGraw-Hill; 2000; New York

Valera, Sergi. Psicologia ambiental: bases teóricas y epistemológicas, Cap. 1. En: Iñiguez, Lupicino, Pol, Enric (Coord.). Monografías: "Psico-Socio Ambientals" n° 9: Cognición, Representación y . Apropiación del Espacio.. Universitat de Barcelona, Barcelona, ?

Valera, Servi; Pol, Enric. El concepto de identidad social urbana: una aproximación entre la psicología social y la psicología ambiental.. Universidad de Barcelona

Valera, Sergi. Public Space and Social Identity. Universidad de Barcelona

Valera, Sergi. Estudio de la relación entre el espacio simbólico urbano y los procesos de identidad social. Revista de Psicología Social, 12, 17-30; 1997; Dpto. de Psicología Social; Universidad de Barcelona

Vanoli, Verónica L.; Maglione, Dora; Delrieux, Claudio. Visualización de la Percepción Urbana de la ciudad de Río Gallegos. Univ. Nac. De la Patagonia Austral; Univ. Nac. Del Sur; Argentina

Wilber, R. ; Bohm, D. ; Pribram, K. ; Keen, S. ; Ferguson, M. ; Capra, F. ; Weber, R. Y otros.. EL PARADIGMA HOLOGRAFICO. Ed. Kairós, Barcelona, 1992

Woodward, Joan Hirschman. Signature-Based Landscape Design, Cap. 8.. En: ECOLOGICAL DESIGN AND PLANNING. Thompson, F. George; Steiner, H. Frederick (Editors). Ed. John & Sons, Inc., New York, 1007

Xu, Yan. Sense of Place and Identity. LA 437/465 Fall 1995, Background Research Reports

Zárate, Marcelo (editor). URBANISMO AMBIENTAL ALTERNATIVO. Selección de textos teóricos y propuesta. Edicions UPC; Kohra 18; 2004; Barcelona; ISBN 84-8301-782-0

Zárate, Marcelo. PERSPECTIVAS COGNOSCITIVAS Y PROYECTUALES POSIBLES PARA UN URBANISMO AMBIENTAL ALTERNATIVO. Indagación en el problema metodológico de un conocimiento holista y una aproximación especialista desde un enfoque sociofisico al desarrollo sustentable.. TESIS DOCTORAL. Publicada por la Universidad Politécnica de Cataluña en la Página Web : http://www.tdcat.cesca.es/TDCat-0626101-095136/, ISBN: 84-699-5525-X. Junio de 2001.

Zárate, Marcelo. Proyecto interdisciplinario de investigación CAI+D 2000 A/120, acreditado en la U.N.L. : DESARROLLO DE NUEVOS METODOS Y TECNICAS URBANISTICAS DE ORDENAMIENTO AMBIENTAL DEL ESPACIO URBANO

Zárate, Marcelo. Proyecto interdisciplinario de investigación CAI+D 2006, acreditado en la U.N.L. : DESARROLLO DE UN SISTEMA DE COMUNICACIÓN SIMBOLICO ENTRE TERRITORIO Y SOCIEDAD COMO RECURSO DE CONOCIMIENTO PROYECTUAL EN URBANISMO

Zárate, Marcelo. "Por un Urbanismo Ambiental sustentable en la interpretación sociofísica del territorio".. Ponencia. En las Actas del Congreso: III Congreso Internacional: Arquitectura 3000, Barcelona 30 de junio al 2 de julio de 2004. Escuela Técnica Superior de Arquitectura de Barcelona, UPC (en fase de publicación)

Zárate, Marcelo. "Desarrollo de nuevos métodos y técnicas urbanísticas de ordenamiento del ambiente urbano". Informe de Proyecto CAI+D A/120 2004; UNL; Dir. Marcelo Zárate

ZÁRATE, Marcelo. "Perspectivas cognoscitivas y proyectuales posibles para un Urbanismo Ambiental Alternativo: El Urbanismo Ambiental Hermenéutico (Principios Teóricos). Ponencia. En las Actas del Congreso: Congreso Internacional: El futuro del Arquitecto (Mente, Territorio, Sociedad); Escuela Técnica Sup. De Arquitectura de Barcelona; Barcelona; 7 al 11 de junio de 2000; El Futur de l'arquitecte. Ment, territori, societat 2; Edicions UPC; 2002; Barcelona; Pag. 246-256.; ISBN 84-8301-614-1

ZÁRATE, Marcelo. "Principios teóricos de un Urbanismo Ambiental Alternativo" . Artículo científico, en revista especializada de Arquitectura Diseño y Urbanismo "Polis", n° 3, 1999, FADU, UNL, Santa Fe

ZÁRATE, Marcelo. "Reflexión teórica en torno al proceso de planificación-gestión urbana metropolitana, a partir de la perspectiva de un Urbanismo Ambiental alternativo". Artículo científico, en revista especializada de Arquitectura Diseño y Urbanismo "Polis", Nro 4, 1999. FADU, UNL, Santa Fe

ZÁRATE, Marcelo. "Regulación urbana de la arquitectura". Artículo científico, en revista especializada de Arquitectura Diseño y Urbanismo "Polis", n°1, 1998, FADU, U.N.L. , Santa Fe.

ZÁRATE, Marcelo. DETERMINACIÓN DE PATRONES URBANÍSTICOS COMO INSTRUMENTOS DE CONOCIMIENTO Y ACCIÓN DE ENFOQUE AMBIENTAL. Tesis de Magister Scientiae; Universidad Nacional de Entre Ríos; 1999

ZÁRATE, Marcelo. "Hacia un urbanismo ambiental como proyectualidad cognoscitiva". Ponencia. En el: Congreso Nacional de estudiantes de Arquitectura y Diseño - Santa Fe - FADU - U.N.L. - 4/9/98 - Explorando los signos del futuro, Comisión La imagen de la ciudad del S xx

ZEMELMAN, Hugo. LOS HORIZONTES DE LA RAZON. I Dialéctica y apropiación del presente. Ed. Anthropos; 1992; Barcelona

Notas

1. La *marca*, o *trazo*, a partir de la propuesta de la hermenéutica de Paul Ricoeur, en este trabajo es utilizada como metáfora sugerente para provocar en un ámbito interdisciplinar, evocaciones conceptuales y significaciones hipotéticas sobre fragmentos configurados del territorio, en tanto materia cultural y vía de acceso posible para el arquitecto quien puede considerar a los trazos en tanto vestigios de hechos transespaciales cuya significación con relación a la parte de configuración seleccionada debe ser confrontada con las evocaciones que los mismos trazos provoquen en otros campos del conocimiento.
2. En este caso, se hace referencia al proceso interpretativo sobre la territorialización, entendida como una narración, estructurada por momentos cronotópicos en la historia ambiental del territorio y accesible para su interpretación desde el círculo hermenéutico que plantea P. Ricoeur, articulado en tres momentos: pre-comprensión (del lugar desde un horizonte de sentido), estructura de la trama narrativa (o configuración del territorio como materia cultural) y resignificación (prácticas sociales dentro de un ambiente cultural y simbólico desde el cual se reactualiza el horizonte de sentido, la identidad territorial, la legitimidad del proceso de ocupación, uso y apropiación del territorio desde su condición de lugar, dando inicio a un nuevo proceso dentro del círculo hermenéutico).
3. Determina la situación en cuyo interior tiene lugar la explicación de un proceso; fija los elementos de referencia descriptivos de carácter necesario, según el problema que sirva de punto de partida, para construir la explicación capaz de dar cuenta de la realidad delimitada (*H. Zemelman, 1992*).
4. Se trata de utilizar un concepto como forma racional para establecer relaciones en lo real y no utilizar el concepto para explicar lo real desde el marco teórico particular que lo contiene. Muchas veces se requiere pasar a modos de conexión con lo real que sean abiertos a contenidos posibles que no son necesariamente teorías, sino captaciones racionales que sirven de base a conocimientos y praxis posibles.
5. La propuesta del orden implicado representa un intento de superación del modo mecanicista de explicar las relaciones externas entre elementos, para verlas en cambio como la expresión externa o explicada de un orden que es primero y al cual esos elementos se relacionan, el del orden implicado. David Bohm es quien propone esta teoría desde la mecánica cuántica con relación a la materia, y resulta una perspectiva interesante de extrapolar metafóricamente al mundo de los fenómenos sociales. (*Ver Bohm,D.; 1986*)

Perspectivas y referencias

Perspectives and references

Scenari strategici e progetto locale: verso la bioregione urbana[1]

ALBERTO MAGNAGHI
alberto.magnaghi@gmail.com

Premessa

E' necessario oggi chiarire cosa intendiamo per città, a partire dal fatto che essa, per essere fattore attivo delle società umane, ovvero luogo di costruzione di benessere, di spazi e beni pubblici, di innovazione nei campi dell'economia e della conoscenza, deve innanzitutto *esistere in quanto tale*, vale a dire come "luogo" e non come "contesto"; e questo oggi non è affatto scontato.

E' possibile che l'umanità viva in un futuro senza città e senza territorio? Senza le differenze e le peculiarità identitarie che i luoghi, sapientemente edificati dall'uomo, hanno prodotto?

Le tendenze della globalizzazione economica ci propongono questa macabra sfida. Un nuovo statuto antropologico della *deterritorializzazione totale*, costellata tuttavia di nuove "mura", non più della città, ma della segregazione etnica e politica. Dopo la città antica e la città moderna (che concludono la loro missione verso la metà del XX secolo) l'urbanizzazione contemporanea, che Françoise Choay ha definito *"le règne de l'urbain et la mort de la ville"*, è connotata, per inerzia linguistica, da una collezione di ossimori: "città diffusa", "ville éparpillée", "agglomerazione", "conurbazione" "rururbanizzazione" "ville éclatée", "*sprawl* urbano", "città infinita", "città illegale" e cosi via; attributi in aperta contraddizione con i caratteri costitutivi della *polis* e della *civitas*.

L'"éspace de connection" (delle grandi reti globali, materiali e immateriali dell'era telematica) domina e marginalizza l'"éspace de circulation" (sistemico, della città moderna), l'"éspace de spectacle" (prospettico, della città rinascimentale) e, cosa più grave, l'"éspace de contact" (i luoghi conviviali della città antica e medievale). Individui produttori e consumatori (non più comunità di abitanti dei luoghi), nel delirio di una crescita esponenziale della produzione e circolazione di merci, sono indotti a divorare e devastare, non avendone più coscienza spaziale e temporale, il proprio stesso ambiente di vita e il proprio paesaggio. Dei più di 3 miliardi e

mezzo della popolazione mondiale che ha abbandonato il mondo rurale, più di 2 miliardi e mezzo vivono in spazi *posturbani*, fra i quali quasi un miliardo di persone sopravvive in slums, favelas, urbanizzazioni illegali in condizioni subumane dell'abitare.

Ritengo dunque necessario sviluppare la riflessione sui requisiti di esistenza della città (che oggi è utile considerare nella loro dimensione di regioni urbane) evidenziando due idealtipi, che connotano le tendenze evolutive della città contemporanea e che convivono in modo contraddittorio e conflittuale nel territorio europeo. Il primo scenario idealtipico possiamo estrapolarlo dalle fasi recenti di trasformazione della città occidentale nei suoi caratteri dominanti che definirei di *de-territorializzazione* e di realizzazione di un territorio posturbano.

Un primo scenario della trasformazione della città occidentale: la deterritorializzazzione continua

a) *La città fordista* (Magnaghi et al. 1970) aveva già avviato un processo di deterritorializzazione senza precedenti attraverso una rottura radicale delle relazioni coevolutive fra insediamento umano e ambiente. Il modello produttivo fordista (scomposizione e massificazione del lavoro nella grande fabbrica, massificazione dei consumi) aveva indotto una scomposizione funzionale della città realizzando sul territorio la razionalità spazio-temporale del sistema produttivo: il tempo e lo spazio del lavoro, degli spostamenti, del riposo, del ricrearsi e cosi via: la *machine à habiter* di Le Corbusier scompone cosi la città in macrozone monofunzionali, ognuna ottimizzata separatamente (zoning funzionale): le grandi zone produttive, i quartieri dormitorio, gli ipermercati, i grandi movimenti pendolari, le zone del *loisir* di massa e cosi via. La razionalità della ricomposizione spaziale non sta più nelle relazioni fra città e ambiente e nella complessità d'uso e simbolica degli spazi urbani (in quanto spazi relazionali e pubblici), ma implode nella razionalità interna al sistema produttivo-riproduttivo, e del rapporto uomo-macchinario-tecnologie. Il territorio delle *funzioni* si sovrappone al territorio storico e all'ambiente senza più relazioni sinergiche: la città e il territorio storici sono ridotti a "contesto", mero supporto inanimato e strumentale di funzioni produttive e riproduttive la cui valorizzazione è tutta interna alla costruzione di una seconda natura artificiale. Questa organizzazione territoriale, astratta dalla natura e dalla storia, produce grandi effetti di de-territorializzazione: *decostruzione* e crisi dei sistemi ambientali, *decontestualizzazione* dei paesaggi storici, *sradicamento* delle comunità, *atomizzazione* individuale delle società locali, *dissoluzione* dello spazio pubblico, "scomposizione" degli abitanti in produttori, consumatori, utenti, ecc. La scomposizione delle funzioni massificate prosegue a ritmi parossistici e amplificati anche negli anni recenti quando si decentra a livello mondiale la produzione del settore industriale. La crisi del modello metropolitano fordista ha portato, a partire dagli anni '70, nelle nostre regioni un forte processo di terziarizzazione, di esaltazione delle funzioni di governo, di comando, di cicli produttivi a scala mondiale; dunque mentre il post-fordismo organizza il territorio

metropolitano secondo modelli distrettuali e della fabbrica diffusa e la metropoli terziaria secondo modelli del capitalismo molecolare (Bonomi 1997) la città-fabbrica manifatturiera non scompare, ma si delocalizza altrove con i suoi quartieri dormitorio. Nella figura 1 riporto un esempio di quartiere dormitorio cinese.

Figura 1. Quartiere dormitorio in una periferia cinese

b) *l'organizzazione post-fordista* della produzione nella metropoli occidentale (a partire dal decentramento produttivo degli anni '70 e dai sistemi distrettuali della "terza Italia") completa il processo di deterritorializzazione, non producendo più città ma un territorio posturbano, i cui caratteri si possono sintetizzare nei seguenti: a) decentramento di attività manifatturiere nella megalopoli del sud del mondo (grattacieli e bidonvilles); b) concentrazione nella città globale e nelle *megacity* dei sistemi decisionali globali con forti processi di polarizzazione sociale e spaziale con conseguente produzione di città "blindate" e città diffuse;"conurbazioni seriali"che producono territori *post-urbani* in cui la città si dissolve e gli spazi aperti subiscono un'ulteriore frammentazione e degrado. Nei territori "messi al lavoro" in forme produttive e riproduttive molecolari e reticolari non

più massificate, nei quali aumenta il ruolo dei flussi aspaziali di informazioni e di dati, la città-fabbrica esplode a livello regionale distribuendo, in funzione del costo delle aree e dell'accesso alle infrastrutture, sequenze seriali di capannoni, laboratori, villette, condomini, ipermercati, strade mercato, parchi, centri sportivi, parcheggi, superstrade, ecc.; provocando, con la dispersione e l'individualizzazione dei percorsi (flussi multidirezionali di lavoro, studio, ricreazione, consumo), la sparizione degli spazi pubblici e di relazione di prossimità, e la contrazione dei servizi collettivi negli spazi del consumo (la piazza nei *mall*). Anche nei modelli distrettuali dove più forte è il legame fra sistema produttivo società locale e cultura del luogo (Becattini 1998) il territorio e l'ambiente subiscono analoghi processi di degrado, a causa di una visione prevalentemente economica dello sviluppo locale.

La post-urbanizzazione è alimentata dalla rivoluzione telematica attraverso la costruzione di spazi di relazione e piazze "virtuali", che contribuiscono ulteriormente al concetto di deterritorializzazione delle relazioni sociali.

Figura 2. *Los Angeles dall'alto. Fonte: R. Rogers, "My vision of the future", in* The Sunday review, *November 1997*

Questa contrazione nel territorio posturbano delle relazioni e dello spazio pubblico e la generale dipendenza dall'auto nel processo di diffusione urbana ha creato una molecolarizzazione e serializzazione del concetto di spazio (figura 2), un abnorme consumo di suolo e di capitale fisso territoriale e sociale.

Ad esempio nell'immagine della città diffusa veneta (figura 3) il modello seriale di urbanizzazione è evidente: una zona industriale, parcheggi, villettopoli, ipermercati sullo sfondo e poi ancora spazi industriali, parcheggi, villettopoli, ipermercati, con moduli ripetitivi dello stesso modello insediativo che occupa gran parte dello spazio ex agricolo (Marson 2001); fino a quella che Bonomi e Abruzzese (2005) hanno chiamato "città infinita", dove gli spazi aperti risultano definitivamente interstiziali.

Figura 3. *Paesaggi veneti della città diffusa: Fonte: foto di A. Chemollo e F. Orsenigo, in Marson 2000*

Nella mappa al 2000 della regione urbana milanese (figura 4) l'organizzazione territoriale si presenta, nella visione zenitale, caotica, casuale; ogni comune ha le sue fabbrichette, i

suoi uffici, i suoi supermercati, le sue villette seriali, in un continuum urbanizzato dove spariscono centralità urbane, sistemi e valli fluviali, sistemi ambientali, ecc.; gli spazi aperti sono ridotti ad uno spazio residuale, frammentato; le reti ecologiche interrotte, le trame agrarie semplificate; cioè la qualità dell'abitare è estremamente impoverita di risorse ambientali e paesistiche e di spazi pubblici; la condizione "periferica" diviene la dominante della condizione dell'abitare.

Figura 4. La città infinita.
La regione milanese.
Fonte: foto di U. Lukas, XX
Triennale di Milano, 2004

Un altro esempio riguarda la valle dell'Arno: confrontando due foto aeree del territorio di Empoli negli anni '50 e '90 (figura 5), nell'immagine degli anni '50 risulta evidente l'importanza generatrice dell'"imago urbis" da parte della fitta trama agraria storica rispetto alla quale la città, contenuta in limiti precisi, caratterizza la sua "figura territoriale" e la sua centralità. Nell' immagine degli anni '90 si vede la distruzione di gran parte del tessuto agrario in relazione alla diffusione del costruito: anche in una città come Empoli, caratterizzata dalla presenza di piccole e medie imprese, si verifica un fenomeno analogo a quello metropolitano di diffusione urbana, di rottura degli equilibri tra territorio agricolo e territorio urbano con tutte le conseguenze sociali, ambientali e paesistiche accennate prima.

In questo processo di urbanizzazione, ad esempio, si verifica un disprezzo totale per i fiumi, in cui si scaricano fabbriche e capannoni, divenendo un "retro" della città, come testimoniato nelle foto della figura 6; questa immagine denuncia lo scarso interesse verso le relazioni tra insediamento urbano e ambiente.

Questo modello insediativo produce nel tempo a scala globale, una nuova gerarchizzazione fra *metropoli del comando* (Magnaghi '76), o *città globali* (Sassen '97), territori regio-

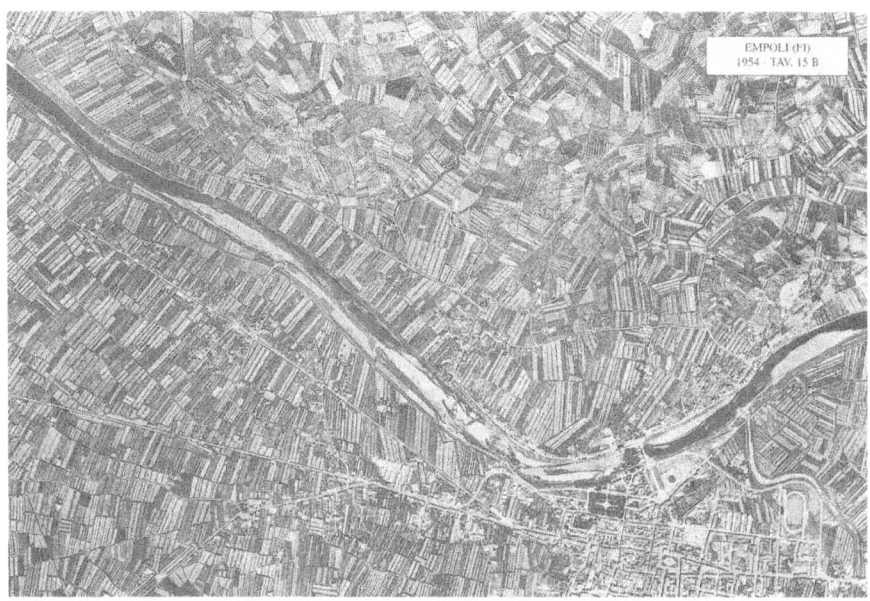

Figura 5. Foto aeree del territorio dell'Arno a Empoli. Fonte: Autorità di Bacino dell'Arno

Figura 6. Capannoni industriali sulla riviera dell'Arno. Fonte: Autorità di Bacino dell'Arno

Figura 7. *Favelas e grattacieli,
Rio de Janeiro. Fonte: R. Rogers, cit.*

nali della produzione immateriale e del consumo e megalopoli terzomondiali di favelas e grattacieli (figura 7); la città e il territorio in dissolvenza restano "supporti" ,"contesti", rispetto ai processi di valorizzazione del capitale.

Questo percorso di "deterritorializzazione" e di costruzione di uno spazio regionale "posturbano", sia nelle regioni sviluppate, che nelle metropoli del sud del mondo, costituiscono forme dell'organizzazione territoriale che, per la loro *crescente produzione di diseconomie*, non garantiscono né il benessere sociale, né lo sviluppo di processi legati alla conoscenza e all'innovazione proprio per gli alti costi sociali e materiali che richiedono per riprodursi: per il continuo processo di dissoluzione delle relazioni sociali e degli spazi collettivi, per l'aumento del degrado ambientale e dei costi di riproduzione della vita materiale e di relazione, per la crescita della frammentazione territoriale dei cicli di produzione, nella atomizzazione dei percorsi, delle relazioni, dei consumi, e il conseguente aumento dei costi connessi alla mobilità mondiale e regionale di merci/persone legate sostanzialmente a fenomeni di *dumping* salariale e di *dumping* ambientale; costi che generano nuove povertà indotte dallo "sviluppo", laddove cresce il divario fra PIL e benessere, anche nei paesi sviluppati (Daly e Cobb 1994); divario che si risolve in una crescita di povertà *assoluta* nel sud del mondo, ma anche di povertà *relative* nella metropoli occidentale (polarizzazione sociale, precarizzazione, peggioramento della qualità urbana nelle periferie, ecc). Crescono da un lato cittadelle fortificate che si difendono da crescenti aree suburbane di povertà, dall'altro terre di nessuno (Agostino, *multitudo vs civitas*).

In sintesi un modello insediativo che produce polarizzazioni sociali e processi di esclusione e che rende marginali gli investimenti in conoscenza e innovazione, assorbiti in gran parte dagli elevati costi di riproduzione del sistema insediativo e dallo sfruttamento di rendite differenziali che provocano il progressivo esaurimento di risorse locali, umane, ambientali energetiche, territoriali. Dunque, *un modello insostenibile*.

La contraddizione urbanistica di questo modello è data dal fatto che, pur essendo esaurito il grande ciclo di urbanizzazione europea della seconda metà del secolo scorso (connesso ai grandi movimenti migratori sud-nord), tuttavia continua la crescita di consumo di suolo, anche perché moltissimi degli investimenti nella crisi dei sistemi industriali sono investimenti di tipo immobiliare (che si saldano con le bolle speculativa del capitale finanziario) e che producono una crescita di occupazione di suolo in assenza di crescita economica, in assenza di domanda produttiva (con la conseguenza che gli enti pubblici infrastrutturano il territorio per l'immobiliarismo mascherato da capannoni produttivi).

Un secondo scenario: riterritorializzazsione e ricostruzione dell'urbano

Agire per la ricostruzione della città significa dunque non accettare questo destino di dissoluzione dell'"Homme habitant" di Le Lannou, aiutando a crescere le molte *energie da contraddizione* che ovunque stanno reagendo alla deterritorializzazione dei mondi di vita, ricostruendo legami affettivi con i luoghi, prendendosene cura, ricostruendo spazi pubblici, comunità, autogoverno locale, in un processo di crescita della *coscienza di luogo*. Questa

cittadinanza attiva, che tesse la tela di ragno di una *globalizzazione dal basso*, si diffonde sia al nord che al sud del mondo come risposta conflittuale al divaricarsi esponenziale della forbice fra crescita economica e benessere: si mobilita per la difesa dei paesaggi, della qualità dei mondi di vita, dei saperi contestuali, dell'ambiente; crea intraprese a valenza etica per produrre cibo sano, reti corte fra produzione e consumo, fra città e mondo rurale; reti non mercantili di scambio e mutuo soccorso, finanza e commercio etico, comunicazione e saperi solidali; ricostruisce spazi pubblici di convivenza e reti di federalismo solidale, per restituire al territorio e alle città la loro natura di beni comuni, in quanto ambienti essenziali alla riproduzione della vita biologica, relazionale e sociale della specie umana.

Ogni municipio, ogni regione dovrebbe valorizzare, attraverso forme di *democrazia partecipativa*, queste energie sovente sommerse e inascoltate, molte volte contrastate dagli interessi economici della globalizzazione; dovrebbe sviluppare reti civiche in grado di ricostruire spazio pubblico, autogoverno, sovranità in campo alimentare, energetico, culturale, produttivo; sviluppare la cura dei beni patrimoniali locali, dell'identità dei luoghi come matrice di forme peculiari di produzione e di scambio solidale con le altre regioni del mondo.

Tre "movimenti" dovrebbero sostanziare questo scenario strategico di ricostruzione della città e del territorio:

1) scomporre la grande città, la metropoli, la megalopoli in *piccole municipalità*, in grado di ricostruire relazioni conviviali di prossimità; dotate ognuna di identità storiche, centralità, spazi e funzioni pubbliche, complessità sociale e produttiva, artigianato locale e servizi rari, relazioni di scambio con il proprio territorio agricolo e, infine, istituti di autogoverno. Una *città di città* che realizza relazioni multipolari al suo interno e con il territorio, superando l'organizzazione monofunzionale e dipendente delle periferie, frutto della diffusione delle conurbazioni centro-periferiche metropolitane;

2) riorganizzare le regioni in un *sistema di bioregioni urbane* (sistemi vallivi, bacini fluviali, entroterra costieri, regioni urbane) fondate su reti policentriche di città. La bioregione urbana realizza nuovi equilibri e nuove sinergie fra città e territorio rurale per chiudere i cicli dell'alimentazione (reti corte), dei rifiuti, dell'acqua, dell'energia; per superare i modelli regionali gerarchici centroperiferici (aree centrali, periferiche e marginali), verso modelli complessi e multipolari di sistemi territoriali locali in grado di realizzare autosostenibilità ambientale, sociale economica e, dunque, autogoverno.

Vivere la complessità della bioregione urbana, delle sue reti di città, dei suoi spazi aperti, delle relazioni interculturali fra luoghi, significa affermare nuovi diritti di cittadinanza per

abitare il territorio. Le politiche sul rafforzamento del ruolo degli spazi aperti, in particolare sul ruolo multifunzionale dell'agricoltura, per una *nuova ruralità* in grado di produrre qualità alimentare, ecologica, paesaggistica, energetica, fruitiva e riqualificazione/ridefinizione dei margini urbani; sul ripopolamento rurale e della montagna per la produzione di nuova territorialità, sono gli assi portanti delle strategie che, dando spazio alle nuove forme della cittadinanza attiva, possono contribuire alla ricostruzione della città e del territorio;

3) *valorizzare le reti delle piccole città storiche*. La riqualificazione delle urbanizzazioni contemporanee che dilagano nei territori regionali può fondarsi in larga misura sui sistemi regionali delle piccole e medie città storiche che costituiscono l'ossatura portante di lunga durata del territorio europeo. Queste città, che custodiscono la magnificenza civile, la qualità artistica, la memoria dei saperi contestuali, le eccellenze alimentari e artigiane, l'"art d'édifier" della città antica e moderna; che sono ancora dotate di relazioni equilibrate fra territorio agricolo e spazi urbani che garantiscono un'alta qualità della vita, sono state progressivamente ridotte a dipendenza periferica dallo sviluppo delle aree metropolitane.

Dal momento che il rango della città, nella società della conoscenza e delle reti telematiche, non dipende più dalla dimensione quantitiva della popolazione, ma dalla qualità, complessità, rarità e peculiarità delle sue funzioni, di conseguenza reti sussidiali e non gerarchiche di città piccole e medie (reti materiali e immateriali), *federate* in città di valle, di bacino idrografico, di bioregione urbana, possono costituire un modello alternativo a quello metropolitano; dal momento che ciascuna di esse, in quanto nodo di una rete, risulta "potente" come una metropoli pur essendo, a differenza di questa, dotata di un'alta qualità dell'abitare, del produrre, del paesaggio, del vivere collettivo e di equilibri ecosistemici; qualità che l'urbanizzazione metropolitana, con la sua struttura divoratrice di energie, produttrice di congestioni e degrado ambientale, di alte impronte ecologiche, di polarizzazione ed esclusione sociale, non consente più.

Le esperienze in atto verso la seconda prospettiva

Di questa seconda prospettiva, in controtendenza rispetto alla prima descritta, ci sono tracce nelle politiche della ricomposizione urbana, che si va definendo a scala di *sistemi territoriali locali* e di *regioni urbane policentriche* (Polycentric or Polinuclear Urban Region). E' in questa ricomposizione urbana, nel ricostruire i fattori storicamente costitutivi della città (*renovatio urbis*) (Secchi 2004) e riorganizzando territori regionali di reti di città che si danno le condizioni spaziotemporali per produrre benessere e innovazione. Cresce infatti, anche se in forme contradditorie, nelle politiche urbane negli USA (ad esempio gli scenari regionali di Portland per lo *smart growth*), ma soprattutto nelle politiche europee (dallo storico Schema directeur d'agglomeration Lyon 2010, al piano strategico di Barcellona, agli scenari del

Deltametropool del Ranstad Holland allo Spatial structure plan del Flemish Diamond, all'IBA Emscher Park della Ruhr, al Piano Regione 2015 di Francoforte, al Greater London Plan 2002, ai nuovi piani regionali di Monaco e cosi via) la consapevolezza che la città e il territorio, per generare benessere, innovazione e conoscenza richiedono un riequilibrio dei fattori della crescita economica verso i fattori atti a combattere le nuove povertà, ovvero fattori *sociali, ambientali, territoriali* (Magnaghi, Marson 2004). In questi esempi il tema della ricostituzione della città come luogo dello spazio pubblico, dell'addensamento multifunzionale delle reti complesse, della crescita della qualità dei nodi urbani nel contesto ambientale di riferimento, della valorizzazione delle identità urbane, paesistiche culturali locali, si sta ponendo in una visione diversa rispetto a quella puramente funzionale del diffondere in modo indifferenziato e illimitato oggetti e reti sul territorio. In particolare emergono, per la ridefinizione de concetto di città, requisiti quali:

– perseguire un'alta qualità dell'abitare data *in primis* da alta qualità ambientale di ogni nodo urbano della rete regionale e da relazioni sinergiche fra spazi urbani e rurali;

– superare modelli metropolitani centroperiferici, scomponendo le aree metropolitane in sistemi di municipalità in grado di superare il degrado urbano delle periferie;

– bloccare il consumo di suolo e ridensificare gli insediamenti attuando nuovi equilibri ambientali e paesistici, restituendo agli spazi agricoli ruoli multifunzionali;

– produrre in ogni nodo della rete territoriale delle regioni urbane complessità produttiva, filiere integrate, ricomposizione delle funzioni disperse (superamento dello zoning: il capitale relazionale richiede ambienti materiali della relazione, spazi pubblici e piazze concrete, non solo piazze telematiche e comunità virtuali);

– produrre complessità sociale e interazione inclusiva, interculturale e intersettoriale (valorizzazione dello scambio fra culture);

– valorizzare i sistemi regionali periferici e marginali (articolazione multipolare dei servizi rari, es. università), per aumentare la complessità relazionale, non gerarchica dei sistemi regionali.

– mobilitare le peculiarità dei giacimenti patrimoniali di ogni sistema territoriale locale in forme durevoli e sostenibili per produrre in ogni regione o sistema territoriale locale "stili di sviluppo" (I. Sachs 1981) e beni peculiari irriproducibili altrove;

– polarizzare le conurbazioni diffuse, attraverso lo sviluppo del trasporto pubblico e dei suoi nodi intermodali, l'organizzazione di reti regionali di città non gerarchiche;

– ridurre l'impronta ecologica (chiusura tendenziale a livello regionale e subregionale dei cicli delle acque, dei rifiuti, dell'energia, dell'alimentazione...) per costruire relazioni solidali fra regioni del nord e con il sud del mondo.

Perseguire in modo integrato funzioni di riequilibrio urbanistico e ambientale consente di far evolvere sistemi regionale centro-periferici verso il concetto di bioregione urbana:

"La *bioregione urbana* costituita da una molteplicità di sistemi territoriali locali a loro volta organizzati in grappoli di città piccole e medie, ognuna in equilibrio ecologico, produttivo e sociale con il proprio territorio agroforestale, può risultare "grande e potente" come una metropoli: anzi è più potente del sistema metropolitano centro-periferico perché produce più ricchezza attraverso la valorizzazione e la messa in rete di ogni suo nodo "periferico": evita peraltro congestioni, inquinamenti, diseconomie esterne riducendo i costi energetici e i costi da emergenze ambientali, riducendo la mobilità inutile alla fonte, costruendo equilibri ecologici locali, che a loro volta riducono l'insostenibilità dovuta al prelievo di risorse da regioni lontane e impoverite" (Magnaghi 2000)

Affrontare la città come "regione urbana"[2] nella sua valenza "bioregionale" aiuta l'immaginazione progettuale a ridefinire la questione della crescita come questione di esplorazione e misura delle relazioni interne alla regione fra insediamento umano e ambiente, per attivare principi di *bioeconomia* (Georgescu-Roegen 1966) e di *economia sistemica e solidale* (Bonaiuti, 2004), orientando i principi insediativi verso "l'autoriproducibilità dell'ecosistema territoriale" (Magnaghi 2005).

La città della conoscenza alimenta la propria potenza innovativa prestando attenzione alle peculiarità dei luoghi, ("la riscoperta della conoscenza rimanda a linee di relazione intrecciate con molte circostanze e dipendenti dall'unicità dei contesti", Rullani 2004) mettendo in gioco i giacimenti patrimoniali locali (ambientali, territoriali, socioculturali, produttivi, artigianali artistici.; reti interpersonali, risorse di comunicazione e relazione che integrano circuiti cognitivi nella produzione di ricchezza durevole. In questa direzione città e territorio, se indagati nelle loro peculiarità identitarie, possono costituire la base dell'innovazione verso l'autosostenibilità dello sviluppo.

In altri termini occorre finalizzare l'innovazione alla trasformazione del modello di sviluppo verso l'autosostenibilità. Ma quale innovazione?. L'orizzonte delle politiche urbane è stato prevalentemente incentrato nel recente passato sulla competizione e sulla concorrenza per riposizionare verso l'alto il rango delle città. Ora, competizione e concorrenza in quale modello di sviluppo? Perché, se è il modello da cui veniamo, cioè mobilitare investimenti ed energie per attrezzare le città ad un'ulteriore competizione e concorrenza nel modello di globalizzazione neoliberista, questo significa un'ulteriore corsa verso il fondo, in cui ci

saranno pochi vincitori e molti vinti (Brecher e Costello 1996), significa continuare a competere in un modello di sviluppo che ha già creato quattro miliardi di poveri nel mondo. Questi problemi dovrebbero indurci a modificare il ruolo delle città e delle loro reti in una rifondazione della Costituzione europea.

A questo proposito l'evoluzione europea dei modelli di reti di città, che affiancano sempre più nelle politiche gli stati nazionali e sovente si sovrappongono ad essi, sono molteplici: dalle reti funzionali per i piani strategici (ad es. Barcellona, Lione), alle più di cinquanta reti europee, sovente *monotematiche*, sui temi della cultura, delle grandi infrastrutture, dell' ambiente, del turismo, dello sviluppo locale, ecc; questo nuovo protagonismo delle reti è testimoniato dal fatto che "la grande maggioranza di reti di città si occupa di progettazione, ossia è in grado di sviluppare progetti e avviare interventi" (Perulli 2004). Fra queste assumono ancora un ruolo rilevante le reti municipali finalizzate ad elevare il rango di città piccole e medie nella competizione globale. Tuttavia alle reti che hanno funzioni prevalentemente legate al rafforzamento di *ruoli competitivi* e di elevamento del rango urbano, si affianca e si sviluppa una molteplicità di reti che creano nuovo protagonismo municipale nel contesto decisionale europeo promuovendo *politiche solidali*, coordinando azioni locali in campo sociale, culturale, ambientale, della partecipazione, dei diritti del lavoro, della cooperazione decentrata, della pace. Sono reti il cui scopo è la cooperazione per affrontare problemi di cambiamento dei modelli di sviluppo verso la sostenibilità e non di competizione.[3]

Come rafforzare questa seconda prospettiva

Oltre al rafforzamento delle reti solidali di città, possiamo far riferimento a politiche regionali che propongono modelli di programmazione e governo del territorio atti a perseguire modelli di sviluppo locale autosostenibile. Ad esempio i Piani regionali della Regione Toscana (dal 1998) perseguono esplicitamente l'obiettivo della valorizzazione delle peculiarità dei sistemi territoriali locali come base per la produzione della futura ricchezza della Toscana in forme sostenibili. La LR 1/2005 sul governo del territorio affina questo obiettivo proponendo un sistema di pianificazione nel quale la formazione dei piani strategici di trasformazione è preceduta una parte "identitaria" dei piani che si condensa nella formazione, ai diversi livelli (regionale, provinciale, comunale) dello *statuto del territorio*, che definisce i caratteri identitari di ogni luogo, le sue risorse essenziali e le loro invarianti strutturali, le regole di trasformazione per valorizzare in modo durevole le risorse ambientali, territoriali, paesistiche sociali, produttive, artistiche, ecc. In questo modello è previsto il passaggio dai Sistemi Economici Locali ai Sistemi Territoriali Locali ovvero l'evoluzione del modello di sviluppo da quello in cui l'industrializzazione della valle dell'Arno costituiva la centralità di un modello regionale centroperiferico, alla messa in valore di più di 50 sistemi territoriali locali in forme multipolari e non gerarchiche. Questo esempio testimonia di una rinnovata attenzione alla complessità dei fattori territoriali e dei giacimenti patrimoniali locali atti a produrre valore aggiunto territoriale.

Nella direzione degli obiettivi della legge di governo del territorio della regione Toscana, ho sviluppato uno schema di piano (Magnaghi 2001) che articola in modo tecnico i concetti dello *sviluppo locale autosostenibile* (figura 8).

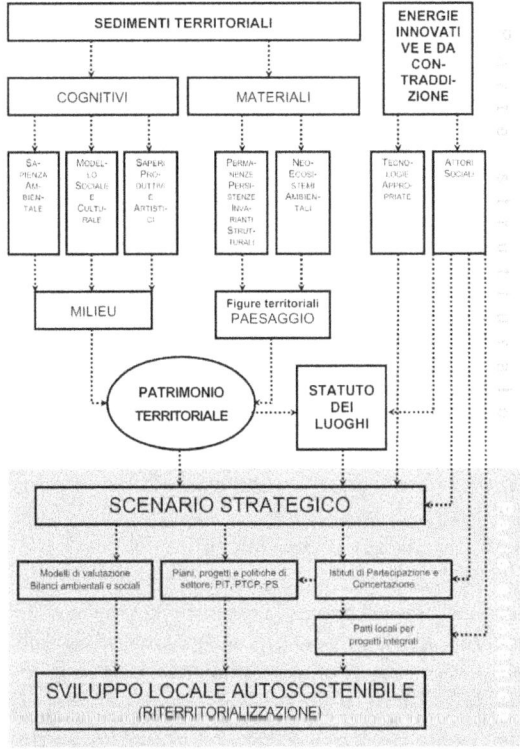

Figura 8 *Schema di piano per lo sviluppo locale autosostenibile.*
Fonte: Magnaghi 2001

In primo luogo lo schema evidenzia che la costruzione dello statuto dei luoghi, attraverso un complesso processo di autoriconoscimento dei valori patrimoniali, materiali e cognitivi, da parte della comunità locale, *precede e condiziona* la costruzione dello scenario strategico, distingue in altri termini con chiarezza la parte strutturale che definisce l'identità dei luoghi (atlante del patrimonio, statuto e regole di trasformazione) dalla parte strategico-operativa del processo di pianificazione, che tiene conto delle regole statutarie per mettere in valore i giacimenti patrimoniali.

In secondo luogo lo schema distingue chiaramente il processo *progettuale* che conduce all'elaborazione dello scenario strategico, dai *piani* di varia natura che sostanziano la realizzazione dello scenario stesso. Ciò evidenzia il processo attraverso cui, in modo strutturato ed esplicito, una comunità locale progetta il proprio futuro e, in funzione di questo progetto consapevole, mette in atto nel tempo strumenti di varia natura (tecnica e politica) per la sua realizzazione.

In terzo luogo lo schema mette in risalto come ogni fase del processo di pianificazione richieda l'attivazione di specifici strumenti di democrazia partecipativa: innanzitutto per l'autoriconoscimento condiviso dei valori patrimoniali; successivamente per la definizione contrattuale e "costituzionale" dello statuto dei luoghi; per la progettazione negoziata dello scenario strategico tenendo conto delle regole statutarie; infine per la produzione sociale dei piani e dei progetti che realizzano lo scenario stesso. Tutte le fasi del processo sono caratterizzate infatti da un assioma che le sostanzia: non si da sviluppo locale *autosostenibile* senza la valorizzazione e il coinvolgimento dei *soggetti portatori di autosostenibilità*: lo sviluppo locale è innanzitutto sviluppo *della società locale*, dei suoi istituti di partecipazioni alle decisioni verso *l'autogoverno*.

Riprendendo coscienza individuale e collettiva di ciò che si produce, di ciò che si consuma, di come si abita in ciascun luogo, si possono ricostruire le conoscenze e i saperi necessari a trasformare il modello di sviluppo verso l'autosostenibilità, assumendosene localmente i relativi impegni e attivando le energie sociali per assolverli.

Partecipazione e autosostenibilità si legano dunque in modo indissolubile: il percorso verso l'autosostenibilità, che riguarda la capacità di un sistema territoriale locale di produrre benessere in forme durevoli, consentendo la riproduzione e la valorizzazione allargata delle proprie risorse patrimoniali (ambientali, territoriali, umane), senza sostegni esterni (ovvero con una modesta impronta ecologica) e con scambi solidali e non di sfruttamento, è praticabile a condizione che gli attori locali cooperino attivamente e responsabilmente al processo, mobilitando all'interno del sistema le energie sociali per il suo sviluppo.

Il ragionamento fin qui condotto per la ricostruzione di luoghi in equilibrio con il proprio ambiente e relazioni non gerarchiche fra luoghi si sostanzia a diversi livelli:

A livello infraurbano

La scomposizione dell'area metropolitana in municipi, quartieri, città di villaggi

Fare società locale capace di governare il proprio futuro è possibile su dimensioni contenute che consentano forme articolate di *partecipazione e codecisione*: il tema strategico per la

costruzione della regione urbana, è quello dei movimenti e dei progetti diffusi per il superamento della periferia (e della condizione di perifericità, nelle sue diverse gradazioni tipologiche e temporali), in quanto sito emblematico della semplificazione, della dipendenza, della assenza di differenze, di identità, di qualità architettonica e urbana, di relazioni con il contesto. Il tema è stato negli anni passati posto come ricomposizione della metropoli in un sistema complesso di piccole città, o di villaggi, o di quartieri (Magnaghi 1990, Khor 1992, Krier 1984) dotate ciascuna di centralità e confini, di complessità di funzioni produttive e sociali, di spazi pubblici, di istituti di autogoverno, di qualità estetica e ambientale. Krier esemplifica il concetto di città e anticittà negli schemi proposti per Washington (Figura 9).

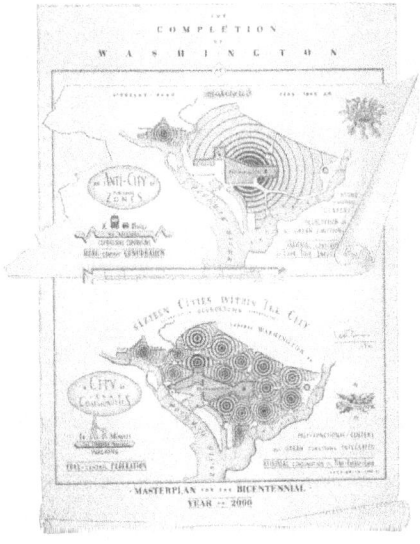

Figura 9. L. Krier, Master Plan di Washington 2000. Fonte: Leccese, McCormick 2000

Più recentemente ad esempio la ricostruzione comunitaria, che è posta alla base della "City of villages", caratterizza gli studi per il nuovo piano di Londra richiamando la visione anticipatrice della articolazioni della metropoli in comunità del piano di Abercrombie del 1943 (figura 10)); per altri versi, lo sviluppo di pratiche partecipative (agende 21 locali, bilanci partecipativi, bilanci sociali e ambientali, contratti di quartiere partecipati, progetti Urban, Urbal, Equal, applicazioni della carta di Aalborg, città dei bambini e delle bambine, pratiche locali dell'accoglienza e dei diritti di cittadinanza, ecc) ha dato corpo alla crescita di cittadinanza attiva, di reti civiche per esperimenti di autogoverno, in cui la scomposizione della metropoli in ambiti accessibili al processo partecipativo è essenziale per la loro

ricomposizione in un progetto diverso di futuro della città come sistema policentrico di villaggi o piccole città. La tendenza istituzionale a scomporre le città in *municipi* dotandoli di maggior autonomia rispetto al decentramento amministrativo (sugli esempi operanti di Roma e Venezia) va nella direzione del consolidamento delle centralità urbane (a partire dall'individuazione delle identità morfotipologiche e culturali), della valorizzazione delle individualità e degli strumenti di autogoverno delle singole municipalità attraverso la crescita di processi partecipativi strutturati e di "cantieri" di produzione sociale della città; della costruzione di sistemi di relazioni multipolari fra i diversi centri. Portare a compimento il progetto di superamento delle periferie richiede azioni complesse quali la riorganizzazione reticolare dei trasporti pubblici e la pedonalizzazione di vaste aree urbane, lo sviluppo di attività produttive locali,[4] la diffusione a rete dei servizi rari, la ricostruzione dello spazio pubblico con forme allargate di democrazia partecipativa (Magnaghi 2004 a).

Figura 10. *Abercrombie, Piano della Grande Londra 1943, Fonte Magnaghi, Marson 2004*

Esemplifico il percorso progettuale verso la città di villaggi con un progetto su Brescia:[5] nella tavola 11 è leggibile il modello centro-periferico della città industriale con un'espansione urbana periferica uniforme nei territori circostanti la città storica.

Nella tavola 12 sono messi a confronto il modello di relazioni centroperiferiche e la sua organizzazione per macrofunzioni gerarchizzazte, con un modello multipolare, dove tutte le macro funzioni si ricompongono e riaggregano localmente in identità urbane specifiche che compongono la costellazioni di villaggi.

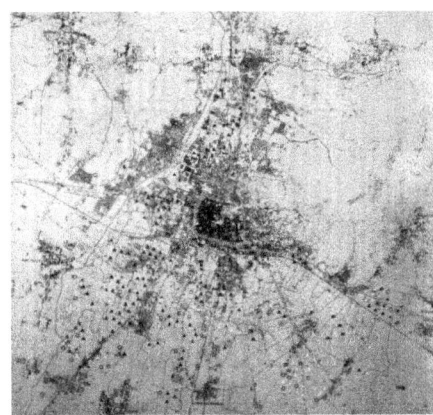

Figura 11. Città di Brescia, modello centroperiferico: fonte :Tesi di laurea di Marco Tisi, Relatore A. Magnaghi, Politecnico di Milano, 1987

La tavola 13 illustra la ricerca delle nuove centralità urbane individuate attraverso l'integrazione fra elementi ambientali, morfotipologici, antropologici, culturali e il loro sistema di relazioni multipolari:

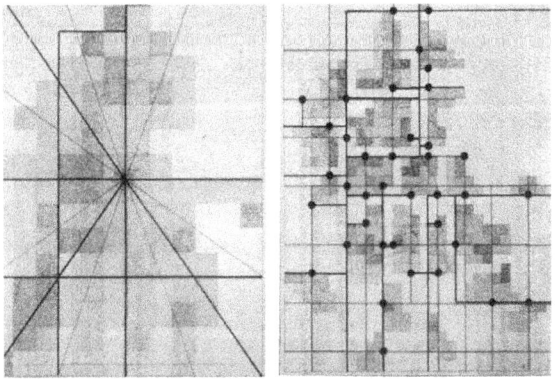

Figura 12. Brescia: schemi a confronto, centroperiferico e multipolare reticolare. Fonte Tesi di laurea cit.

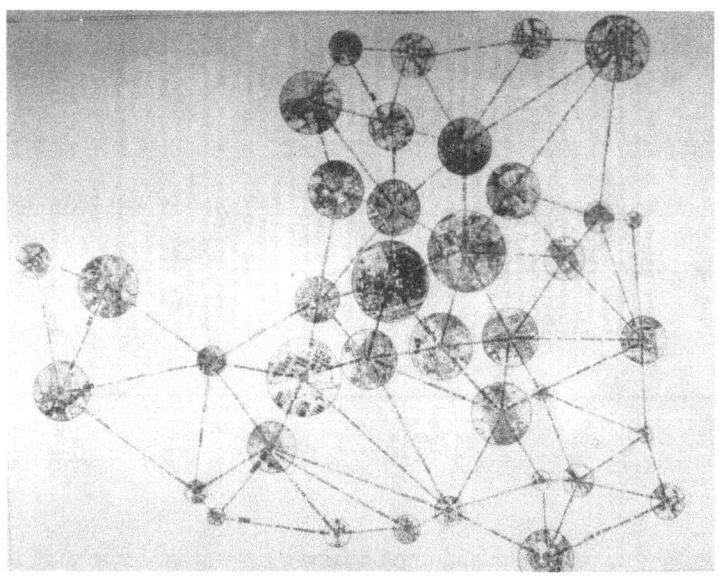

Figura 13.
Brescia: Immagine della individuazione delle centralità urbane, Fonte Tesi di laurea cit.

nella tavola 14 è rappresentata la elaborazione urbanistica di questi schemi: una città che appare come un insieme di villaggi, ognuno dei quali recupera una sua centralità storica , una sua forma urbana una sua complessità funzionale: ogni villaggio dotato di spazi aperti, orti, canali, è attraversato dal trasporto pubblico che li connette tutti fra loro, mentre le auto stanno all'esterno di ogni villaggio in nodi di interscambio; le relazioni sono fra tutti i villaggi e non solo tra il centro e la periferia, con la valorizzazione delle potenzialità di scambi multipolari.

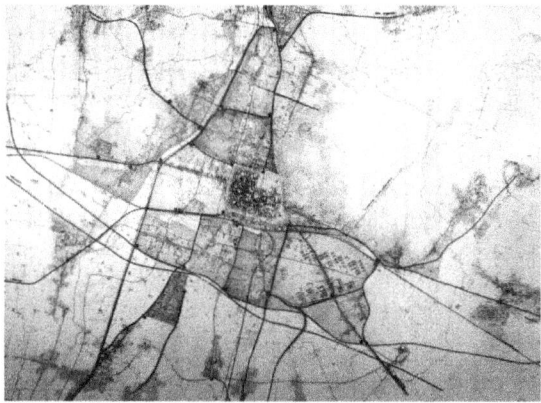

Figura 14. Brescia: città di villaggi. Fonte Tesi di laurea cit

A livello territoriale:

Città di città, reti di città compatte anziché diffusione informe dell'urbanizzazione.

Alla scomposizione infraurbana della città metropolitana si accompagnano processi di ridefinizione delle relazioni interurbane della regione. Lo sviluppo crescente di reti interlocali ha l'obiettivo strategico di superare anche alla scala regionale il modello centroperiferico, valorizzando le peculiarità insediative dei sistemi territoriali che compongono la regione stessa, esaltandone la vocazione reticolare policentrica e federativa.

Le crescenti connessioni a rete di ogni centro (anche piccolo, ma con forte identità), all'interno di sistemi locali o con l'intero sistema regionale (unione di comuni per la gestione di servizi, per progetti locali di sviluppo, per coordinare le agende 21 locali e i piani urbanistici, per attivare patti territoriali locali, contratti di fiume, ecc), accrescono la complessità e la diversificazione del sistema incrementando le opportunità di scambio fra diversità.

Importante per l'elevamento del rango delle città piccole e medie e dei sistemi locali periferici e marginali è la diffusione polarizzata dei servizi rari alla persona e all'impresa (ad esempio la territorializzazione delle università a livello regionale come incubatori dello sviluppo locale dei sistemi territoriali) (Fanfano 2000).

Fondamentale diviene dunque in questo percorso l'attenzione crescente alle politiche ambientali, economiche, paesistiche degli spazi aperti che affrontano in modo integrato la produzione di paesaggi agrari che intreccino in un disegno unitario produzione agroforestale di qualità e salvaguardia idrogeologica, restauro delle reti ecologiche, il riequilibrio degli ecomosaici più antropizzati, la riqualificazione dei sistemi fluviali e del ciclo delle acque, la riproduzione del paesaggio storico, l'elevamento della qualità urbana; la nuova attenzione nei piani territoriali al progetto dello spazio rurale come produttore di beni e servizi pubblici lo rende parte integrante delle politiche per l'*autosostenibilità* delle regioni urbane, in quanto generatore di equilibri nella chiusura locale dei cicli per la riduzione dell'impronta ecologica.

In tutte queste esperienze si profila come essenziale una *nuova alleanza* tra mondo urbano e mondo rurale (che accresce in forme innovative il suo ruolo nella società postindustriale) per porre le questioni ambientali in termini di capacità di autogoverno dei processi produttivi e riproduttivi della comunità locale.

Qualche esempio di bioregioni urbane reticolari

Il primo è la "città di paesi" della Valbormida (Piemonte): L'abbiamo chiamata in questo modo in quanto, riprendendo la figura territoriale storica composta da un reticolo di centri di fondovalle di mezza costa e di crinale fra loro collegati, esaltando questa struttura, (contratta dall'industrializzazione nella linea di fondovalle); ogni centro mantiene un rapporto equilibrato con il suo territorio, ma aumenta al contempo il proprio rango connettendosi a rete con gli altri centri sviluppando funzioni sovralocali di complementarietà e integrazione. Quindi ogni nodo della rete è potente come una città, ma sviluppa equilibri ambientali e una qualità dell'abitare molto più alta. Il progetto di rinascita di questa valle (dopo la nota vicenda delle lotte per la chiusura dell'Acna di Cengio), si è basato innanzitutto sulla ricostruzione di un'immagine identitaria dei luoghi dove gli elementi costitutivi del paesaggio, le colline, i terrazzamenti, i centri urbani, i boschi, sono rappresentati in modo leggibile e non tecnico accanto agli elementi di antropizzazione, quali il sistema di crinale, i paesini, i borghi, i terrazzi, le stradine. Nella figura 15 con un'immagine paesistica si mette in evidenza la struttura profonda di questo territorio che l'industrializzazione invece aveva ridotto a una striscia di fondo valle, ad un sistema lineare di pendolarismo verso le fabbriche, che invece di valorizzare i luoghi li aveva distrutti, svuotati.

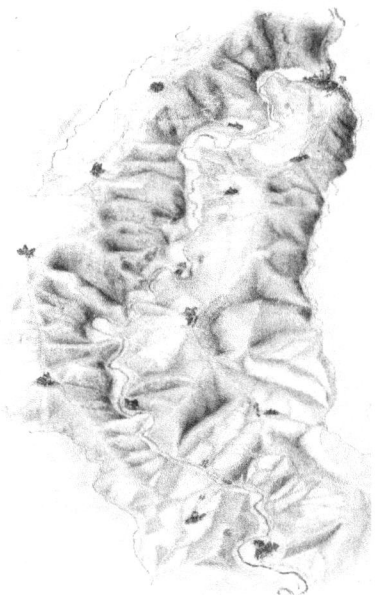

Figura 15. *Val Bormida: immagine paesistica della città policentrica: fonte A. Vitone, in Boccardo, Galliano 2001*

Il progetto recupera la storia, gli elementi costitutivi della lunga durata, i modelli socioculturali, per evidenziare la ricchezza potenziale dei giacimenti patrimoniali e poterli rimettere in funzione con nuove regole, con nuove attività. La costituzione dell'ecomuseo del terrazzamento, la valorizzazione della pietra di Langa, il recupero dei boschi, della sentieristica, dei centri urbani, il "Progetto fiume" di riqualificazione fruitiva del sistema rivierasco, sono alcune delle azioni che hanno avviato il processo di valorizzazione delle risorse locali. Nella figura 16 tratta dal Piano socioeconomico della Comunità Montana sono evidenziate le diverse tipologie di relazioni che concretizzano la città reticolare della Val Bormida.

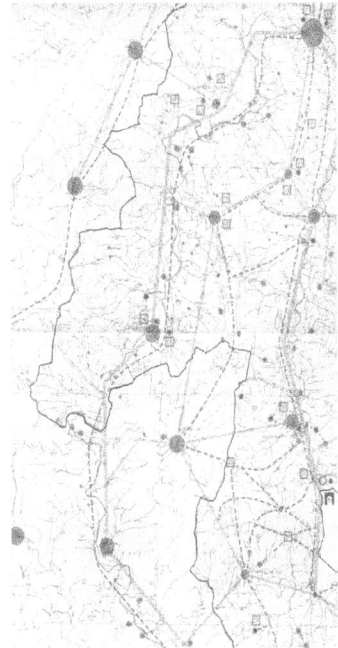

Figura 16. *Val Bormida: schema nodi e reti della città policentrica. Fonte: Comunità Montana Langa delle Valli Bormida e Uzzone: Piano di sviluppo socio-economico 2000-2005 (coordinatore A. Magnaghi)*

Altri esempi di organizzazione multipolare reticolare di un sistema territoriale fondati sugli stessi principi di organizzazione per nodi e reti sono esemplificati nelle figure 17 (Vallo di Diano) e nella figura 18 (regione del New Jersey);

Esempi sul ruolo degli spazi aperti nell'organizzazione territoriale

Un esempio riguarda la rete di città del Vimercatese nella regione urbana di Milano: in questo caso (figura 19) è la particolare attenzione alla valorizzazione degli spazi aperti in area metropolitana a qualificare la figura territoriale risultante che rafforza la struttura policentrica storica: il disegno degli spazi aperti ridefinisce la qualità dello spazio urbano. Questo disegno è reso pregnante dal fatto che nella città dell'informazione l'agricoltura assume un ruolo ben diverso da quello che aveva nella città industriale, (residuale): assume non solo un ruolo di produzione di beni alimentari di qualità, ma anche di produzione di beni e servizi pubblici in campo idrogeologico, ambientale, di riqualificazione delle reti ecologiche, di produzione energetica, di qualità del paesaggio, di reti corte di produzione e consumo, ecc. per cui la progettazione multifunzionale degli spazi aperti diviene centrale per la ridefinizione della qualità urbana e dei suoi processi di innovazione.

Un altro esempio: la regione urbana milanese disegnata dai suoi spazi aperti (figura 20). La regione risulta

Figura 17. La città policentrica di Vallo di Diano. Fonte: P. Portoghesi 1984

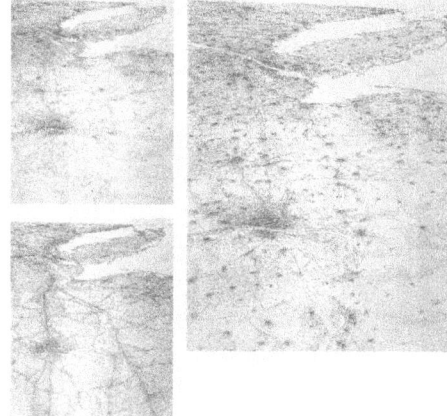

Figura 18. Visioni della regione settentrionale del New Jersey. Fonte: Leccese, McCormick 2000

Figura 19. Il sistema policentrico del Vimercatese. Fonte: G. Ferraresi 2005

rappresentato in negativo rispetto alle rappresentazioni tradizionali: il bianco è costituito dall'edificato, cioè la città di Milano e il suo hinterland, quella che abbiamo chiamato città infinita nelle fotografie precedenti della Triennale. Qui appare una figura territoriale completamente rovesciata: il negativo della città (ciò che nelle carte topografiche è bianco) diviene un positivo, diviene una forma, produce una morfogenesi della regione urbana, costituita dai sistemi fluviali e dai canali che vengono rafforzati, come corridoi ecologici, dal sistema dei boschi, delle trame agrarie, delle *greenbelt* intorno a Milano, dei parchi; tutti questi elementi vengono ricollegati dal punto di vista ambientale e rafforzati per costituire la rete ecologica regionale. Dunque gli spazi aperti, riprogettati in quanto elementi della pianificazione vengono considerati come generatori di nuova territorialità e di qualità dello stesso territorio urbano. La nuova figura territoriale della regione urbana che emerge nel progetto di rivitalizzazione dei sistemi ambientali si innesta sulla reinterpretazione dell'insediamento che ne definisce le tipologie puntuali connesse all'articolazione morfotipologica degli ambienti insediativi studiati in epoca recente e ai reticoli di relazioni che si discostano dal modello gerarchico. Da questa nuova relazione fra ambienti insediativi locali e "restauro" delle reti ecologiche riappare la figura di una regione coesa, ma ricca di differenze interne (IRER/Magnaghi 1995).

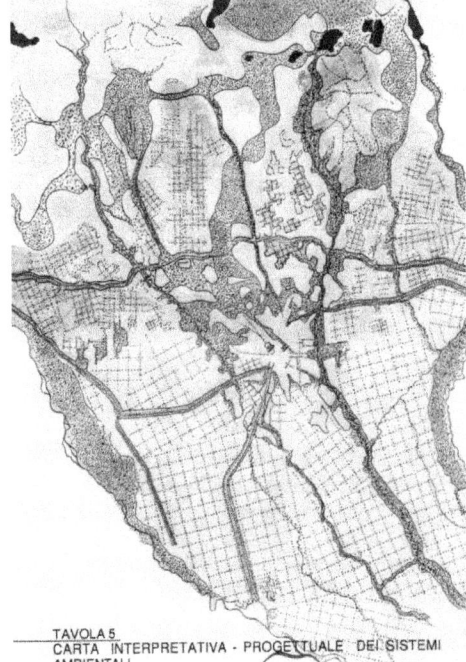

Figura 20. *Lambro Severo Olona: Carta interpretativo-progettuale del sistema ambientale. Fonte IRER/Magnaghi 1995*

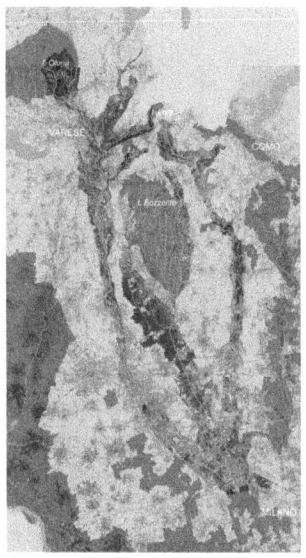

Figura 21. *Contratto di fiume dell'Olona: carta dei sottosistemi territoriali: Fonte ARPA/Regione Lombardia 2004*

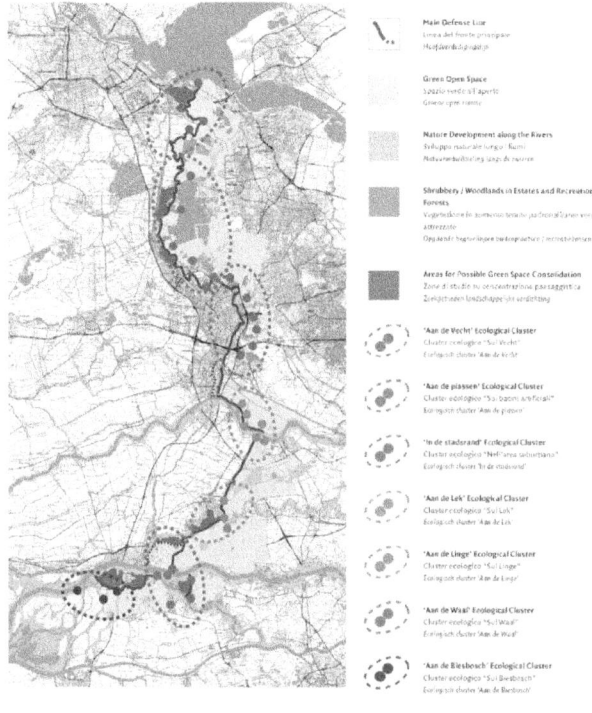

Figura 23. *Reti ecologiche nei progetti della regione di Amsterdam. Fonte Architectural Institute The Netherland,* Hyibrid landscapes, *Biennale di Venezia 2004*

Figura 22. *Il sistema ambientale nel progetto della Ranstad "Deltametropool 2020". Fonte: Regio Randstad, Ontwikkelingsbeld van Ranstadnaar Deltametropool, Utrecht, 2003*

Altri esempi come il Contratto di fiume dell'Olona della Regione Lombardia (figura 21) o i progetti del Delta Metropoole e della regione di Amsterdam (figure 22 e 23) sviluppano il tema della produzione di qualità ambientale come fondativa, della "renovatio urbis", alla scala urbana e regionale attraverso la ricerca di un riequilibrio, tra insediamento urbano e ambiente: partendo dal presupposto che la città è di per sé insostenibile, è di per sé altamente entropica e d energivora, ma è la relazione tra la città e il territorio circostante che consente una chiusura tendenziale dei cicli, delle acque, dei rifiuti, dell'alimentazione, dell'energia, ecc.

Esempi di rappresentazione identitaria dei luoghi: gli atlanti del patrimonio

Fondamentale importanza nei percorsi progettuali per lo sviluppo locale autosostenibile ha la conoscenza dei giacimenti patrimoniali, che richiede la rifondazione scientifica dell'analisi territoriale in quanto analisi identitaria per la messa in valore dei patrimoni in quanto risorse (Magnaghi 2005). Si tratta dell'attenzione posta sulla costruzione degli statuti dei luoghi, cioè sul riconoscimento dell'identità dei singoli luoghi come descrizione dei valori ambientali, territoriali, paesistici culturali e socioeconomici e sulle regole della loro valorizzazione consentendone la riproducibilità nel tempo (sostenibilità delle trasformazioni). In applicazione della legge toscana sul governo del territorio (LR 5 95,1/2005) abbiamo iniziato da anni un lavoro di costruzione di rappresentazioni identitarie dei luoghi.

Nella figura 24 è rappresentato il territorio della Val di Cornia in alta Maremma. I centri urbani sono rappresentati nella loro morfologia generata dal rapporto con l'ambiente: il bosco a nord, gli oliveti e i vigneti terrazzati a sud che modellano il paesaggio sull' orografia collinare. L'insieme dei centri (Suvereto, Sassetta, Campiglia Marittima, ecc) costituisce un sistema a pettine la cui spina dorsale è costituita dal sistema fluviale del Cornia. Ci troviamo in una regione di grande trasformazione: dal modello urbano industriale che privilegiava la linea di costa del golfo di Follonica (dalla siderurgia di Piombino, alla centrale dell'Enel, alla chimica di Scarlino, al turismo di massa di Follonica), svuotando l'interno delle Colline Metallifere, ad un modello che privilegia la filiera agricoltura-cultura-ambiente-turismo, legata alla straordinaria bellezza paesistica e urbana dell'interno, all'archeologia (dagli etruschi alle miniere di pirite, passando per l'archeologia medievale), alle produzioni tipiche, ai parchi rimettendo in valore la profondità territoriale della regione urbana di Follonica. Questo tipo di valorizzazione richiede analisi patrimoniali precise, che ne mettano in evidenza i valori.

Un atlante del patrimonio territoriale seleziona, di tutte le informazioni che si hanno di un territorio, gli elementi che riteniamo di valore, che possono costituire il patrimonio genetico di un luogo nella lunga durata e sono elementi di varia natura, territoriali, ambientali, socio-economici. All'atlante del patrimonio ambientale territoriale si affianca un atlante

Figura 24. *Val di Cornia: scenario progettuale. Fonte: Fantini 2005*

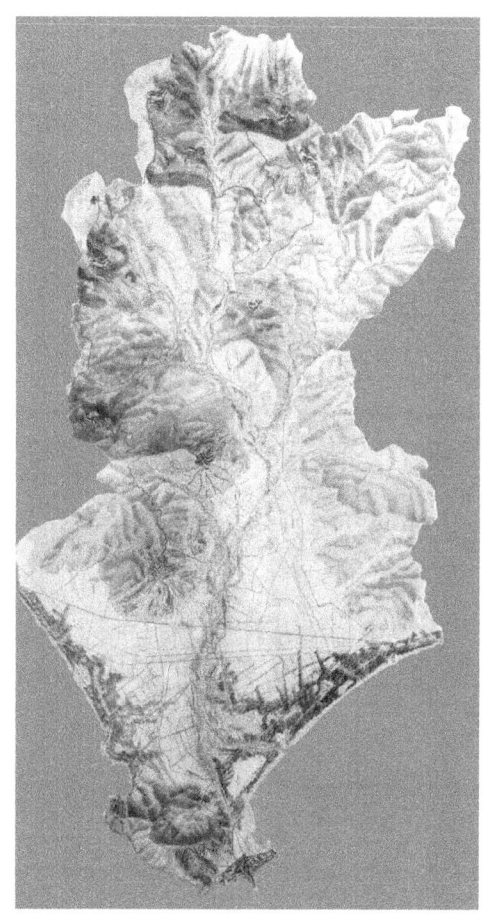

della progettualità sociale, nel quale si organizzano quadri sinottici che esplicitano sia le politiche istituzionali, sia le politiche di attori sociali che si muovono verso la valorizzazione del patrimonio. E' un processo che alla fine porta ad una conoscenza dei luoghi superiore alla conoscenza tradizionale della cartografia tecnica, fredda e asettica. L'atlante del patrimonio non solo consente di portare avanti una progettualità sociale, ma individua anche gli attori potenziali della realizzazione del progetto, il che facilita molto la realizzazione stessa del progetto.

L'atlante costituisce la base per la costruzione dello statuto dei luoghi, ovvero un insieme di regole, che sulla base dell'individuazione dei giacimenti patrimoniali, ne fissano le condizioni per la loro messa in valore non lesiva della loro riproducibilità nel tempo.

Un esempio di atlante è presente nel PTCP di Prato (figure 25 e 26): le carte patrimoniali selezionano, rispetto al quadro conoscitivo sistematico, gli elementi ritenuti di valore per il progetto d trasformazione (Magnaghi 2004 b). Queste rappresentazioni ci hanno aiutato ad esempio ad ipotizzare, a partire dalla la crisi del distretto tessile, la complessificazione e la diversificazione del sistema produttivo con il passaggio da uno a tre distretti. Dal distretto tessile riqualificato ad un distretto rurale-ambientale in Val di Bisenzio e un distretto agro- alimentare di alta qualità nel Montalbano: questi progetti rimettono in valore territori cosiddetti periferici e marginali, dimenticati nella fase monoculturale di industrializzazione del tessile, che aveva utilizzato ad esempio la val di Bisenzio come fondovalle per il decentramento produttivo (inquinando il fiume e impoverendo tutto il ricco succedersi di sistemi collinari e montani che oggi, rimessi in valore, complessificano l'economia). In particolare, la filiera agricoltura- ambiente-cultura-turismo consente di rimettere in circolazione anche prodotti tipici locali, artigianali e di rivitalizzare tessuti di piccole medie imprese "agonizzanti", attraverso investimenti in queste filiere.

Figura 25. PTCP di Prato: carta del patrimonio territoriale: Fonte Magnaghi, 2004 b

Figura 26. PTCP di Prato: carta del patrimonio territoriale particolare: Fonte Magnaghi cit.

Nuovo ruoli dei governi locali: governo dell'economia e partecipazione

Il territorio in queste letture interpretative delle identità locali diventa un elemento di costruzione di modelli di sviluppo economico, cioè non è più un supporto all'attività economica, ma è esso stesso produzione di potenziale valore in campo ambientale e territoriale.

Se la città e il territorio non sono più semplice contesto dello sviluppo, ma contribuiscono a trasformare l'economia attraverso la creazione di "valore aggiunto territoriale" (Dematteis 2001), allora il ruolo degli enti locali di governo del territorio muta profondamente: da erogatori di servizi a enti di governo dell'innovazione e valorizzazione dei sistemi economici a base locale, nei quali promuovere, attraverso forme di *governance inclusiva* gli attori virtuosi dell'innovazione. I governi locali si trovano dunque a trattare il territorio come fattore produttivo di ricchezza, cioè a decidere cosa, *dove, quanto, come produrre* in funzione della selezione delle attività produttive ed economiche che mettono in valore questi giacimenti patrimoniali. Stanno cambiando dunque le culture e i comportamenti amministrativi: fino a qualche anno fa il sindaco agevolava l'insediamento di qualunque fabbrica purché producesse occupazione e reddito; magari fabbriche nocive che distruggevano il sistema ambientale o fabbriche che si delocalizzavano dopo 10-20 anni (magari in Romania dove i comuni regalano i terreni e il lavoro costa un decimo). Oggi siamo in una fase in cui cresce una generazione di amministratori sensibili a rileggere il proprio patrimonio territoriale nella chiave di nuovo sviluppo sostenibile, e dunque a impegnarsi direttamente nel governo del territorio anche nei suoi aspetti di governo dei fattori produttivi.

Per questa rilettura dei giacimenti patrimoniali è fondamentale l'attivazione dei saperi del contesto e dunque il ruolo dei processi partecipativi per valorizzare i saperi, il saper fare, per mobilitare società locale nei processi di sviluppo (abitanti-produttori, centralità delle reti di microimpresa, dei saperi relazionali). Per l'azione di messa in valore dei giacimenti in maniera durevole è fondamentale la valorizzazione dell'impresa a valenza etica (ambientale, sociale, formativa, comunicativa, ecc) e delle reti corte di alleanza tra produttori e consumatori, limitando i costi ambientali e sociali generati dalle grandi imprese di profitto "irresponsabili" (Gallino 2005).

L'entrata in gioco dei valori patrimoniali riferiti all'ambiente, al territorio, *al milieu* in cui le società locali (con i loro saperi, culture, reti formali e informali) giocano un ruolo nella determinazione di modelli di comportamento, fa evolvere la *governance* verso un processo di autogoverno dei propri patrimoni in chiave non più competitiva, ma cooperativa. Ciò significa individuare stili e modalità di sviluppo, in cui rapporto tra *governance* e programmazione negoziata si alimenta dell'allargamento radicale e della complessificazione delle rappresentanze di interessi che siedono al tavolo negoziale. La condivisione sociale dell'analisi patrimoniale diventa un elemento assolutamente fondamentale per poter fare patti che trasformino una corsa verso la concorrenza nei termini dati in una cooperazione dei diversi attori verso le finalità dello sviluppo autosostenibile.

Infatti lo sviluppo locale fondato sulla valorizzazione dei giacimenti patrimoniali non può essere gestito dall'esterno, da grandi gruppi, da grandi imprese, da grandi strutture tecnocratiche, ma deve essere gestito dai protagonisti della società locale, dal sistema

complesso e molecolare di abitanti-produttori, che rendono coerenti i fini della produzione con l'elevazione del benessere ambientale e sociale.

Dunque il problema che si apre per i governi locali è il seguente: come il processo di governance si sviluppa verso l'autogoverno dei fattori auto-riproduttivi di una società locale in forma originale, non chiusa, aperta al mondo per uno scambio solidale, non gerarchico e non solo competitivo. Sovente nelle pratiche di *governance* si discute di tutto, della combinazione degli interessi, delle procedure, ma mai degli obiettivi strategici dello sviluppo che sono quasi predeterminati dal mercato mondiale e dal contesto. Il problema è allargare i processi decisionali alla determinazione degli obiettivi strategici della trasformazione di un territorio a partire dall'autoriconoscimento dei valori della società che lo vive. Per questo è essenziale affiancare ai luoghi della programmazione negoziata momenti e strutture di democrazia partecipativa in cui abitanti e produttori possano attivarsi nei processi di autogoverno.

Notas

1. Questo testo riprende e integra il saggio: A. Magnaghi, "Conoscenza e progetto del territorio dell'innovazione", in G. Amato, R. Varaldo, M Lazzeroni, *La città nell'era della conoscenza e dell'innovazione*, Angeli, Milano, 2006
2. Faccio riferimento alla definizione di *regione urbana* per denotare un insieme di sistemi territoriali locali fortemente antropizzati, interrelati fra loro da relazioni ambientali caratterizzanti una bioregione (un sistema vallivo, un nodo orografico, un sistema collinare, un sistema costiero e il suo entroterra,ecc) e caratterizzati al loro interno dalla presenza di una pluralità di centri urbani e rurali.
3. Qualche esempio: le reti di comuni dell'Alleanza per il clima; la Rete delle città educative (1990); i Forum delle Autorità locali per l'inclusione locale di Porto Alegre (2001-2004); il New Local Government Network(NLGN,1996); la rete dei comuni dell'Agenda 21 della cultura (Barcellona 2004); la FEDENATUR; l'organizzazione delle città patrimonio dell'Umanità (OVPM); la rete europea per lo sviluppo rurale (ELARD); le reti enti locali per la pace (Mayors for peace) e per il disarmo nucleare (campagna Vision 2020); la rete mondiale di città e governi locali uniti (CGLU, Barcellona 2004); la rete di città aderenti alla Carta di Aalborg, di Aarhus, le reti europee dei progetti Urban, Urbact e così via.
4. "Le attività produttive locali si riferiscono innanzitutto ai processi di autoriproduzione: manutenzione urbana, servizi di base e di mutuo soccorso, orti urbani e mercati locali, cura dell'ambiente, attività culturali e ricreative, attività di autocostruzione, artigianato locale, piccolo commercio; questo complesso di attività di vicinato favorisce lo sviluppo di relazioni di scambio non mercantili, di reciprocità, di fiducia: in altri termini consente la costruzione di spazio pubblico come autoriconoscimento del patrimonio comune da mettere in valore." (Magnaghi 2000)
5. Marco Tisi, *Una città di villaggi per Brescia*, tesi di laurea relatore A. Magnaghi, Milano 1987)

Riferimenti bibliografici

G. BECATTINI, *Distretti industriali e made in Italy*, Bollati Boringhieri ,Torino, 1998
P. BOCCARDO, R GALLIANO, "Valle Bormida: un progetto di rinascita fondato sui valori territoriali", in A. MAGNAGHI, R PALOSCIA (a cura di) *Per una trasformazione ecologica degli insediamenti*, Angeli Milano 1992
M. BONAIUTI, 'Relazioni e forme di una economia 'altra'. Bioeconomia, decrescita conviviale, economia solidale, in Caillé, A. and Salsano, A. (a cura di) *Mauss 2: Quale altra mondializzazione?*, Bollati Boringhieri, Torino, 2004
A. BONOMI, *Il capitalismo molecolare*, Feltrinelli, Milano 1997
A. BONOMI, A. ABRUZZESE., (2004, a cura di), *La città infinita*, Bruno Mondadori, Milano

J. Brecher, T. Costello, *Contro il capitale globale*, Feltrinelli , Milano, 1996
H.E. Daly, J Cobb, *For The Common Good*, Beacon, Boston, 1994
G. Dematteis, "Per una geografia della territorialità attiva e dei valori territoriali", in *SLoT, quaderno 1*, Baskeville, Bologna 2001
D. Fanfano, *L'università del territorio*, Alinea Firenze 2000
D. Fantini, "Rappresentazione identitaria di sistemi insediativi e spazi aperti", in A. Magnaghi (a cura di), *La rappresentazione identitaria del territorio: atlanti, codici, figure, paradigmi per il progetto locale*, Alinea, Firenze 2005.
G. Ferraresi, "Forma e figurazione di mappe per la costruzione condivisa di consapevolezza del territorio" in A. Magnaghi (a cura di), *La rappresentazione identitaria del territorio: atlanti, codici, figure, paradigmi per il progetto locale*, Alinea, Firenze 2005.
L. Gallino, *L'impresa irresponsabile*, Einaudi, Torino 2005
N. Georgescu-Roegen, *Analytical Economics: Issues and Problems*, Harvard University Press, Cambridge MA. 1966
IRER/A. Magnaghi (a cura di), *Bonifica riconversione e valorizzazione ambientale del bacino dei fiumi Lambro, Seveso Olona; linee orientative per un progetto integrato*, "Urbanistica QUADERNI" 2, Roma,1995.
M. Leccese, K. McCormick (eds), *Charter of the new Urbanism*, New Yiork, McGraw-hill,2000
L. Kohr, *La città a dimensione umana*, Red/Studio redazionale, Como 1992
L. Krier, *Architectura Patriae*, in AA;VV La città policentrica, Edizioni Kappa, Roma, 1984
A, Magnaghi, A, Perelli, R, Sarfatti, C. Stevan, *La città-fabbrica*, Clup, Milano 1970
A. Magnaghi ,"Il territorio nella crisi", in *Quaderni del Territorio,1* Celuc, Milano,1976
A. Magnaghi, *Il territorio dell'abitare. Lo sviluppo locale come alternativa strategica*, Angeli, Milano 1990
A. Magnaghi , *Il progetto locale*, Bollati Boringhieri, Torino 2000
A. Magnaghi (a cura di), *Rappresentare i luoghi, metodi e tecniche*. Alinea, Firenze (2001)
A. Magnaghi, 'Il nuovo municipio: un laboratorio di democrazia partecipativa per una economia solidale' in Caillé, A. & Salsano, A. (eds) *MAUSS 2: Quale 'altra mondializzazione'?* Bollati Boringhieri, Torino, 2004 a
A. Magnaghi, "Esercizi di pianificazione identitaria, statutaria e partecipata: il PTC di Prato", in *Urbanistica 125*, 2004 b
A. Magnaghi, "Il ritorno dei luoghi nel progetto", in A. Magnaghi (a cura di), *La rappresentazione identitaria del territorio: atlanti, codici, figure, paradigmi per il progetto locale*, Alinea, Firenze 2005.
A Magnaghi A. Marson, "Verso nuovi modelli di città" in M. Carbognin, E. Turri, G.M. Varanini, *Una rete di città: Verona e l'area metropolitana Adige Garda*, Cierre Edizioni, Verona 2004
A. Marson, *Barba zuchòn town. Una urbanista alle prese col nordest*, Angeli, Milano 2001
P. Perulli, "Le reti di città medie in Europa", in M. Carbognin, E. Turri, G.M. Varanini, *Una rete di città: Verona e l'area metropolitana Adige Garda*, Cierre Edizioni, Verona 2004
E. Rullani, 2004, *Economia della conoscenza. Creatività e valori nel capitalismo delle reti*, Carocci, Roma, 2004
I. Sachs, *I nuovi campi della pianificazione*, Edizioni Lavoro, Roma, 1981
S. Sassen , *Le città globali*, Utet, Torino, 1997
B. Secchi , *Progetti*, visions, scenari, www.Planum.net ,2004

Patrimonio territoriale, descrizione strutturale, statuti del territorio, scenari di trasformazione e progetti integratis

Cinque punti chiave per un approccio territorialista al progetto e al governo dei nuovi paesaggi.

MASSIMO CARTA

Territorial heritage, structural description, statutes of the territory, strategic scenarios and integrated project. Five key points for an innovative approach to the project and the government of new landscapes.

Introduction

In the last fifteen years, in Italy, the research of innovation in the descriptive and interpretative ways and at least in the operational, managerial and normative aspects of planning (both of the territory and of the landscape) has seen the elaboration of a corpus of studies, theories, practices that are developed around the so-called "territorialist school" (Magnaghi, 2000). This ensemble of studies formalizes a series of tendencies, already present in other components of the disciplinary debate (not only in Italy but also worldwide), which are coherently organized in order to focalize on the local contexts. The attention is fixed on the "self-sustainable" planning (that is discussed in a particular way in the Laboratory for the Ecological Planning of the Settlements - LAPEI - in Florence) whose outcome is a series of products in the area of the research and the practice of planning.

It can be affirmed that this operational and theoretical corpus has orientated, at least in Tuscany, some disciplinary practices to the regional scale, of which we try here to delineate some essential lines. In fact, the present paper tries to

Introduzione

La ricerca di innovazione nelle modalità descrittive e interpretative, oltre che operative, gestionali e normative del territorio e del paesaggio ha visto negli ultimi quindici anni in Italia l'elaborazione di un *corpus* di studi, teorie, pratiche che si sono svolte attorno ad alcune figure della cosiddetta *scuola territorialista* (Magnaghi 2000; Magnaghi 2005; Magnaghi 2007). Questo filone di studi formalizza una serie di tendenze già rintracciabili in altre componenti del dibattito disciplinare italiano ed internazionale organizzandole coerentemente in funzione di una spiccata attenzione ai contesti locali (Baldeschi 2002). La tensione all'autosostenibilità dell'insediamento, intesa come rafforzamento degli elementi e delle energie proprie dei contesti locali (discussa in maniera particolare all'interno del LAPEI, Laboratorio per la progettazione ecologica degli insediamenti di Firenze) ha dato esito ad una serie di prodotti nel campo della ricerca e della pratica pianificatoria.

Si può affermare che questo *corpus* teorico operativo orienti, in Toscana e in altre regioni, alcune pratiche disciplinari alle diverse scale, delle quali tentiamo qui di delineare alcuni tratti essenziali. Il presente *paper* tenta di

analyse some key words around which these practices are developed. Terms like atlases of the identitary heritage, permanent structures, statutes of the territory, strategic scenarios, integrated projects seem to be able to represent the salient features of these practices. The order of this list, of course, has not to be strictly followed, there is not an indispensable hierarchy and a consequentiality among these components. In addition, all these elements are not necessarily present in the practices of government and project of the territorial and landscape dynamics. This appears so much more probable in the hypothesis, advocated by several parts, of a clear distinction between a statutory component (which is essentially careful to the representation of the complexity of the local contexts in the structural components) and a strategic part (which is addressed to the project and the plan of the transformations). It is important to understand whether the disciplinary figures applied to these areas should be distinguished and what kind of specialization these figures should have.

The territorial heritage: a knowledge tool

The activity of this kind of studies is then characterized by the desire to deepen the knowledge of the most typical features of the places. This knowledge is needed for the construction of the elements on which to focus future scenarios. From this type of representation emerges the "territorial heritage", produced by a series of knowledgeable actions. It is composed by the different ways in which the human settlement has organized itself during the time and by the traces more or less recognizable of these different moments of the settlement. The attempt to deepen the concept of heritage has to do with the processes of local development, a complex set of elements that connect the territorial peculiarity with the development of social

specificare appunto alcune parole chiave attorno alle quali si svolgono queste pratiche. Termini quali *atlanti del patrimonio identitario, invarianti strutturali, statuti del territorio, scenari strategici, progetti integrati* multisettoriali, paiono poter rappresentare i caratteri salienti di queste pratiche.

L'ordine di questo elenco, naturalmente, non deve fare pensare ad una imprescindibile consequenzialità e gerarchia tra queste componenti; neppure vuole affermare la necessità che nelle pratiche territoriali e paesaggistiche siano presenti tutte queste componenti, ciascuna delle quali potrebbe esistere indipendentemente in dati contesti. Questo appare tanto più probabile nell'ipotesi, caldeggiata da più parti, di una netta distinzione tra una componente statutaria (dunque essenzialmente attenta alla rappresentazione delle componenti strutturali dei contesti locali) e parte strategica (rivolta al progetto e al piano delle trasformazioni). Un punto che emerge subito è se le figure disciplinari applicate a questi campi debbano anch'esse venire distinte: probabilmente la costruzione di rigorosi quadri conoscitivi è cosa diversa dalla redazione di progetti di trasformazione e comporta diverse competenze.

Il patrimonio territoriale: uno strumento di conoscenza

L'attività di questo tipo di ricerca è caratterizzata dalla volontà di approfondire la conoscenza delle caratteristiche più tipiche dei luoghi nel tempo. Questa conoscenza è ritenuta necessaria per la calibrazione di scenari futuri di trasformazione. Questo tipo di rappresentazione tende a fare emergere il "patrimonio territoriale", come prodotto delle differenti modalità nelle quali si è strutturato nel tempo l'insediamento umano, e dalle tracce più o meno riconoscibili di questi differenti tempi dell'insediamento. Il tentativo di approfondimento del concetto di patrimonio ha a che fare con i processi che governano le dinamiche locali, un insieme complesso di elementi che mettono in

interactions immersed in areas of cultural identification (Giusti 1994).

In European researches a considerable attention is dedicated to this particular problem, especially in the French context, where some researchers have begun a long careful reflection on the concept of heritage, which in many respects is closer to the Italian one (Guillaume 1880; Choay 1992; Latarjet 1992; Chevalier 2000). They try to revive a "rural" heritage that, until the eighties of the last century, had been neglected and had begun to lose many of its quality. During the time different values have been attributed to different group of territorial objects (Rautenberg 2003): this time seems to begin and to develop from two separate operations. The first one involves a series of legal procedures (which Rautenberg dates from the French Revolution) characterized by the universality, the irrevocability and the transmissibility. Terefore they may have to do with a certain value of testimony of the heritage. The second one concerns the social processes that focus on the environment and on the places, which feed with history and memory. In fact, it is the result of the continuous social interaction and relates more closely the planning dimension. The difference between these two concepts does not affect the nature of the objects composing the territorial heritage, but the capacity of the society to mobilise the territorial processes, to recognize the choices and make legitimate the cultural patterns and the history.

This action of recognition and of recomposition seems to fit in the representations of heritage. The effectiveness appears to be contained in the mastery of the knowledge tools of the past, present and future transformations. This last point shows the need to strengthen the authority of the experts who dedicate themselves to the project of the transformations: they have to renew the value of the heritage, rather than apply to its wise management.

relazione specificità territoriali, sviluppo di interazioni sociali immerse in concreti ambiti di identificazione culturale (Giusti 1994). Il patrimonio territoriale s'intende dunque "localizzato" e circoscritto, seppure non si neghi il suo valore relazionale che si esplicita a scale anche sovralocali (Carta e Zetti 2005). L'attenzione verso questa dimensione *patrimoniale* è ben presente in ambito europeo e in special modo nel contesto francese, dove alcuni ricercatori hanno avviato da tempo una profonda riflessione sul concetto di patrimonio che per diversi aspetti si avvicina a quella in corso in Italia (Guillaume 1980; Choay 1992; Latarjet 1992; Chevalier 2000). Con queste ricerche si tenta di rilanciare sopratutto un patrimonio rurale che sino agli anni ottanta dello scorso secolo era stato trascurato, e aveva iniziato a perdere molte delle sue qualità.

Sembra esistere un momento nel quale si assiste all'assegnazione di un alto valore ad una certa famiglia di oggetti territoriali (Rautenberg 2003): tale momento sembra partire e svilupparsi da due operazioni distinte. La prima riguarda una serie di procedure in qualche modo giuridiche (che Rautenberg rimanda alla Rivoluzione Francese) caratterizzate dall'*universalità*, l'*irrevocabilità*, la *trasmissibilità*, e che forse hanno a che fare con il valore testimoniale del patrimonio. La seconda riguarda i processi sociali che mettono l'accento sull'ambiente e sui luoghi, seppure nutrendosi della storia e della memoria: è un'accezione frutto di continua interazione sociale e riguarda più da vicino la dimensione progettuale.

La differenza tra queste due concezioni non riguarda la natura degli oggetti che compongono il patrimonio territoriale, ma la capacità della società di mobilitare i processi che li comprendono, di fare riconoscere le scelte e di rendere legittimi i modelli culturali e la storia che li sottende. Questa azione di riconoscimento e ricomposizione pare alla portata di alcune rappresentazioni del patrimonio. L'efficacia sembra essere contenuta nell'interpreta-

Permanent structures and statute of the territory

In operational and institutional contexts, therefore, the concept of "territorial heritage" has a specific and selective connotation orientated to the project of the transformations. This selection makes indispensable the wide availability of suitable information: from long time, researchers affirm the importance of having thematic informational systems (Carta and Lucchesi 2004). During the planning there is a further interpretative selection of what emerged from the reading of the heritage. In particular, the attention is focused on the rules selected during the time and the relationships that the representations of the heritage try to highlight. The representation proceeds for subtraction which tend to emphasize the structural elements of the territory: those elements that do not change during the different phases of the territorial evolution.

Thus, one of the results of the heritage representations seems to be the shared identification of elements that are not changed during the time, which have therefore guaranteed the existence of a supposed identity bound to these elements. For their structural importance, the permanent structures should be left intact or even better strengthened. So, the sharing of statutory rules to govern the use of the heritage should guarantee a virtuous and incremental use of them.

A statute conception that consider in the right way the heritage and the permanent structures seems useful in the institutional landscape planning, where the possibility of linking the changes to their coherence with local contexts is one of the principal and innovative aspects highlighted by the recent European and national legislation. This is evident in the construction of heritage representations, in the municipal plans and it is also

zione e appropriazione degli strumenti di conoscenza delle trasformazioni passate, presenti e future.

La valutazione degli elementi che compongono il cosiddetto patrimonio territoriale è necessaria per un tale approccio. La loro quantificazione, con l'esplicitazione dei criteri d'attribuzione di valore, è una dimensione sulla quale occorre cimentarsi: ad esempio, quantificazione e stima del patrimonio boschivo e di naturalità; quantità delle capacità di approvvigionamento idrico; calcolo del patrimonio rurale posseduto in termini di capacità di produzione, stabilità del valore dei prodotti, costi di gestione/manutenzione, valore monetario degli immobili che lo compongono; quantificazione, ad esempio in chiave "energetica", delle produzioni boschive e rurali (biomasse, idroelettrico); valutazione delle dotazioni infrastrutturali; valutazione dei gradi di sicurezza ambientale; valutazione delle capacità di carico ecc.

Alcuni autori affermano come ad esempio la rappresentazione patrimoniale tenderà a portare in futuro all'affermazione di scenari di trasformazione calibrati essenzialmente sulla dimensione delle "qualità" ambientali (Ziparo, Carta et al. 2007). Su quest'ultimo punto (sulla capacità di valutare in termini il più possibile oggettivi e precisi la consistenza patrimoniale) emerge la necessità di rafforzare l'autorevolezza degli esperti che si dedicano al progetto delle trasformazioni.

Invarianti territoriali e statuto del territorio

In contesti operativi e istituzionali, dunque, il concetto di *patrimonio territoriale* ha una precisa connotazione selettiva orientata al progetto delle trasformazioni. Questa selezione rende indispensabile la disponibilità ampia di informazioni: da tempo i ricercatori affermano l'importanza di disporre di sistemi informativi tematici (Carta e Lucchesi 2004). Nelle occasioni di piano si compie un'ulteriore selezione interpretativa di quanto emerso dalla lettura patrimoniale a proposito delle regole statutarie

experimented, at the regional scale, in the drafting of the landscape and territorial Plan of the Apulia Region.

The undoubted difficulty to draft effective statutes of the territory concerns their purely juridical nature: if the statute actually had some real power, respect to the rules which govern the territory, then it would limit the choices of the local government formed with the mechanisms of the democratic representation (as happens in the division between the principles enunciated in the Constitution and laws written for the attainment of specific objectives tied up to the political orientation of the Chambers).

In territorial planning, the statute is a list of rules or generic guidelines, which are effective where it is possible to measure the activity of lower-level tools on the basis of a supposed coherence with the guidelines of the statute itself. It appears so more probable an effectiveness of the statute for the evaluation: it needs, then, that the statute will be explicit in objective elements. The accurate representation of the territorial heritage and the identification of structural elements is therefore necessary for the drafting of the statutes of territory. This implies a real sharing of information with the inhabitants, in particular way in respect of the objectives of sustainability.

The statute is set up, especially in the Italian experience, as an attempt to strengthen a dimension of planning that is not too exposed to fast dynamics of change imposed by decisions dictated by the various agendas of local and regional governments. This statute is a set of rules that allows on one side the heritage reproducibility (territorial, environmental, etc.), and on the other the innovative consolidation of the permanent structure. The statute appears to be determined by the knowledge of the local context, of the rules that have governed during the time

selezionate nel tempo che hanno reso possibile la creazione e il mantenimento del patrimonio. La rappresentazione procede per sottrazione rispetto alla mole delle informazioni ottenibili sui contesti. Tali sottrazioni tendono ad evidenziare gli elementi strutturali del territorio, quegli elementi che non variano durante l'evoluzione del tempo, necessari per il mantenimento (l'invarianza) di una peculiarità a volte molto complessa. Tale mantenimento si basa spesso sull'equilibrio delle varie componenti tra loro, più che sul loro mantenimento in senso letterale. La descrizione strutturale (portata avanti da Roberto Gambino nel Piano Paesaggistico della Regione Piemonte, in *progress*) tende a fare emergere l'equilibrio degli elementi invarianti, garanti dell'esistenza di una supposta identità ad essi vincolata. Per ciò, gli si assegna un'importanza strutturale e dunque necessariamente debbono essere lasciati intatti o meglio ancora potenziati. Le modalità d'uso del patrimonio (del quale come accennato occorre fare ogni sforzo per quantificare le componenti), la tutela e il potenziamento degli elementi di invarianza (intesi qui come garanti del mantenimento di un equilibrio ambientale e di qualità paesaggistica) debbono essere regolati attraverso norme di natura statutaria, ovvero che ne garantiscano la compatibilità con gli usi e gli obiettivi di trasformazione. Una tale concezione delle regole statutarie sembra utile anche nelle occasioni di pianificazione paesaggistica istituzionale, dove la possibilità di legare le trasformazioni alla loro coerenza con i contesti locali è uno dei principali aspetti innovativi sottolineati dalle recenti normative europee e nazionali (esistono sperimentazioni in atto nei piani dei comuni e delle regioni, nella redazione ad esempio del Piano paesaggistico e territoriale della Regione Puglia).

Questo insieme di regole dovrebbe costituire lo "statuto del territorio". L'indubbia difficoltà di redigere efficaci *statuti del territorio* riguarda la loro natura prettamente giuridica: laddove lo statuto avesse effettivamente un qualche potere di vincolo rispetto alle norme di governo del territorio, limiterebbe le scelte del governo locale

the transformation and the will to direct its change towards not contradictory horizons.

This assumes an increasing importance where plans and strategies are polarized around two opposite conceptions. On one side, to allow the transformations confiding in the organizer power of the adopted actions with the unsolved risk to add entropy, to consume resources, to accelerate the deterioration. And on the other, to transform following an intelligent continuity with the past that allows to produce a lasting and sustainable innovation. Besides the different propensity toward the prevailing economic dynamics, the first conception is often submitted to the sectorial and the short-term economic evaluations. The second one should require budgets and projections in the long-term that should show in perspective the problems of the development. It is this action that the territorialist research tries to increase.

Scenarios of transformation

The scenarios of transformation proposed by the territorialist school (Magnaghi 2007) are characterized for the tendency to assign to images (maps, sketches, drawings and schemes) an added value deemed necessary to increase its effectiveness. In this paper two aspects are analyzed. The first one concerns the scientific accuracy of the data on which the proposed scenarios are based. The second one concerns the ways in which the scenario is built, his will to change and its ability to rely on statutory rules. The scenario on one hand claims to base the proposed changes on the coherence with the rules of the relationship heritage/statute, on the other it claims to produce innovation from the proposed territorial picture and its communicative power. To the scenarios are thus assigned two assignments: a suggestive-communicative task which wants to mobilize the attention

formato con i meccanismi della rappresentanza democratica (come succede nella divisione tra principi enunciati nella Costituzione dello Stato e leggi scritte per il conseguimento di particolari obiettivi legati all'orientamento politico delle Camere).

Nei piani, lo *statuto* si configura come un elenco di regole o indirizzi spesso generici, efficaci solo dove esista la possibilità di misurare l'azione degli strumenti di livello inferiore in base ad una supposta coerenza con gli indirizzi dello statuto stesso. Appare così più probabile un'utilità dello statuto ai fini della *valutazione* di piani e programmi. Si rafforza ulteriormente il bisogno che gli elementi patrimoniali ai quali pretende di applicarsi lo statuto siano esplicitati in termini il più possibile chiari ed oggettivi (rendendo nel contempo la rappresentazione del patrimonio territoriale e l'individuazione degli elementi strutturali necessaria per la redazione di statuti territoriali). Ne deriva ancora la necessità della condivisione delle informazioni con gli abitanti del contesto, in special modo riguardo agli obiettivi della sostenibilità. Appare, di converso, assai debole una rappresentazione degli elementi patrimoniali che prescinda dall'indagine di quei comportamenti e di quelle regole che hanno portato alla sua accumulazione; e che non tenti un bilancio del rapporto tra patrimonio territoriale e coerenza dei comportamenti collettivi tesi ad esaltarlo. Nell'esperienza italiana, ma non solo, lo statuto si configura come il tentativo di rafforzare una dimensione della pianificazione che non sia troppo esposta alle veloci dinamiche di cambiamento imposte dalle decisioni dettate dalle varie agende dei governi locali e regionali. Lo statuto appare essere determinato dalla conoscenza del contesto locale, dalle regole che ne hanno governato nel tempo la trasformazione e l'assetto e dalla volontà di dirigerne il cambiamento verso orizzonti non contraddittori. L'introduzione di innovazione deve così rispondere a regole codificate applicate ai quadri di riferimento: ciò assume una importanza crescente dove progetti e strategie si polarizzano attorno a due concezioni opposte. Da un lato, sembra

and to increase the participation, and a cognitive task oriented to the investigation of the dynamics and the rules of the heritage.

Here we compare different contexts where the author of this article has contributed to the construction of two strategic scenarios: one during the drafting of the Structural Plan of the Municipality of Dicomano. The other in a context characterized by a larger component of research, where the scenario is oriented to the dialogue with the financing institution and could be developed in a future time (the Master Plan of the River Park of the Empolese Valdelsa District).

The construction of the scenarios in the Structural Plan of the Municipality of Dicomano (FI)

In Structural Plan of the Municipality of Dicomano (Province of Florence), the strategic scenario (a fundamental part of the plan) is quite different from the concept of strategic planning which is at the heart of the debate of the discipline and of the urban culture in Italy. This kind of strategic planning foresees to build a framework of socio-economic policies with important spatial consequences for urban and territorial areas of which it deals. The strategic scenario developed in Dicomano rather represents a possible vision of the environmental future order of the context. In that scenario is possible to attempt representations of the future territorial assets determined by common rules for shared values. The actions planned by the different scenarios indicate the manners in which the inhabitants expect to use the socio-economic and environmental resources present in their territory.

The calibration of the final strategic scenario, in this particular context, takes its starting point from the identification of alternative schemes, that are different

esistere la tendenza a permettere le trasformazioni (anche estremamente importanti, come nel caso di grandi infrastrutture della mobilità) confidando nel potere ordinatore delle azioni messe in campo, con il rischio non risolto di aggiungere entropia, consumare risorse, accelerare il degrado. Dall'altra, trasformare basandosi su una continuità intelligente con il passato che consenta di produrre una innovazione duratura e sostenibile non è facile e rischia di prevalere una posizione conservativa più facile da difendere e sostanziare.

Il discrimine tra queste due concezioni appare essere la differente propensione verso le dinamiche economiche prevalenti: la prima si affida spesso al calcolo settoriale di breve periodo, la seconda avrebbe bisogno di bilanci e proiezioni sul lungo periodo che mettessero in prospettiva i problemi dello sviluppo. Su questa linea (sulla quantificazione e valutazione degli elementi patrimoniali e sul loro uso sostenibile rispetto al rafforzamento di peculiarità locali intese come irrinunciabili) prosegue la ricerca territorialista.

Scenari di trasformazione

Gli scenari di trasformazione territoriale basati sulla individuazione di giacimenti patrimoniali locali e sulla condivisione attorno alla modalità del loro utilizzo si caratterizzano tra l'altro per la tendenza ad assegnare alle immagini disegnate un valore aggiunto ritenuto necessario per aumentarne l'efficacia (Magnaghi 2007). Qui si sottolineano due aspetti. Il primo riguarda l'accuratezza scientifica del dato sul quale gli scenari proposti si fondano. La seconda riguarda le modalità della costruzione degli scenari, la tensione politico-progettuale che li anima, la capacità di basarsi sulle regole statutarie.

Si assegna allo scenario da una parte il compito di basare le trasformazioni che propone sulla coerenza rispetto alle regole emerse del rapporto patrimonio/statuto; dall'altra si pretende che produca innovazione a parti-

interpretations of the context and of its territorial heritage. From the beginning, the action of construction of the cognitive picture in this context has been directed to focus on the local peculiarities. The extreme attention to the historical evolution and to the material documents of the culture have been joined to the attempt to interpret the signs of the progressive changes, to investigate the signs of new spatial interpretations. The cognitive action has a statutory character. The problems do not emerge as an objective data, but only in the comparison with the eventual rules of use of the heritage.

The proposed scenarios are transformed into a scheme in the attempt to increase the power of communication and to encourage the interactions and the choices of the inhabitants. Four different scenarios have been developed: the first one (called "Scenario of gravitation on the metropolitan area") is marked by actions aimed at the strengthening of the metropolitan relationships of the territory of Dicomano. The second one (called "Tendential Scenario") is the spatial representation of current trends, studied in the cognitive picture. The third one (called "Scenario of protection and preservation") highlights the attempt to recover the identity of rural production and emphasizes the environmental restrictions, the protection and the enhancement of heritage. The fourth scenario (called "Local self-sustainable development Scenario"), proposed as optimal, is a product of the same framework of values and resources and furthermore it plans to integrate them consolidating the recent actions of social innovation mainly related to the tourism, to the culture and to the environment.

During the public meeting with the inhabitants every Thursday and during the drafting of the plan - called the "Thursday of the plan" - the scenarios were connected with the representation of

re dall'immagine territoriale che propone e dalla sua forza comunicativa. Agli scenari sono così assegnati due compiti: un compito suggestivo-comunicativo che vuole mobilitare attenzione e accrescere partecipazione; e un compito conoscitivo orientato all'indagine delle dinamiche e delle regole del patrimonio. Queste due funzioni rispondono all'obiettivo duplice dell'apertura dell'orizzonte delle possibilità e della rappresentazione (sulla base di quelle possibilità) dell'esito delle trasformazioni.

Di seguito si confrontano differenti contesti dove l'autore ha contribuito alla costruzione di due scenari strategici: l'uno in occasione della redazione di uno strumento di pianificazione comunale (Piano Strutturale del Comune di Dicomano) e l'altro in un contesto caratterizzato da maggiore componente di ricerca, tuttavia orientato al dialogo con l'istituzione finanziatrice e con l'ambizione di poter essere sviluppato in successive occasioni di piano (*Master Plan* del Parco fluviale del Circondario Empolese Valdelsa).

La costruzione degli scenari nel Piano Strutturale del Comune di Dicomano (FI)

Nel Piano Strutturale del Comune di Dicomano (in provincia di Firenze), lo scenario strategico (parte fondamentale del piano) si discosta alquanto dal concetto di pianificazione strategica al centro del dibattito della disciplina e nella cultura urbanistica (Allegretti e Anceschi 2007). Quel tipo di pianificazione strategica prevede di costruire un quadro di politiche socio-economiche a forte ricaduta spaziale per gli ambiti urbani e territoriali dei quali si occupa. Lo scenario strategico messo a punto a Dicomano rappresenta piuttosto *una possibile visione del futuro assetto ecomorfologico del contesto*. In quello scenario si tentano possibili rappresentazioni di futuri assetti spaziali determinati da regole comuni per valori condivisi.

Le azioni previste dai diversi scenari segnano le modalità con cui gli abitanti prevedono di utilizzare le risorse socio-

the heritage. This on one side allows the planner to discuss his choices, make them more realistic compared with a complex context highlighted in alternative scenarios. On the other, expresses the kind of "quality" of the territorial materials with which the Structural Plan should be supported.

The fourth proposed scenario raises and strengthens the role of the territory of Dicomano. This should be done through an interaction between the policies outlined in the scenario of "protection and preservation" and a revival of local productive vocations, not only of primary goods, but also goods and immaterial services related to the environment, to the culture, to the research and crossed with incentives for the tourism. In this scenario, to the policies of protection and preservation of cultural and environmental heritage, a special system of management is added. The scenario tries to enhance the consolidation of productive structures linked to the local craftsmanship and to the commercial activities. It tries to revive the policies of the farm associations, including the innovation of the breeding production, with the consequent reduction of congestion and of pollution. Thus, the building heritage is enhanced: the control and the recovery of the urban nuclei strengthen the ecological requalification network and the common equipments.

The management of the urban and rural building heritage is also realized thanks to actions of control of the tourist transformations. Other activities sustained in this scenario are the careful consolidation of the infrastructures, the hydrogeological rehabilitation and the stop of disruption, the integrated management of the waters cycle and the promotion of renewable energies. The outcome, that those choices advanced in the scenario would have, foresees a consolidation and a relaunch of the local identity through the preservation of the heritage policies and the productions of goods and servic-

economiche e ambientali presenti sul loro territorio, delle quali il quadro conoscitivo del piano tenta una quantificazione. La calibrazione dello scenario strategico definitivo, in questo particolare contesto, prende le mosse dall'individuazione di schemi alternativi che rappresentano interpretazioni diverse del contesto. Qui, diversamente dal caso di Empoli, l'attenta rappresentazione patrimoniale del contesto di piano non è stata preliminare né propedeutica all'azione di costruzione dello scenario, bensì è proceduta con essa (figura 01, 02, 03). Dall'inizio, l'azione di costruzione del quadro conoscitivo in questo contesto è stata orientata a cogliere le peculiarità locali. L'estrema attenzione all'evoluzione storica, ai documenti materiali della cultura, si è unita al tentativo di investigare gli indizi di nuove interpretazioni spaziali. *L'azione conoscitiva si è dunque dispiegata anche verso una dimensione statutaria*: il quadro delle criticità (notevoli rispetto alla possibilità di riprodurre le invarianti) può emergere non a priori, ma solo quando si siano messe in campo azioni conoscitive complesse e mirate all'evidenziazione delle regole di riproducibilità. I quattro scenari proposti sono stati restituiti in forma di schema nel tentativo di aumentare il potere comunicativo, di favorire interazioni e scelte da parte degli abitanti (figura 04).

Il primo scenario (chiamato "Scenario di gravitazione sull'area metropolitana") è segnato da azioni che tentano di rafforzare le relazioni metropolitane del territorio di Dicomano. Il secondo (chiamato "Scenario tendenziale") è la rappresentazione spaziale del semplice proseguimento dei *trend* riscontrati, indagati nel quadro conoscitivo. Il terzo (chiamato "Scenario di tutela e conservazione") evidenzia il tentativo di recuperare l'identità delle produzioni rurali, evidenzia i vincoli ambientali, di tutela e valorizzazione del patrimonio. Il quarto scenario, proposto come ottimale, è improntato al medesimo quadro di valori e risorse, ma prevede di integrarlo consolidando recenti azioni di innovazione sociale per lo più legate a turismo, alla cultura e all'ambiente.

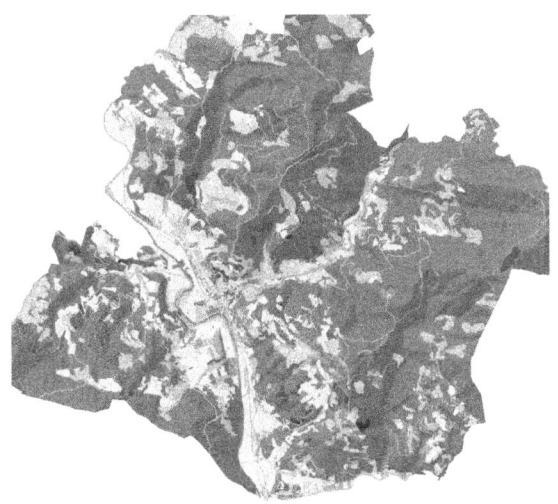

Figura 1. *Patrimonio Territoriale del Comune di Dicomano (FI)Patrimonio Territoriale del Comune di Dicomano (FI)*

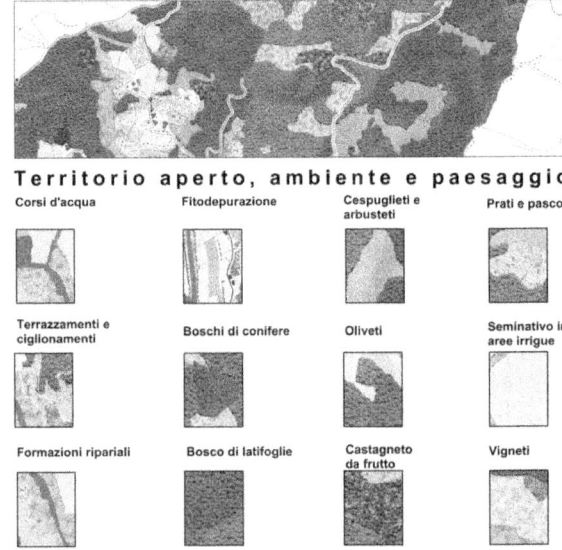

Figura 3. *Patrimonio Territoriale del Comune di Dicomano (Fi), legenda*

Le trame storiche dei luoghi abitati

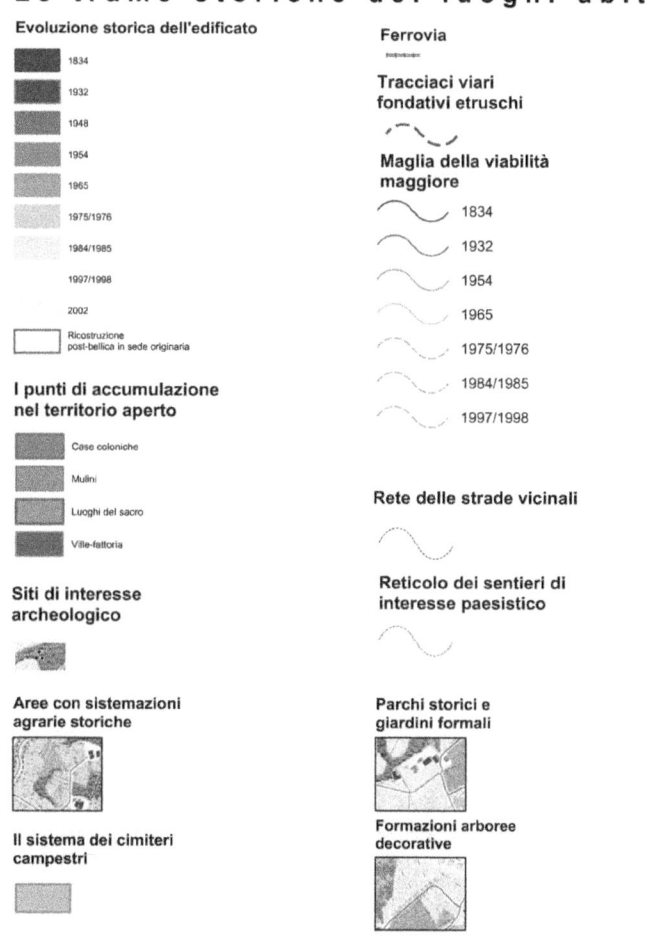

Figura 2. *Patrimonio Territoriale del Comune di Dicomano (Fi), legenda*

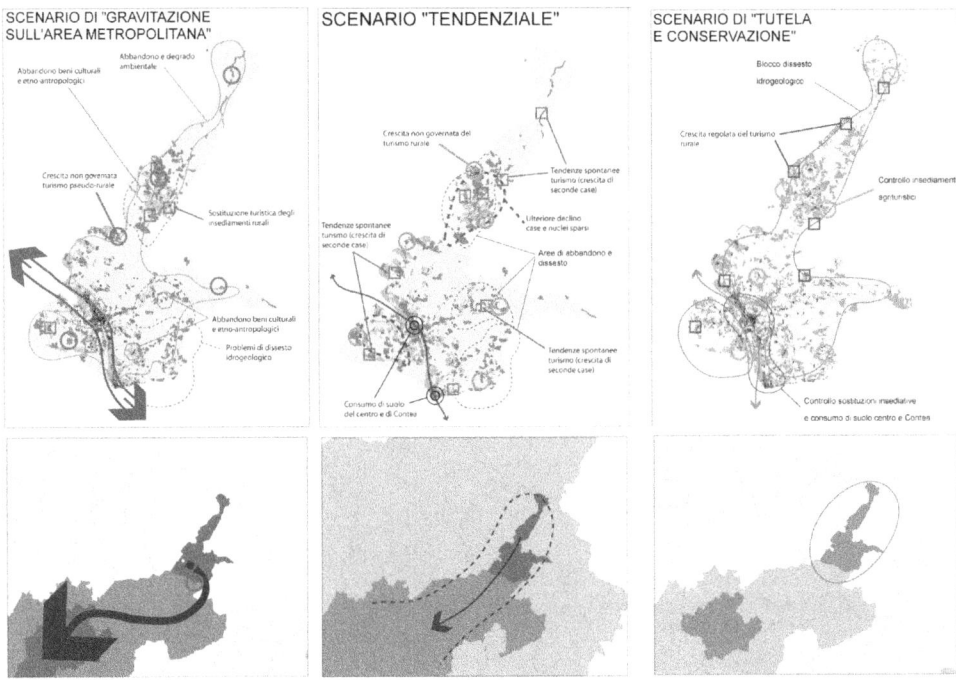

Figura 4. Comune di Dicomano (Fi), primi scenari alternativi

es. An element to be deepened according to these scenarios is the ability to specify them (for exemple in the Urbanistic Rule) and the possibility that they become useful for the evaluation of the policies.

The Master Plan project of the River Park of the Empolese Valdelsa

The territory of the Master Plan comprises the river Arno that crosses the Empolese Valdelsa district (province of Florence) for a length of about 25 km between Florence and Pisa. Here many small towns, like Montelupo, Capraia, Limite, Empoli and Fucecchio, have historically structured a system of natural, economic and cultural communication. In this area the alluvial plain of the Arno welcomes to

La scelta di proporre quattro diversi scenari e la calibrazione del quarto definito di *sviluppo locale autosostenibile* (figura n°5) è emersa per i seguenti motivi. Nelle occasioni pubbliche di incontro con gli abitanti, ogni giovedì durante il periodo di redazione del piano — chiamati i "giovedì del piano" — gli scenari sono stati messi in relazione con la rappresentazione del patrimonio elaborata da chi scrive. Ciò da una parte ha consentito al gruppo di lavoro (coordinato da Giovanni Allegretti) di argomentare le proprie scelte, sostantivandole rispetto ad una complessità del contesto evidenziata negli scenari alternativi. Dall'altra, esplicita il tipo di qualità dei materiali territoriali con i quali si dovrebbe sostenere il Piano Strutturale. Lo scenario proposto rilancia e rafforza il ruolo del territorio di Dicomano, tramite un'interazione tra le

south the confluence of the two secondary valleys: the Pesa one on the east and the Elsa one on the west, which are in turn the place of ancient routes and relationships, respectively toward the the Chianti and the senese regions.

The Master Plan is based on a section of the Atlas of the Territorial Heritage of the district: the territorial area determined by the river system of the Arno. This part of the atlas focuses on specific cognitive actions: the hydraulic and pollution risk, the relationship between river and settlement, the structuring of the context for the presence of the "water's way" of the Arno. We focus on the methodological and technical aspects, on the organization of the main features and on the most incisive dynamics of the investigated territory, including the actors of the process: the scenarios are a tool of communication and planning synthesis whose meaning is not separable from the process and actors that have generated them.

In this context, the urbanisation has occupied the plain (as in many parts of Italy), causing a fracture between the river and the territory. There has been a progressive removal from the river, whose result has been the worst level of pollution of waters of the whole course of the river, the artificialization of the banks, the exploitation of the river basin mainly due to the extracting activities of the gravel, the disappearance of the factories and of the river boats.

In recent years, despite the gradual degradation, a new sensibility has developed, detected by the survey of the social actions that take place around the river (witnessed by associations such as "Association for the Arno River"). This sensibility is referred especially to environmental issues and to the leisure activities linked to the course of water. The social activity has sustained, in the municipal planning, many projects of

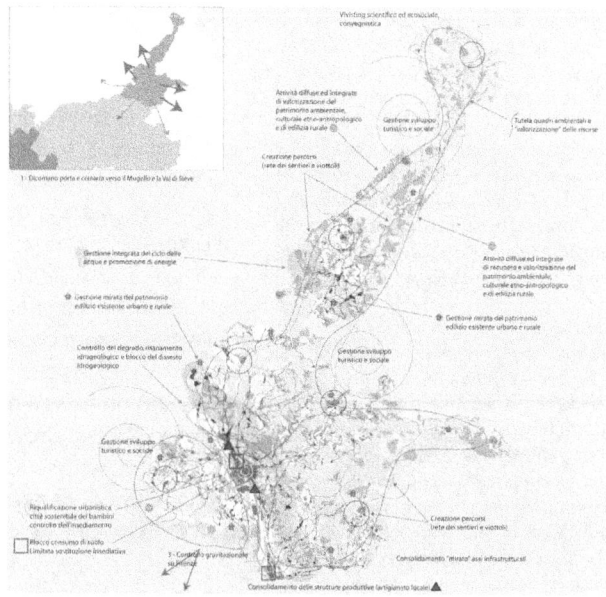

Figura 5. *Comune di Dicomano (Fi), scenario di Sviluppo Locale Autosostenibile*

politiche illustrate nell'ambito dello scenario di "tutela e conservazione" ed un rilancio delle vocazioni produttive locali: non soltanto di beni primari, ma anche di beni e servizi immateriali legati all'ambiente, alla cultura, alla ricerca ed incrociate con incentivi per il turismo. In questo scenario, alle politiche di tutela e conservazione del patrimonio culturale e ambientale, si aggiungono una serie complessa di fattori di gestione. Lo scenario tenta di esaltare il consolidamento delle strutture produttive legate all'artigianato locale ed al commercio. Prova inoltre a rilanciare le politiche dei consorzi, compresa l'innovazione produttiva dell'attività zootecnica, con la conseguente riduzione di congestione e inquinamento. Il patrimonio edilizio è messo in valore e a sistema: il controllo e il recupero dei nuclei urbani rafforzano la rete di riqualificazione ecologica e delle attrezzature comuni. La gestione mirata del patrimonio edilizio urbano e rurale si attua anche grazie ad azioni di controllo delle sostituzioni turisti-

protected natural zones and interventions improving the accessibility of the river area. It has also solicited, in the local communities, a mobilization of different social energies (entities, associations, committees, individual residents), that share the same objective of rebirth of the course of water. In this context, the task of the working team was to coordinate the different actions already present and to integrate them with the project.

In the planning, the use of scenarios related to the whole territory allows to represent in synthetic way the result of the complex dynamics involved. It is the point of departure to define the individual integrated territory designs and to reach the specific sectorial policies. The need to exemplify the effects of the different practices in the territory through the definition of scenarios has been one of the first necessity emerged in the working team.

The analysis of the planning tools has emphasized a generic attention to the environmental problems, which were solved by allocating significant areas of the territory to the river parks. Nevertheless, the declarations on the environmental fragility were contradicted by the projects of new heavy infrastructures. To compare these projects and to highlight the incompatibility of the scenarios that were emerging served to launch an animated comparison of the transformations, perceived and desired, of the river territory. In this sense the territory has been conceived through the scenarios as an indicator of the complex changes taking place. These actions analysed separately have a coherent framework, but they are incompatible if they are put all together.

The process of drafting of the Master Plan shows the importance of an intentional and highly interpretive representation of the local identitary elements. One of the guiding principles that have orien-

che ed agrituristiche. Altre azioni sostenute in questo scenario sono il consolidamento attento delle infrastrutture, le azioni di risanamento idrogeologico e il blocco del dissesto, la gestione integrata del ciclo delle acque e la promozione di energie rinnovabili. L'esito che avrebbero tali scelte, prefigurate nello scenario, prevede un consolidamento e rilancio dell'identità locale attraverso politiche di tutela del patrimonio e di produzioni, anche nuove, di beni e servizi. Un elemento da approfondire rispetto a questi scenari è la capacità che sarà messa in campo nelle successive occasioni di specificazione degli indirizzi (ovvero nel Regolamento Urbanistico) e il tentativo di innestare su questi alcuni elementi di valutazione delle politiche e delle azioni di trasformazione.

Il progetto di Master Plan del Parco Fluviale dell'Empolese Valdelsa

Il territorio del Master Plan è nel tratto del corso del fiume Arno che attraversa il territorio del Circondario empolese valdelsa (provincia di Firenze) per una lunghezza di circa 25 chilometri tra Firenze e Pisa. Qui si trovano numerose città minori, come Montelupo, Capraia, Limite, Empoli e Fucecchio; in questo breve tratto la pianura alluvionale dell'Arno accoglie a sud la confluenza di due vallate secondarie: la Pesa a est e l'Elsa a ovest, che sono a loro volta luogo di antiche percorrenze e relazioni, rispettivamente verso le regioni del Chianti e quelle del senese. Il Master Plan si basa su una sezione dell'Atlante del Patrimonio Territoriale del Circondario, ovvero l'ambito territoriale determinato dal sistema fluviale dell'Arno (figura n°6). Questa parte dell'*atlante* si concentra su azioni conoscitive specifiche: rischio idraulico ed inquinologico, rapporto tra fiume e insediamento, strutturazione del contesto per la presenza della "via d'acqua" dell'Arno. In questo *paper* ci concentriamo principalmente sulla descrizione metodologica e tecnica, sull'inquadramento dei principali caratteri e sulle più incisive dinamiche del territorio indagato, compresi gli attori del processo: gli scenari sono infatti uno strumento di comunicazione e sintesi

tated the activity of the project team is the will of sharing, in a statutory way, the planning actions. It became necessary to begin to build an image of the river area

progettuale il cui significato non è scindibile dal processo e dagli attori che l'hanno generato (Giacomozzi, Carta et al. 2006).

DESCRIZIONE E REGOLA DI FUNZIONAMENTO DELLE INVARIANTI

Si definiscono **invarianti strutturali** i caratteri costitutivi delle risorse essenziali del territorio che ne connotano l'identità di lunga durata, ne descrivono i valori patrimoniali (ambientali, territoriali, paesistici, culturali) e le regole di trasformazione atte a garantirne la tutela e la valorizzazione. La descrizione, lo stato di conservazione e le regole statutarie delle invarianti sono riferite alle singole figure territorili paesaggistiche

Sistema territoriale-paesistico

È un ambito territoriale complesso individuato attraverso l'integrazione di elementi ambientali, insediativi e paesistici che ne connotano l'identità di lunga durata. Ogni sistema territoriale paesistico comprende e organizza le relazioni tra più figure territoriali paesaggistiche.

Figure territoriali-paesaggistiche

Unità territoriale di minima scomposizione delle individualità territoriali, caratterizzata da una struttura morfotipologica peculiare a sua volta definita dalle interazioni di lunga durata tra le componenti antropiche e ambientali.

LO STATO DI CONSERVAZIONE DELLE INVARIANTI

Giudizio sullo *stato* delle risorse descritte nella regola; lo stato di conservazione si riferisce al grado di condivisione e diffusione delle regole statutarie.
Il giudizio è graduato sulla valutazione dello **Stato di conservazione** della regola di invarianza:

- *compromessa*
- *in via di compromissione*
- *ben conservata*

LE REGOLE DI RIPRODUCIBILITA' DELL'INVARIANTE

Corpus di principi statutari e sistema di regole condivise per la trasformazione, atte ad assicurare la riproduzione e l'esaltazione della "regola" secondo la quale il territorio stesso si è venuto formando nel lungo periodo, incrementando il valore del patrimonio territoriale in modo durevole.

Figura 6. *Atlante del Patrimonio Territoriale ed ambientale, Circondario Empolese Valdelsa, schema metodologico sulla costruzione delle Regole Statutarie*

that should differ from the various representations focused on sectorial issues (such as the risk of flood, the usability that is restricted to the only embankment paths, the river as an obstacle to the urbanization of the basin, the course of water as a receptacle of zliquid waste, and so on) and instead it should show the depth of the sophisticated relationship

In questo contesto, come in tante parti d'Italia, l'urbanizzazione ha occupato il fondovalle, provocando una cesura tra fiume e territorio. C'è stato nel tempo un progressivo allontanamento dal corso d'acqua, che ha dato esito al peggior livello d'inquinamento delle acque di tutto il corso del fiume, all'artificializzazione delle sponde, all'incisione dell'alveo dovuta principalmente alle attività estrattive di ghiaia,

established in the history between the river system and the human action, in its ecological and natural components, in the landscape and territorial dimension.

This interpretation has been taken into account some issues: the ecological and natural aspects (the small ecological network, the need to have a river environmentally healthy), the energy production (for the historic industries of ceramics and glass and for the numerous mills), the infrastructural aspect (the river as a possible way of communication, the widespread water system as a major infrastructure of irrigation), the landscape (points of view on the river from "bellosguardo" and from the historical villas to the hill, the prospective axes and the tree-lined avenues, etc.).

The representation thus exalts the structuring nature of the river compared to its territory intended not as water catchment area but as a place full of meanings, memories, physical testimonies of this relationship, useful for a new interpretation that emerge in the planning scenarios. These various planning actions have been represented in the scenario. This summary has a deliberately schematic nature, in which individual activities are represented with simplified texts and graphics. The intention was to define those areas where the elements of the heritage, that the project then tries to organize, are concentrated; to enhance the function of unifying of the main rivers (Arno, Elsa, Pesa) compared with the probable planning interventions of the regional area.

The evaluation of the elements of the heritage on one hand is based on the ability to recognize and to sketch the historical structures. On the other, on elements (which would require further study) such as the energetic potential of the area, the water balance-sheet analysis, the analysis of demographic productive and social dynamics, the careful

alla scomparsa degli opifici e imbarcazioni fluviali utilizzate prevalentemente per brevi spostamenti. Nonostante il progressivo degrado riscontrato, si è sviluppata negli ultimi anni una nuova sensibilità, rilevata con il censimento delle azioni sociali che ruotano attorno al fiume e testimoniata da associazioni quali la "Associazione per l'Arno". Questa sensibilità è riferita soprattutto ai temi ambientali e fruitivi legati al corso d'acqua: essa ha sostenuto nella pianificazione comunale numerose previsioni di aree naturali protette e interventi per migliorare l'accessibilità alle aree fluviali. Ha anche sollecitato nelle comunità locali una mobilitazione di diverse forze sociali (enti, associazioni, comitati, singoli abitanti), che condividono lo stesso obiettivo di rinascita del corso d'acqua.

In tale contesto, il compito assunto dal gruppo di lavoro (coordinato da Alberto Magnaghi) si è rivelato innanzitutto come messa in rete ed integrazione progettuale delle diverse iniziative in atto e degli attori in campo, al fine di costruire degli scenari progettuali condivisi capaci di indirizzare e comporre le singole politiche settoriali. In fase progettuale il ricorso a scenari riferiti all'intero territorio permette di rappresentare in modo sintetico l'esito delle complesse dinamiche messe in campo e di individuare i singoli progetti integrati e le specifiche politiche settoriali. La necessità di esemplificare gli effetti delle diverse pratiche sul territorio attraverso la definizione di scenari è stata tra le prime emerse nel gruppo di lavoro.

L'analisi degli strumenti di piano ha rilevato una generale attenzione ai problemi ambientali, affrontati assegnando aree rilevanti del territorio a parchi fluviali. Ma le affermazioni sulla delicatezza dell'equilibrio ambientale erano contraddette da progetti di nuove pesanti infrastrutture per la mobilità e per la mitigazione del rischio idraulico. Mettere a confronto tali previsioni ed evidenziare l'incompatibilità dei diversi scenari che venivano a delinearsi è servito a comparare le trasformazioni del territorio fluviale, percepite e auspicate. In questo senso il territorio è stato interpretato attraverso gli scenari come indicatore

analysis of the architectural typologies and of the urban consolidated structures. The level of attention is finally turned to integrated projects, which attempt to develop themselves according to the assets of the heritage and with the statutory rules for managing them.

Scenarios of transformation as a reference for the Integrated Projects

Above we have affirmed that is useful to achieve a kind of scenario oriented by the knowledge built in the drafting of the atlases of the heritage: there is a mutual relationship between survey aimed to build an identitary representation, the statutory rules for the permanent structures and the scenarios of transformation. The purpose of the scenario is not only to foreshadow the outcome of changing actions, but also to play an action in preparation for the creation of elements of statutory sharing. This activity may help to focus the actions deemed virtuous, about which the Atlas should be responsible for building knowledge. The two instruments of the identitary representations and of the statutory scenarios are typical of our approach. These scenarios, however, require a specification of some actions to achieve them, which have to take into consideration the nature and quality of knowledge of the experts. This involves the explicitation of the methodological, planning and operational steps necessary to carry out the desired changes.

The need for an approach to the planning, that enhances the participation of the inhabitants in the process, makes extremely important that the action of the planner be based on well formalized proposals in quality, quantity, management and financial terms. The comparison with the inhabitants (which often anticipate and intuit precise environmental, functional and urban problems without, however, to have the tools to formalize them) requires

delle complesse trasformazioni in atto. Queste trasformazioni, se analizzate singolarmente, facevano emergere quadri coerenti, che risultano invece inconciliabili se considerati contemporaneamente. Dal processo di redazione del Master Plan, emerge l'importanza di una rappresentazione consapevole, intenzionale e fortemente interpretativa degli elementi identitari locali. La volontà di calibrazione di azioni di piano condivise e statutarie, che esaltassero tali elementi, è una delle linee guida che ha orientato l'azione del gruppo di progetto (figura n°7).

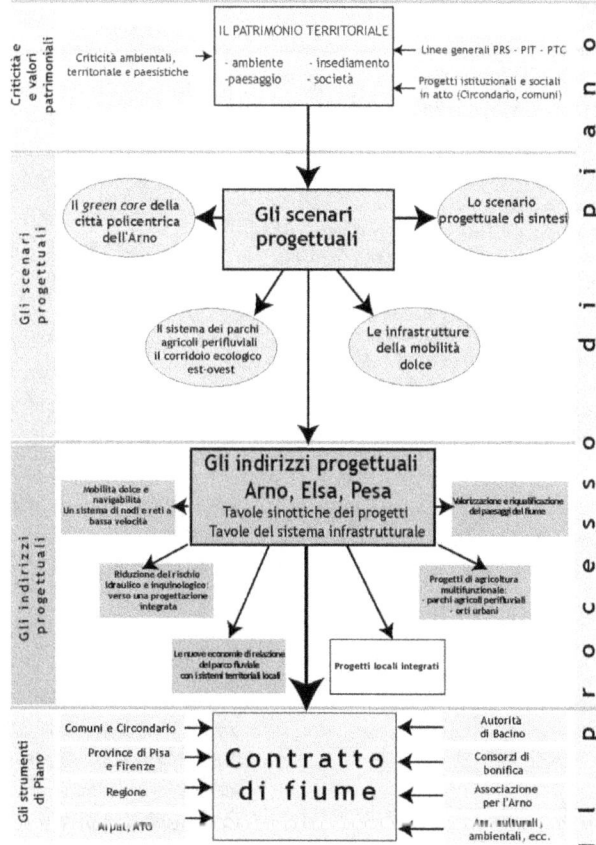

Figura 7. *Master Plan del Parco Fluviale dell'Arno, Elsa e Pesa: schema del processo di Piano*

a complete knowledge of the toolbox, which is necessary for the legitimacy of practitioner figure. Besides the possibility of organizing cognitive pictures formalized on the local context, that the expert knowledge can put at the heart of the debate, a fertile way to calibrate a comparison among different knowledges is that of the integrated projects.

The mode of explanation of these tools does not depart too much from the tradition of architectural design, even in its urban aspects: attentive to the dynamics of change in morphotypological and formal assets, consistent with a well-established Italian tradition. Through the development of coherent integrated projects with the steps exemplified above (from the heritage to the structural description until the scenarios) is realized the opportunity to make a real difference in the contexts of work: so integrated projects, can be considered as guidelines. I believe that in the goodness of cognitive pictures, in the ability to handle the regulatory process and operational tools and in exemplary projects that demonstrate the rightness ethic of the plan, the possible success of our action lies.

È apparso necessario iniziare a costruire un'immagine dell'ambito fluviale che si differenziasse dalle diverse rappresentazioni incentrate su aspetti settoriali (quali il rischio di esondazione, la fruibilità limitata ai soli percorsi sull'argine, il fiume come ostacolo alla urbanizzazione di aree di fondovalle, il corso d'acqua come infrastruttura di smaltimento dei reflui ecc.) e cogliesse invece la profondità del sofisticato rapporto istituito nella storia tra sistema fluviale e azione antropica, nelle sue componenti ecologiche e naturali, nella dimensione paesistica e territoriale (figura n°8, 9). Tale interpretazione ha tenuto conto di aspetti quali le dimensioni ecologiche e naturali (la rete ecologica anche minuta, la necessità di avere un fiume ambientalmente sano), di produzione energetica (per le industrie storiche della ceramica e del vetro e per i numerosi mulini), infrastrutturali (il fiume come possibile via di comunicazione navigabile, il diffuso sistema idrico come grande infrastruttura dell'irrigazione), paesistiche (i punti di vista sul fiume dal "bellosguardo" sulla collina e dalle ville storiche, gli assi prospettici e i viali alberati, ecc.). La rappresentazione esalta dunque la natura strutturante delle aste fluviali rispetto al territorio di riferimento inteso non come bacino idrografico ma come luogo denso di significati, memorie, testimonianze materiali di questo rapporto, utili per un'interpretazione innovativa: le varie azioni progettuali sono state rappresentate in sintesi grafica nello scenario (figura n°10). Questa sintesi ha una natura volutamente schematica, nella quale le singole azioni sono rappresentate con testi e grafiche semplificate. La volontà è stata quella di definire le aree dove si concentrano gli elementi del patrimonio che poi il progetto tenta di organizzare; di esaltare la funzione unificante dei fiumi principali (Arno, Elsa, Pesa) rispetto ai probabili interventi progettuali dell'area vasta. La valutazione degli elementi patrimoniali da una parte è basata sulla possibilità di riconoscere e rintracciare le strutture storiche (figura n°11, 12). Dall'altra su elementi (che richiedono un ulteriore approfondimento) quali il potenziale energetico dell'area, l'analisi dei bilanci idrici, l'analisi delle dinamiche demografiche, produttive, sociali; l'analisi attenta delle morfologie e tipologie architet-

Carta del Patrimonio territoriale e paesistico: la Valdelsa, sistemi di relazioni

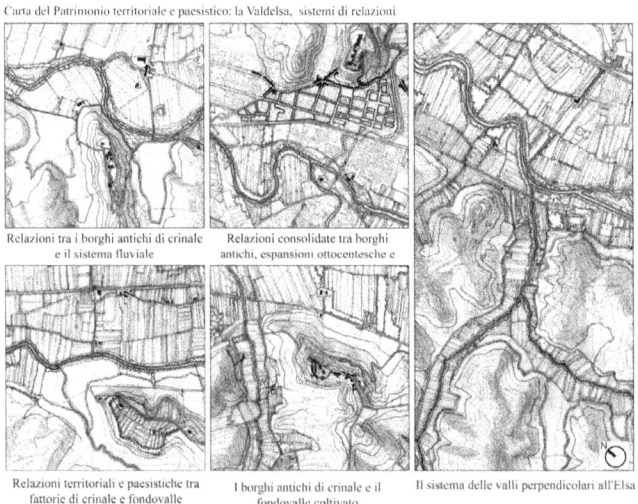

Relazioni tra i borghi antichi di crinale e il sistema fluviale

Relazioni consolidate tra borghi antichi, espansioni ottocentesche e

Relazioni territoriali e paesistiche tra fattorie di crinale e fondovalle

I borghi antichi di crinale e il fondovalle coltivato

Il sistema delle valli perpendicolari all'Elsa

Figura 8. *Master Plan del Parco Fluviale dell'Arno, Elsa e Pesa: rappresentazione di patrimonio*

Figura 9. *Master Plan del Parco Fluviale dell'Arno, Elsa e Pesa: rappresentazione di patrimonio*

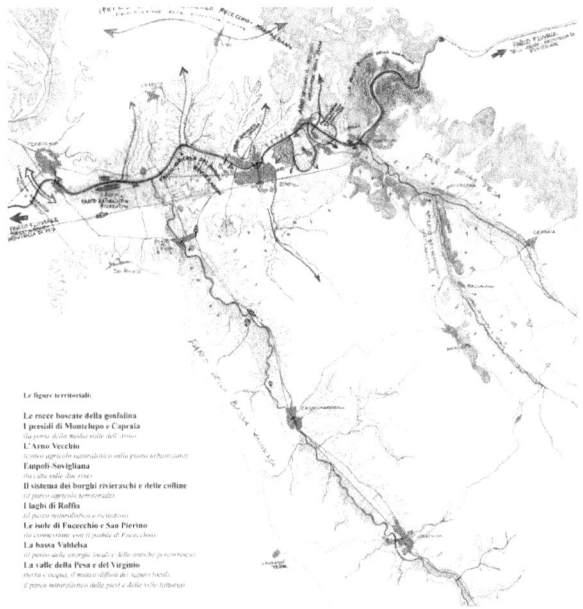

Figura 10. *Master Plan del Parco Fluviale dell'Arno, Elsa e Pesa: scenario strategico di progetto*

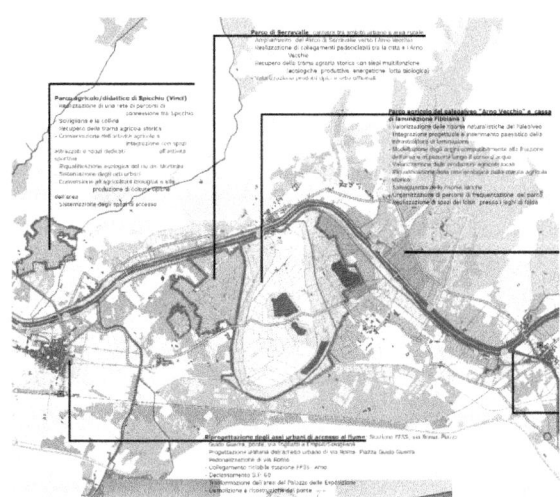

Figura 11. *Master Plan del Parco Fluviale dell'Arno, Elsa e Pesa: tavola di progetto*

La ricostruzione del sistema agro-ambientale

Aree agricole con funzione prevalente

agricoltura perifluviale a prevalente produzione agroalimentare di qualità
aree agricole periurbane multifunzionali
produzioni di biomassa per mitigazione impatti
aree agricole da recuperare/produzione di biomassa
aree planiziali di importanza storico-paesistica
sistemi agricoli collinari: vigneto/oliveto
sistemi agricoli collinari: vigneto

Parchi agricoli multifunzionali

Le aree di valore ambientale

recupero e valorizzazione ecologica delle aree boscate
riqualificazione ecologica e fruitiva delle fasce ripariali
conservazione e ripristino della rete idrica minuta
tutela e valorizzazione a fini fruitivi delle aree boscate periurbane

Riqualificazione orti urbani

orti in ambito fluviale
orti in ambiente rurale
orti lungo le infrastrutture

Aree di laminazione delle piene

a prevalente funzione ecologica
a prevalente funzione sportiva ricreativa
a prevalente funzione agricola compatibile
multisettoriale integrata

Sistema insediativo

Riconnessione città - fiume

Interventi di riqualificazione dei fronti fiume
Riqualificazione urbanistica, ambientale, funzionale delle aree industriali
Caposaldi della struttura storica insediativa
Riprogettazione degli assi di collegamento fiume-stazione-centro storico
Riqualificazione degli spazi pubblici perifluviali
Recupero degli opifici idraulici

Sistema della fruizione del parco fluviale

Percorsi a bassa velocità

Ippo-pedo-ciclovia dell'Arno, dell'Elsa e della Pesa

Percorribilità ciclabile:
Percorsi ciclabili di collegamento

Percorribilità pedonale:
Sentieri di accesso al fiume
Via Francigena
Passerelle pedonali

Percorsi ippici:
Ippovia dell'Arno

Vie d'acqua:
percorsi navigabili con battello
percorsi navigabili con canoe
attraversamenti con "navi" e barchine

Nodi di interscambio:
- stazioni
- approdi
- poste dell'ippovia

Percorsi di attraversamento e accesso al Parco

Viabilità automobilistica
Principale
Principale (di progetto)
Secondaria
Strada parco
Accessi al parco

Rete ferroviaria:
Principale
Secondaria

Progetti Locali Integrati

1 - Parco di Serravalle
2 - Parco agricolo del paleoalveo "Arno Vecchio" e cassa di laminazione Fibbiana 1
3 - Parco Urbano a Limite e Cassa di laminazione Fibbiana 2
4 - Riprogettazione degli assi urbani di accesso al fiume
5 - La confluenza tra Pesa e Arno

Figura 12. *Master Plan del Parco Fluviale dell'Arno, Elsa e Pesa: legenda tavole di progetto*

toniche e dalle strutture urbane consolidate. Il livello di attenzione è infine rivolto ala specificazione dei *progetti integrati*: approfondimenti progettuali che tentano di innestarsi con coerenza sugli elementi patrimoniali.

Scenari di trasformazione come riferimento per i progetti integrati

Sopra si è affermata l'utilità di un tipo di scenario orientato dalla conoscenza costruita nella redazione degli atlanti del patrimonio: esiste un rapporto mutuo tra indagine mirata alla costruzione di rappresentazioni identitarie, regole statutarie per la riproducibilità delle invarianti e scenari di trasformazione: le rappresentazioni identitarie e gli scenari derivati richiedono un approfondimento di alcune azioni tese a realizzarli, nelle quali entrino in maniera importante in campo la *natura* e la *qualità* dei saperi degli esperti. Ciò comporta l'esplicitazione dei passaggi metodologici, progettuali e operativi necessari a realizzare le trasformazioni. Le affermazioni di un supposto valore territoriale dei contesti arrivano a stimolare il dibattito, ma le esigenze partecipative comportano che l'azione disciplinare si svolga su precisi parametri. Le esigenze di un approccio alla pianificazione che esalti la partecipazione degli abitanti al processo, rendono estremamente importante che l'azione del pianificatore sia fondata su proposte ben formalizzate dal punto di vista qualitativo, quantitativo, gestionale, finanziario ecc. Il confronto con gli abitanti (che spesso anticipano ed intuiscono precisi problemi ambientali, funzionali, urbanistici senza tuttavia avere gli strumenti per formalizzarli) richiede una grande padronanza degli strumenti del mestiere, necessaria per la legittimazione della figura professionale. Oltre alla possibilità di organizzazione delle informazioni formalizzate sul contesto locale, che il sapere esperto può mettere sul tavolo della discussione, una modalità fertile per calibrare un confronto tra diversi saperi è quello molto concreto dei progetti integrati. La modalità di esplicitazione di questi strumenti non si discosta troppo dalla tradizione progettuale di matrice architettonica, anche nei

suoi risvolti urbanistici: attenta alle dinamiche di variazione degli assetti morfotipologici e formali, coerente con una consolidata tradizione italiana. Attraverso l'elaborazione di progetti integrati funzionali ed esemplificativi con i passaggi esemplificati sopra (dal patrimonio alla descrizione strutturale per giungere agli scenari) si concretizza la possibilità di incidere realmente nei contesti di lavoro: progetti integrati multisettoriali, capaci di essere presi come linee guida (figura n°13, 14). Credo che risieda nella bontà dei quadri conoscitivi, nella capacità di maneggiare gli strumenti normativi e operativi, e nella manifestazione tramite progetti esemplari della giustezza etica del piano, l'eventuale successo della nostra azione.

Figura 13. *Master Plan del Parco Fluviale dell'Arno, Elsa e Pesa: progetto integrato Roffia*

Figura 14. *Master Plan del Parco Fluviale dell'Arno, Elsa e Pesa: progetto integrato Roffia*

Bibliography

ALLEGRETTI, G. e D. ANCESCHI (2007). "Progettare 'a cavallo': il Piano Strutturale di Dicomano", Urbanistica (134): 86.
BALDESCHI, P. (2002), *Dalla razionalità all'identità. La pianificazione territoriale in Italia*, Firenze, Alinea.
CARTA, M. e F. LUCCHESI (2004), "Dal SIT al SITER. Verso un sistema informativo territoriale orientato alla comunicazione pubblica", in E. S. MALINVERNI, *E-Arcom 2004: tecnologie per comunicare l'architettura*, Ancona, Clua.
CARTA, M. e I. ZETTI (2005), "Le carte del Patrimonio territoriale come progetto di conoscenza" Bollettino AIC 123-124: 369-389.
CHEVALIER, D., Ed. (2000), *Vives campagnes, le patrimoine rural, projet de Societé*. Mutations, Autrement.
CHOAY, F. (1992), *L'allégorie du patrimoine*. Paris, Le Seuil.
GIACOMOZZI, S., M. CARTA, et al. (2006), "Paesaggi fluviali in trasformazione. L'esperienza del Parco della Media valle dell'Arno", Architettura del Paesaggio(16).
GIUSTI, M. (1994). "Locale, territorio, comunità, sviluppo. Appunti per un glossario." Il territorio dell'abitare. A. Magnaghi. Milano, Franco Angeli: 139-171.
GUILLAUME, M. (1980). *La politique du patrimoine*. Paris, Galilée.
LATARJET, B. (1992). *L'aménagement culturel du territoire*, DATAR, La documentation française.
MAGNAGHI, A. (2000), *Il progetto locale*. Torino, Bollati Boringhieri.
MAGNAGHI, A. (2005), *La rappresentazione identitaria del territorio. Atlanti, codici, figure, paradigmi per il progetto locale*. Firenze, Alinea.
MAGNAGHI, A., Ed. (2007), *Scenari strategici. Visioni identitarie per il progetto di territorio*. Luoghi. Firenze, Alinea.
RAUTENBERG, M. (2003), *La rupture patrimoniale*, Lyon, à la croisée.
ZIPARO, A., M. CARTA, et al. (2007), "Gli scenari come elementi di indirizzo per le politiche e i progetti di sviluppo locale autosostenibile", *Città e azione pubblica*, in A. LANZANI e S. MORONI, (Ed) Roma, Carocci.

Identidad y significado del espacio urbano desde una perspectiva psicosocioambiental

Nuevo espacio público y nuevos retos sociales

Sergi Valera Pertegàs
svalera@ub.edu

Introducción

La ciudad parece convertirse a pasos agigantados en el entorno más inhóspito en el que puedan vivir las personas. Como expone Zigmut Bauman, un entorno que en origen fue pensado como lugar de confluencia y protección es actualmente un lugar de huida y de percepción de inseguridad. Efectivamente, a pesar de que, según datos de Joel Kotkin (2006), en 1960 la población urbana en el mundo era tan solo de 750 millones, alcanzó los 3.000 millones en 2002 y se prevé que supere los 5.000 millones en 2030; las grandes ciudades, al menos en occidente, continúan perdiendo habitantes. Además, el modelo de desarrollo urbano periférico —que ya en 1968 criticaba Lewis Mumford en las ciudades norteamericanas— ha llegado irremisiblemente a Europa bajo la forma de ciudad difusa, cuya característica principal es que, ciertamente, se difumina, se desdibuja la forma urbana tradicional en aras de un mayor funcionalismo y especificación zonal. Especificación zonal, pero también social, puesto que las clases sociales, las culturas, los grupos étnicos también se zonifican al tiempo que se fortifican cada vez más.

Ello tiene múltiples consecuencias, cuyo análisis excede las pretensiones de este artículo. Sin embargo, sí quisiera centrarme en una de ellas, a mi entender pieza clave para entender la evolución de nuestras ciudades: la progresiva pérdida del espacio público urbano y la consiguiente substitución por espacios privados de masas. Y, acompañando a este proceso, la consiguiente transformación de las formas y tipologías urbanas "clásicas", el aumento de la percepción de inseguridad acompañado de un encierro voluntario cada vez más explícito en el espacio privado, y la dificultad de consensuar normas comúnmente aceptadas de comportamiento y convivencia en el espacio público. Estos fenómenos, que Sorkin (2004) acertadamente ha descrito para las ciudades norteamericanas, son también percibidos de manera alarmante en Latinoamérica (Low, 2003, 2005; Finol, 2005) y posiblemente estén ya manifestándose en buena parte de las grandes ciudades europeas.

Creo que el análisis de estos fenómenos y de sus consecuencias es urgente, puesto que el espacio público es uno de los pocos instrumentos que aún nos quedan para repensar una ciudad más diversa, más inclusiva, más tolerante, más cívica y más segura. Esta debe ser nuestra respuesta al compromiso que, como psicólogos ambientales y científicos sociales —al lado de urbanistas, arquitectos, sociólogos y demás disciplinas que se ocupan de lo urbano-, tenemos de procurar conseguir una sociedad mejor y, en nuestro caso, también un mejor sitio para vivir.

Y hay que procurar conseguir esto por el carácter eminentemente psicosocial que tiene la ciudad, porque, como recientemente recoge Daniel Innerartity (y otros, como Henri Lefebvre, hicieran 30 años atrás): "la ciudad es una particular puesta en escena de las sociedades. En el modo de saludarse, en los itinerarios que realizamos, en las relaciones de vecindad o en el modo de urbanizar ese espacio es posible encontrar un elocuente resumen de nuestra manera de entendernos. La vida política está unida a formas de especialidad. Hay una correspondencia estructural entre la disposición física de las cosas en el orden espacial y las prácticas políticas asociadas, entre el espacio físico y el espacio cívico. (...) El ambiente urbano no solo refleja el orden social, sino que constituye en realidad un gran parte de la existencia social y cultural. La sociedad es tanto constituida como representada por las construcciones y los espacios que crea." (2006, pág. 96)

Para poder desarrollar estas ideas debemos atender necesariamente al conjunto de factores de carácter psicosocial que definen el espacio urbano, y entre ellos, especialmente el papel que ejercen los procesos identitarios en relación con el entorno. Empezaremos por ahí, por la relación entre identidad y espacio y por la delimitación de conceptos como la identidad social urbana y el espacio simbólico urbano, para posteriormente abordar el tema del miedo y el conflicto en el espacio público y alguna de sus consecuencias, especialmente las nuevas concepciones espaciales de "lo público" y, volviendo al inicio, su incidencia en la configuración de nuevas identidades y nuevas realidades sociales urbanas.

Identidad y espacio

La identidad es un fenómeno que presenta una dinámica dialógica entre diversos niveles de representación de uno mismo en relación con su contexto socioambiental. Por un lado, tenemos la necesidad imperiosa de reconocernos diferentes de los demás, como seres únicos y exclusivos. Nuestra percepción de esa identidad (también llamada imagen del self o de uno mismo) depende, pues, de los otros, ya que sin ellos no hay posibilidad de sentirse único, diferente. La identidad individual resulta entonces fundamental para ubicarnos *"frente"* al mundo.

Por otro lado, también tenemos una necesidad imperiosa de afiliarnos con nuestros semejantes, sea cual sea el criterio para establecer esa semejanza que adoptemos. Necesidad de sentirnos iguales a otros, de compartir intereses, objetivos, sentimientos. La identidad social resulta también fundamental para ubicarnos *"en"* el mundo. La tensión dialógica que se genera entre la necesidad de sentirnos diferentes y, a la vez, sentirnos iguales, es una de las principales características que explican la complejidad de los procesos identitarios. Y ello es así porque —y esto es importante— los niveles individual y social no son niveles diferenciados, sino que requieren el uno del otro para integrarse en las configuraciones identitarias: no podemos sentirnos iguales a los otros en determinadas dimensiones si no somos capaces de reconocernos distintos a ellos en otras dimensiones. La transgresión de esta norma genera procesos de desindividuación —de alto coste psicológico— o de extrema individualización, y ello tiene, por supuesto, su traducción también en el mundo espacial: por un lado las instituciones totales construyen un espacio orientado al control y la despersonalización, como tan brillantemente describió Foucault con el ejemplo del panóptico (Foucault, 1975); por otro lado, cada vez es más frecuente encontrar a jóvenes o adolescentes encerrados permanentemente en sus habitaciones con el ordenador e Internet como única ventana al mundo, en un espacio "sobrepersonalizado", o a comunidades de vecinos encerrados en sus entornos residenciales rodeados de murallas, guardias y cámaras de seguridad (Low, 2003). Pero adentrémonos algo más en el mundo psicoambiental para profundizar en los procesos que giran en torno al significado espacial.

El significado social del espacio

Cualquier espacio, entendido como una unidad de significado para una persona o conjunto de personas, toma su criterio de validez del conjunto de significados —pasados, actuales o potenciales— que es capaz de soportar, así como del conjunto de configuraciones psicológicas significativas que es capaz de elucidar entre las personas que se relacionaron, se relacionan o se relacionarán con él. De esta forma el espacio toma sentido en la medida en la que es significado por la persona y, a su vez, la persona cobra significado en tanto que se ubica en un espacio significativo para ella. Pero mientras los productos de tales transacciones son siempre individuales, es decir, subjetivos, los orígenes de tales significados son eminentemente sociales, y ambos niveles son siempre susceptibles de ser ubicados en el plano de la intersubjetividad. La propia reciprocidad de la transacción también se ubica en el plano de la intersubjetividad, de forma que podemos reconocernos y reconocer nuestros espacios en un contexto social crisol del conjunto de significados ("campo social percibido" en palabras de Stokols) socialmente elaborados, negociados y compartidos.

En tanto que acto necesario, el ejercicio de dar significado a los espacios los convierte en "nuestros". La apropiación del espacio (Pol, 1996, 2002; Vidal y Pol, 2005; Vidal, Pol, Guàrdia y Peró, 2004) como acto cotidiano, inmanente a la actividad humana, deviene así

un ejercicio epistémico, es decir, de obtención de conocimiento válido y significativo del entorno, a la vez que locacional, es decir, de ubicación en un entorno socio-construido.

En definitiva, el acto de significación del espacio es, quizás, el primer principio que rige sobre nuestras relaciones socio-espaciales. Este "universalismo", sin embargo, no debe ser tomado como una ley formalizada del comportamiento espacial humano, puesto que en cada contexto sociocultural adoptará formas distintas. A pesar de ello, sostengo que sí puede ser considerado un principio axiológico bajo el que se desarrollan el conjunto de fenómenos que relacionan a las personas con sus entornos y que son el objeto de estudio de la psicología ambiental. Así, al dotar de significado a un espacio nos apegamos a los lugares emocionalmente a los lugares, nos sentimos seguros y obtenemos bienestar psicológico, transformamos el espacio para nuestros intereses funcionales y simbólicos, lo delimitamos, gestionamos y defendemos, nos identificamos con él, nos une grupal o socialmente y lo incorporamos como un elemento más de nuestra interacción social. En conclusión:

- El ser humano tiende a establecer vínculos identitarios con sus entornos, específicamente con aquellos más relevantes para su cotidianeidad y para su desarrollo como persona.

- Estos vínculos pueden ser considerados en términos de necesidad psicosocial, al mismo nivel que la necesidad de establecer contactos y vínculos sociales con nuestros semejantes.

- Por su propia condición humana, estos vínculos se articulan según a significados que elaboramos y que "tiñen" a los espacios físicos los cuales, como resultado de esta operación, pasan de ser "espacio" a ser "lugar".

- Cuando esos espacios, esos lugares, son violados, agredidos o destruidos la gente sufre, y ello pone en evidencia que ese vínculo al que hacía referencia es, en buena parte, un vínculo afectivo.

- Este vínculo afectivo con el entorno es, finalmente, un importante factor de desarrollo del bienestar psicológico y psicosocial de las personas.

Diversos desarrollos teóricos han contribuido a analizar este legado identitario del espacio. Así, uno de los primeros fue el concepto de *place-identity* (Proshansky, Fabian y Kaminoff, 1983). La identidad de lugar es considerada como una subestructura de la identidad y consiste en un conjunto de cogniciones referentes a lugares o espacios donde la persona desarrolla su vida cotidiana y en función de los cuales el individuo puede establecer vínculos emocionales y de pertenencia a determinados entornos. Estos vínculos son, como mínimo, tan importantes como los que se establecen con los diferentes grupos sociales con

los cuales el individuo se relaciona. En la base de esta estructura se encuentra el "pasado ambiental" del individuo, así como los significados socialmente elaborados referidos a estos espacios que la persona ha ido integrando en sus relaciones espaciales. Este "depósito cognitivo" que configura la identidad de lugar —del cual, según Proshansky, el individuo no es consciente excepto cuando siente su identidad amenazada— permite a la persona reconocer propiedades de los entornos nuevos que se relacionan con su "pasado ambiental", favorecer un sentido de familiaridad y la percepción de estabilidad en el ambiente, dar indicios sobre cómo actuar, determinar el grado de apropiación o la capacidad para modificar el entorno y, por último, favorecer un sentimiento de control y seguridad ambiental (Valera y Pol, 1994).

Por su parte, Stokols y Shumaker (1981) elaboran el concepto de *place-dependence* para referirse al nivel en el cual las personas se perciben a ellas mismas como asociadas funcionalmente con lugares o grupos de lugares permitiendo la comparación con otros lugares en cuanto a la capacidad de satisfacer necesidades específicas. Otro concepto vinculado es el de "apego al lugar" (*place-attachment*) (Low y Altman, 1992; Hidalgo y Hernández, 2001; Hernández, Hidalgo et.al., 2007) entendido como la relación afectiva o el vínculo emocional que la gente establece con los lugares en los que vive (Giuliani y Feldman, 1993). Por otra parte, cuando un grupo desarrolla vínculos cognitivos, afectivos y/o simbólicos en relación con un entorno, se genera un sentimiento de identidad grupal donde el referente espacial supera su dimensión física para conceptualizarse como una categoría social. Esta es la base del concepto de "identidad social urbana" (Valera y Pol, 1994; Valera, 1996; Valera, Guàrdia y Pol, 1998; Valera y Guàrdia, 2002), que parte de una visión socioconstruccionista de los procesos de categorización social que configuran la identidad de las personas y sobre el que nos detendremos con algo más de detalle.

La identidad social urbana

Desde la psicología social, la identidad social se deriva básicamente de la pertenencia y la afiliación a grupos (de carácter socioprofesional, étnico o cultural, religioso, nacional etc.) con los que las personas se identifican y generan un conjunto de atribuciones internas y externas que definen lo que caracteriza su identidad. Pero, de igual modo, las personas también se identifican a si mismas como miembros de grupos o comunidades según el sentimiento de pertenencia a categorías socioespaciales concretas. En general, podemos considerar las categorías urbanas (barrio, zona, ciudad, pueblo, etc.) como un tipo de categorías sociales que las personas usan para definir su identidad social urbana. El hecho de considerarse uno mismo vinculado a escenarios urbanos concretos presupone un conjunto de atribuciones elaboradas y compartidas socialmente o ampliamente reconocidas por miembros de otras categorías. Desde nuestra perspectiva, las personas o grupos pueden definirse a si mismas según su identificación con un entorno urbano en un determi-

nado nivel de abstracción: barrio, área y ciudad, demostrando las similitudes intercategoriales y las diferencias entre los individuos o colectivos de un barrio y los de otros barrios, áreas o ciudades, según dimensiones definidas dadas que actúan como referentes. Estas dimensiones son (Valera y Pol, 1994): *dimensión temporal* o sentimiento de una historia común en relación al espacio, *dimensión territorial* o límites geográficos compartidos, *dimensión comportamental* o prácticas sociales carácterísiticas, *dimensión social* o percepción de catergorías sociales comunes, *dimensión ideológica* o valores, creencias y cultura compartidos, y *dimensión psicosocial* o características típicas de la comunidad, estilo de vida característico u otros atributos psicosicales compartidos.

El mecanismo de identificación con categorías espaciales urbanas se desarrolla como un proceso dinámico esencial. Las personas se identificarán según diferentes niveles de abstracción categorial, dependiendo de las condiciones concretas en las que se produzca la interacción. Así, por ejemplo, si nos identificamos ante otro a partir de la categoría espacial «barrio», sólo lo podremos hacer si este otro conoce de alguna manera nuestro barrio y es también capaz de identificarse en base a su barrio y esta categoría es relevante para nosotros. En cambio, si nos identificamos ante una persona extranjera, probablemente la categoría barrio no sea relevante y tengamos que utilizar una categoría de nivel de inclusión más elevado como la «ciudad». En ambos casos se necesita tener algún conocimiento previo de las dimensiones categoriales usadas en la interacción. Este conocimiento de las dimensiones más salientes no es necesariamente un conocimiento *in situ* del barrio, área o ciudad definida.

Se pueden señalar dos elementos que pueden convertirse en símbolos representativos de la identidad social urbana de un grupo o una comunidad: el nombre de la categoría social urbana con el que es identificada y definida una área concreta del entorno urbano, y lugares definidos cuyas características peculiares son reconocidas como representativas de dicha categoría urbana, al mismo tiempo que simboliza algunas dimensiones relevantes para dicha categorización. Estos elementos son los espacios simbólicos urbanos.

El espacio simbólico urbano

En este contexto, un espacio simbólico urbano será aquel elemento de una estructura urbana, entendida como categoría social, que identifica a un grupo social vinculado a este entorno, capaz de simbolizar una o algunas de las dimensiones relevantes de dicha categoría, y que permite percibirse como iguales a los miembros del grupo en la medida que se identifican con este espacio, y diferentes de los demás grupos en virtud que no se identifican con dicho espacio o las dimensiones categoriales simbolizadas por él. Así, algunos espacios tienen la propiedad de facilitar el proceso de identificación social urbano y pueden convertirse en símbolos de identidad para los grupos asociados a entornos urbanos concretos (Valera, 1993, 1997). La 'imaginabilidad (imageability) ambiental', o capacidad de susci-

tar una imagen cognitiva clara y relevante (Lynch, 1960), y la 'imaginabilidad social', o características del conjunto de significados espaciales socialmente creados y compartidos (Stokols, 1981), son dos de las características básicas para definir un espacio simbólico urbano. Este significado —o "campo social percibido" en terminología de Stokols y Shumaker (1981)— puede ser analizado según su contenido, claridad, complejidad, heterogeneidad (homogeneidad), distorsiones o contradicciones (op.cit.). Por otro lado, hay que tomar en consideración la apropiación del espacio, según el proceso antes descrito, a través de la cual las personas son capaces de crear o adoptar significados simbólicos en el espacio e incorporarlos en su propia identidad.

Miedo y conflicto en el espacio público

Para abordar convenientemente esta última parte del artículo, debemos perfilar brevemente qué entendemos por cada uno de los términos del enunciado para, posteriormente, abordar los efectos perniciosos que su combinación tiene para entender la ciudad actual.

Desde las teorías psicosociales de la privacidad (Valera y Vidal, 2001), se entiende el espacio público como aquel en el cual no es posible ejercer un control directo y efectivo de nuestra interacción con los demás, a diferencia de un espacio privado donde las estrategias de regulación de la interacción son más variadas y eficaces. El espacio público es, pues, el espacio «de» todos, o mejor, el espacio «para» todos. Manuel Delgado (2004) defiende el derecho a la libre accesibilidad del espacio público como máxima expresión del derecho universal a la ciudadanía. Para el autor, la calle "es ante todo el lugar de epifanía de una sociedad que quiera ser verdaderamente democrática, el escenario vacío a disposición de una inteligencia social mínima, de una ética social elemental basada en el consenso y en un contrato de ayuda mutua entre desconocidos." Este escenario, caracterizado por una interacción abierta y espontánea, tiene también un componente fundamental que ya destacaron los sociólogos urbanos de la escuela de Chicago y que, más recientemente, recogen autores como Lyn Lofland (2004, 2006): el espacio público se caracteriza básicamente por la presencia del extraño. Y es precisamente esa figura del desconocido, del extraño, la que está generando actitudes de desconfianza y, consiguientemente, de miedo en nuestra ciudad actual, por otra parte cada vez más multicultural. De hecho, la percepción de inseguridad ciudadana es un buen ejemplo del efecto que puede producir la mala gestión de la calidad cívica en la ciudad cosmopolita: las peleas, los actos delictivos o incívicos, las amenazas, no son, en general, vividas en primera persona por una gran parte de la población, al menos no de manera reiterada (como muestran repetidamente las encuestas de victimización), pero a veces la simple presencia de determinados grupos de personas, una mirada mantenida o un gesto sutil por parte de alguien, una pintada junto a un grupo de jóvenes de determinada estética o la celebración de algún tipo de evento musical, convenientemente enmarcados en un discurso socialmente instaurado sobre inseguridad permanente, amenaza infundada o ineficacia

policial, devienen constataciones fehacientes de que estamos en un entorno urbano inseguro y justifican la adopción de medidas de protección personal, cuando no de agresión hacia los grupos que se perciben amenazantes. Es entonces cuando el extraño pasa de ser alguien por descubrir a ser alguien a quien temer. Estos mecanismos psicosociales, alimentados convenientemente por el sensacionalismo de los *mass media*, constituyen el verdadero motor en la construcción de la percepción de inseguridad (Fernández y Corraliza, 1996; Amerio, 1999; Roché, 2003; Ute y Greve, 2003), y son mucho más eficaces que los datos objetivos (número de delitos, índices de victimización) o que los parámetros ambientales (iluminación, conservación ambiental, acceso visual, etc.), como hemos puesto de manifiesto en investigaciones recientes (Valera y Carro, 2005; Carro y Valera, en prensa).

Por otra parte, uno de los temas centrales en el discurso actual acerca de los problemas de las ciudades es el de la necesidad de recuperar el civismo y erradicar comportamientos incívicos en el espacio público (Groth y Corijn, 2005; Bannister, Fyfe y Kearns, 2006; Boyd, 2006, Amin, 2006), junto con el de la gobernabilidad (García, 2006). Sin embargo, el tema del civismo o incivismo contempla múltiples acepciones y matices como recientemente señalan Fyfe, Bannister y Kearns (2006), abordándose a menudo bajo una perspectiva dicotómica: hay civismo o hay incivismo, existen actos cívicos y actos incívicos, las personas o los grupos son cívicos o son incívicos, etc. Esta perspectiva se basa en la supuesta delimitación de una norma que divida lo aceptable de lo inaceptable. Y en estas ocasiones el conflicto en el espacio público suele estar servido. En este sentido, la literatura aporta actualmente tres maneras diferentes de conceptualizar el conflicto en el espacio público (DiMasso, 2007): a) conflicto derivado de los usos y actividades más o menos incompatibles en el espacio público por parte de diferentes grupos de usuarios; b) conflicto derivado de la gestión del espacio público, privatización social de espacio, demarcación territorial y control; y c) conflicto derivado de la desigualdad social, que marca distintos grados del "derecho" al espacio público; o en otras palabras y parafraseando a Henri Lefebvre, "el derecho a la ciudad".

En definitiva, tenemos un espacio público definido por la interacción abierta y la presencia de extraños, mientras la tendencia a incrementar a percepción de inseguridad y la dificultad de mantener unas normas cívicas comúnmente compartidas y de gestionar adecuadamente el conflicto resultan cada vez más preponderantes en nuestra sociedad urbana. Así, la resultante de la interrelación entre espacio público, miedo y conflicto da como resultado la progresiva pérdida y, por consiguiente, desaparición por abandono del espacio público urbano tradicional en aras de nuevos espacios "semipúblicos", "semiprivados" o más comúnmente llamados "lugares privados de masas" que toman la forma de centros comerciales, *malls*, espacios residenciales cerrados o lugares públicos acotados, de transición, identificados mayoritariamente dentro de la categoría de "no lugares" (Augé, 2004): salas de espera de aeropuertos, estaciones de ferrocarril, etc. Estos espacios públicos alter-

nativos gozan al menos de tres características que los hacen altamente aconsejables actualmente como lugares de estancia e interacción: *a)* son espacios confortables (buena parte indoor o con posibilidades de guarecerse) con un diseño ajustado a las necesidades funcionales y a las preferencias estéticas de los usuarios, *b)* son espacios seguros, regulados por guardias de seguridad o por cámaras de videovigilancia que lo convierten en un entorno completamente panoptizado siendo esta característica percibida como una ventaja y no como una alienación de la privacidad (Valera, 1999); y *c)* son espacios altamente controlables por las personas, o al menos generan una alta percepción subjetiva de control ambiental.

Este proceso tiene, a mi modo de ver, una triple vertiente que se debe tener en cuenta. Por un lado se generen nuevas formas urbanas, nuevas tipologías de espacio urbano y, por qué no, nuevas ciudades con nuevas formas y nuevas relaciones espaciales (por ejemplo, el centro comercial se convierte en la nueva ágora sobre la que gira el desarrollo de entornos residenciales amurallados vinculados por autopistas reales y virtuales). Por otro lado también se producen nuevas formas de gestión territorial, muchas veces a través de la desresponsabilización voluntaria de los usuarios a favor de servicios de seguridad, lo cual no siempre garantiza (ni mucho menos) una mayor sensación de seguridad y control, como ya intuía Oscar Newman (1972) y corroboró Setha Low (2003), a la vez que las normas reguladoras de la interacción y la privacidad pasan de ser socialmente negociadas y compartidas a ser códigos estrictos y cerrados de conducta impuestos por la titularidad. Por último, este nuevo concepto del espacio "público" tiene gran incidencia en cuanto a la generación de sentido de comunidad y en los procesos de apego al lugar y de génesis de identidades sociales urbanas. Ciertamente, en nuestras ciudades los grupos sociales se caracterizan por su cada vez mayor rigidez en cuanto a su definición ante el universo social en el que se inscriben, es decir, las identidades se vuelven más rígidas y excluyentes. Como consecuencia, se pierde el contacto con los otros grupos, las otras identidades: los semejantes cada vez más se relacionan con sus semejantes para hacer cosas semejantes, vivir en barrios semejantes y compartir intereses semejantes y semejantes visiones del mundo, a la vez que unirse entre semejantes para defenderse de las supuestas amenazas de aquellos que supuestamente no son sus semejantes. Y esto es válido para cualquier grupo y clase social. El resultado es un mosaico urbano de grupos sociales cada vez más inconexos y desconocedores el uno del otro. El espacio público que era punto de encuentro y de descubrimiento (y conocimiento) del extraño ha desaparecido y con él la posibilidad de gestionar la diversidad y el conflicto por sus propios medios. En resumen, las nuevas formas de especialidad en nuestras ciudades se caracterizan por:

• Pérdida del espacio público por abandono

• Generación de refugios urbanos (malls, barrios cerrados, etc.)

- Rigidez en las interacciones sociales y en al concepción de la privacidad

- Identidades más rígidas, más excluyentes

- Segregación espacial por causas sociales

- Comunicación e interacción entre grupos más difícil: mayor desconocimiento del otro, aumento del miedo y de la percepción de inseguridad

Epílogo

Es, por fin, el momento de reivindicar un espacio público democrático y, por qué no, conflictivo en el sentido positivo del término, es decir, múltiple en cuanto a sus formas y funciones, dinámico socialmente hablando, capaz de acoger grupos diversos y generar procesos de apego o identidad sobre la base de una buena calidad cívica donde la negociación de la norma social y la capacidad para gestionar el conflicto sean vistas como un objetivo dirigido al bien común. La psicología social y, por supuesto la psicología ambiental deberían orientar también su mirada hacia allí, como ya lo han hecho geógrafos y sociólogos, con aportaciones relevantes en ámbitos como la evaluación psicosocial del espacio público, la caracterización de los comportamientos cívicos, o el análisis de los conflictos dirimidos en el espacio urbano y pautas para su gestión.

Para ello, es necesario también articular metodologías capaces de dar respuesta a estas cuestiones. Concretamente se defiende el redescubrimiento de la metodología observacional para el análisis del espacio público, el análisis del discurso para abordar el conflicto como actualmente desarrolla Di Masso (2007) y ya hicieron Stokoe y Wallwork (2003), así como la adaptación de procedimientos estadísticos o nuevos instrumentos *ad hoc* para evaluar el civismo en la ciudad (Phillips y Smith, 2006) y nuevas investigaciones acerca de los procesos de apropiación, apego e identidad y su relación con la calidad ambiental percibida o el miedo al delito (Ruíz, Hernández, Tavernero, Valera, Vidal y Martín, en prensa) como formas de expresión de una acepción positiva del conflicto urbano.

Referencias bibliográficas

Amerio, P. (1999). *Il senso della securezza*. Milan: Unicopli.
Amin, A. (2006). The Good City, *Urban Studies, 43*(5), 1009-1023.
Augé, M. (2004). *Los no lugares. Espacios del anonimato*. Barcelona: Gedisa.
Bannister, J., Fyfe, N., y Kearns, A. (2006) Respectable or Respectful? (In)civility and the City, *Urban Studies, 43*(5), 919-937.
Boyd, R. (2006). The Value of the City?, *Urban Studies, 43*(5), 863-878.
Carro, D. y Valera, S. (en prensa). Perceived insecurity in the Public Space: Personal, social and environmental variables. *Quality & Quantity*.

DELGADO, M. (2004). Cultura e inmigración. El espacio público como marco de integración. En J. RODRÍGUEZ ROCA y J.M. ALONSO VAREA (Coord.), *Repensar la intervención social: los escenarios actuales y futuros*. Barcelona: Col·legi Oficial de Psicòlegs de Catalunya.
DI MASSO, A. (2007). Usos retóricos del espacio público: la organización discursiva de un espacio en conflicto. *Atenea Digital*, 11, 1-22.
FERNÁNDEZ, B. y CORRALIZA J.A. (1996). Aspectos físicos y sociales en los lugares peligrosos. Miedo al delito en un espacio institucional, *Revista de Psicología Social*, 11(2), 219-234.
FINOL, J.E. (2005). Globalización, espacio y ritualización: de la plaza pública al mall. *Espacio Abierto*, 14, 573-588.
FOUCAULT, M. (1975). *Surveiller et Punir*. Paris: Gallimard.
FYFE, N., BANNISTER, J., y KEARNS, A. (2006). (In)civility and the City, *Urban Studies*, 43(5), 853-861.
GARCÍA, M. (2006). Citizenship Practices and Urban Governance in European Cities. *Urban Studies*, 43(4), 745-765.
GIULIANI, M.V., y FELDMAN, R. (1993). Place attachement in a developmental and cultural context. *Journal of Environmental Psychology*, 13, 267-274.
GROTH, J., y CORIJN, E. (2005). Reclaiming Urbanity: Indeterminate Spaces, Informal Actors and Urban Agenda Setting. *Urban Studies*, 42(3), 503-526.
HERNÁNDEZ, B., HIDALGO, M.C., SALAZAR-LAPLACE, M.E., y HESS, S. (2007). Place attachment and place identity in natives and no-natives. *Journal of Environmental Psychology*, 27, 310-319.
HIDALGO, M.C., y HERNÁNDEZ, B. (2001). Place attachment: Conceptual and empirical questions. *Journal of Environmental Psychology*, 21, 273-281.
INNERARITY, D. (2006). *El nuevo espacio público*. Madrid: Espasa.
KOTKIN, J. (2006). *La ciudad: una historia global*. Madrid: Debate.
LOFLAND, L. (2004). "The Real Estate Developer as Villain: Notes on a Stigmatized Occupation." *Studies in Symbolic Interaction*: A Research Annual.
LOFLAND, L. (2006). "Public Realm". En George Ritzer (ed.), *Encyclopedia of Sociology*. Oxford: Blackwell.
LOW, S. (2003). *Behind the Gates: Life, Security, and the Pursuit of Happiness in Fortress America*. New York: Routledge.
LOW, S. (2005). Transformaciones del espacio público en la ciudad latinoamericana: cambios espaciales y prácticas sociales. *Bifurcaciones*, 5, 1-14.
LOW, S. y ALTMAN, I. (1992). Place attachment: A conceptual inquiry. En I. Altman y S. Low (eds.) *Place Attachment*. New York: Plenum.
LYNCH, K. (1960). *The Image of the City*. Cambridge: MIT Press.
MUMFORD, L. (1968). *The Urban Prospect*. Harvest.
NEWMAN, O. (1972). *Defensible Space*. New York: Macmillan.
PHILLIPS, T., y SMITH, Ph. (2006). Rethinking urban incivility research: Strangers, bodies and circulations. *Urban Studies*, 43(5), 879-901.
POL, E. (1996). La apropiación del espacio. En E. Pol y L. Iñiguez (Eds) Cognición, *Representación, Actitudes y Apropiación del Espacio*. Monografias Psico/Socio/Ambientales nº 10. Publicaciones de la Universidad de Barcelona.
POL, E. (2002). El modelo dual de la apropiación del espacio. En R.García Mira, J.M. Sabucedo y J.Romay (Eds.), *Psicología y Medio Ambiente. Aspectos psicosociales, educativos y metodológicos* (pp.123-132). A Coruña: Asociación galega de estudios e investigación psicosocial.
PROSHANSKY, H.M., FABIAN y KAMINOFF (1983). Place-identity: physical world socialization of the self. *Journal of Environmental Psychology*, 3, 57-83.
ROCHÉ, S. (1993). *Le sentiment d'inségurité*. P Universitaires de France.
RUÍZ, C., HERNÁNDEZ, B., TAVERNERO, C., VALERA, S., VIDAL, T., y MARTÍN, A. (en prensa). Influencia de las condiciones ambientales y del tiempo de residencia sobre el apego y la identidad con el barrio.
SORKIN, M. (ed.)(2004). *Variaciones sobre un parquet emático. La nueva ciudad americana y el fin del espacio público*. Barcelona: Gustavo Gili.
STOKOE, E. y WALLWORK, J. (2003). Space invaders. The moral-spatial order in neighbour dispute discourse. *British Journal of Sociology*, 42, 551-569.
STOKOLS, D. (1981). Group x Place transactions: Some neglected issues in psychological research. En D. Magnusson (ed.) *Toward a Psychology of Situations: An Interactional Perspective*. Hillsdale: Lawrence Erlbaum.
STOKOLS, D. y SHUMAKER, S.A. (1981) People in Places: A Transactional View of Settings. En J.H. Harvey (Ed.) *Cognition, Social Behavior, and the Environment*. Hillsdale, New Jersey: Lawrence Erlbaum Associates.
UTE, G., y GREVE, W. (2003). The Psychology of Fear of Crime. Conceptual and Methodological Pespectives. *British Journal of Criminology*, 43, 600-614.
VALERA, S. (1993) *El simbolisme a la ciutat. Funcions del espai simbòlic urbà*. Departamento de Psicología Social, Universidad de Barcelona. Tesis doctoral. Disponible en castellano en: www.ub.es/escult/valera/cap1.htm

Valera, S. (1996). Análisis de los aspectos simbólicos del espacio urbano. Perspectivas desde la Psicología Ambiental. *Revista de Psicología.Universitas Tarraconensis*, 18, 63-84.

Valera, S. (1997). Estudio de la relación entre el espacio simbólico urbano y los procesos de identidad social. *Revista de Psicología Social, 12*, 17-30.

Valera, S. (1999). Espacio privado, espacio público: dialécticas urbanas y construcción de significados. *Tres al Cuarto*, 6, 22-24.

Valera, S. y Carro, D. (2005). Percepció d'inseguretat en el espai púbic. El cas del Poble Sec i el parc del Guinardó. Informe de investigación elaborado para la Direcció General de Serveis de Prevenció de l'Ajuntament de Barcelona.

Valera, S. y Pol, E. (1994). El concepto de identidad social urbana. Una aproximación entre la Psicología Social y la Psicología Ambiental. *Anuario de Psicología*, 62 (3), 5-24.

Valera, S., Guàrdia, J., y Pol, E. (1998). A study of the symbolic aspects of space using nonquantitative techniques of análisis. *Quality and Quantity*, 32, 367-381.

Valera, S., y Guàrdia, J. (2002). Urban identity and sustainability. *Environment and Behavior*, 34(1), 54-66.

Valera, S., y Vidal, T. (2001). Privacidad y territorialidad. En J.I. Aragonés y M. Amérigo (eds.). *Psicología Ambiental*. Madrid: Pirámide.

Vidal, T., Pol, E., Guàrdia, J. y Peró, M. (2004). Un modelo de apropiación del espacio mediante ecuaciones estructurales. *Medio Ambiente y Comportamiento Humano*, 5 (1 y 2), 27-52.

Vidal, T., y Pol, E. (2005). La apropiación del espacio: una propuesta teórica para comprender la vinculación entre las personas y los lugares. *Anuario de Psicología, 36*, 3, 281-297

La ciudad levantada

La barricada y otras transformaciones radicales del espacio urbano

The Revolted City
The Barricade and Other Radical
Transformations of Urban Space

MANUEL DELGADO
manueldelgado@ub.edu

1. Towards an Ecology of Urban Mutinies

The cities are often shown as settings for significant social events, old and new, produced by altered citizens making insolent demonstrations, where the streets are used by aggressive expressions of protests and disorder. All these events are often called "alterations of the public order", organized by short-term social groups, which participate without knowing each other, only tied by the common aim of fighting against dominant powers in the city. When historians describe these events, they consider the city as passive settings where all these acts take place. On the contrary, it is seldom admitted to have a different view, taking into consideration a positive role of the morphology of the city, by selecting meaning and behaviors, and making inadmissible others, pushing in this way concrete actions and roles to the citizens. This argument is enough justification for a new branch of the urban ecology in order to explain, not only the history of these acts of revolt, but the role of the physical environment that is the base for these events, the background that, in fact, partially produces them. It is necessary, then, to analyze the concrete city forms and settings, the correlations between the moves of the protesters and the forms where these events take place. Also should be analyzed the order of these

1. Por una ecología de los motines urbanos

Las ciudades aparecen a menudo mostradas como escenarios de y para acontecimientos sociales importantes, presentes o pasados, cuyo protagonismo corresponde a fusiones de viandantes alterados que hacen un uso insolente de la calle o la plaza, convirtiéndola en campo para la expresión vehemente de disidencias o protestas. Se habla de revueltas, insurrecciones populares, revoluciones y, en un grado menor, de disturbios, enfrentamientos y algaradas, lo que el lenguaje legal denomina "alteraciones del orden público", siempre a cargo de coaliciones provisionales y efímeras de individuos casi siempre hasta entonces desconcidos entre si, que se apropian del espacio urbano para sus reclamaciones, haciéndolo frente o contra las instituciones dominantes en la sociedad en que viven. Cuando los cronistas del pasado o del presente muestran una ciudad asumiendo tal papel lo hacen de manera que éstas se pueden antojar meros decorados pasivos sobre los cuales se desarrollan las dramaturgias de la historia o la actualidad. En cambio, pocas veces se ha tomado conciencia del papel activo que las morfologías urbanas juegan en el desarrollo de estos hechos, de cómo se constituyen en parte activa de los acontecimientos, en la medida que estimulan o inhiben unos determinados estilos colectivos de actuar —al tiempo que hacen improcedentes o inviables otros— y ponen a disposición de los

behaviors, and the space and time dimensions of the physical characteristics of the cities where these big or small occasional demonstrations are always exploding. We should, then, describe and analyze how these events use city places, how they ignore or find new meanings and uses, or show total insensitivity to their physical qualities. Then the city could be shown as a setting for conflictive behaviors, not as a place for calm, repetitive and easy to forecast, urban life, that is, an addition of behaviors far from any kind of confrontations. We know that urban landscapes can easily be converted into sites for revolt and disobedience.[1]

Following Spinoza and Negri, we could consider these cyclical turbulences opportunities to confront two urban processes: urbanism of power, and urbanism of potentiality.[2] Other analogue confrontations could be: urbanism of states and urbanism of social "boiling", urbanism of politics and urbanism of the political dimensions of the city, defining the forms as an urbanism able to fight against the political power... etc. When the city is revolted the confrontation between these two models of social life, is dramatically shown. One of these models is the bourgeois city, conceived as an ordered and peaceful city without conflicts that cannot be taken into account, and that is easy to adapt to the financial structures and processes of capitalism, by pushing an accelerated "modernization". On the other side of the river, the marginalized social groups, the old working class, or the new dangerous social entities, disobedient and difficult to control by the official institutions, produce authentic cultural forms and use intensively public urban space either in normal situations or in exceptional events. There is, then, a confrontation between two different forms of considering the city: two different ways of appropriation of it. Each one has a diverse image of what an inhabitant must be. One

actores una red de funciones y significados que acaban determinando total o parcialmente el curso y las maneras de lo que ocurre o va a ocurrir.

La percepción de tal carencia explicativa sería razón suficiente para el proyecto de una suerte de ecología de las revueltas urbanas, una subdisciplina de las ciencias sociales de la ciudad que atendiera no sólo a los hechos concretos en sí, sus causas y consecuencias, sino también y sobre todo al ambiente físico en que se producen y que en buena medida los produce, los entornos formales, los lugares precisos, el sentido de cada movimiento: el orden de puntos y diagramas que generan los movimientos de los protestarios, que traiga al primer plano la dimensión espacial y temporal de los espasmos y las contorsiones que conoce el espacio urbano cuando recibe esos empleos extraordinarios, aunque recurrentes en la historia de cualquier ciudad, que son los grandes o pequeños motines. Se trata de contemplar como éstos se adaptan y adaptan los nichos físicos en que se producen, la manera como lo hacen estableciendo la aptitud, la eficacia, la indiferencia, la capacidad de simbiosis o la idoneidad de un determinado ecosistema, en este caso la propia retícula urbana.

Se contribuiría así a poner de manifiesto como el espacio urbano es ante todo espacio para el conflicto, bien lejos de los supuestos que lo imaginan como una entidad estable y previsible, sometida a ritmos claros y a ocupaciones amables. Sabemos que, a la mínima oportunidad, todo paisaje urbano pueden convertirse en un terreno para al desacato y la desobediencia. La urbe conoce en estas ocasiones la naturaleza última de la vida social que alberga, tantas veces construida a base de injusticias acumuladas, de odios, de agravios, de descontentos, de todo ese magma de impaciencias y anhelos con el que amasan las ciudades su propia historia. La vida urbana, en efecto, vive regularmente, como cumpliendo una ley secreta, momentos de y para la irritación, se exacerba, registra una efervescencia

is centered into the abstract figure of a correct citizen with a correct behavior totally foreseeable, the other form is perceived from the power as a dangerous mass of people, as unpredictable crowds made of social groups able to convert the city into revolted settings inhabited, then, by people easily qualified as "rabble" or "mob".

This ecology of the revolted cities that I am looking for, should be developed following two different axes: the first focused into the movements of people, the displacements, the second centered around the use of settlements. The latter should analyze the way people use their own settlements as bastions, as defensive places, in order to impose new urban rules and transform the city. The strategic factor is here the concentration and the expression of feelings of self-defense and frustration. There exist, in these cases, social reasons for the confrontation, and real facts that justify the common aims and expression of a permanent process of social interaction in specific settlements. In spite of the poor conditions of these neighborhoods, in the slums, suburban or old city centers, they are able to contain and host these social processes. To concentrate is, then, analogous to concert.

We find, in this way, good conditions for revolt, thanks to common needs and aims concentrated in specific settlements. Day by day people can interact face to face, and communicate. They can "take the streets", moreover, "our" streets, that facilitate a permanent awareness for revolt and confrontation. The city is, then, a perfect setting for increasing social knowledge about those common urgent needs and injustices to overcome, because more and more the only way to express our feelings is, again, a common and energetic revolted action.

We can now consider the second axis of this ecology of the revolted cities, going

especial que se impone con claridad a los sueños de orden y organicidad de arquitectos y urbanistas y convierte la obra de estos en escenario e instrumento para la combustión social, aquella de la cual pueden derivarse y se derivan constantemente realidades espaciales no fiscalizables. Los acontecimientos revolucionarios o las protestas populares —al margen de cuál sea su causa; de lado de cualquier valoración moral o política— siempre implican un desacato de un proyecto espacial del proyectador que no puede ser otra cosa que pura representación. De pronto, por la causa que sea, fusiones sobrevenidas —de grandes muchedumbres que se mueven majestuosamente a piquetes reducidos que van ágilmente de un lado a otro— convierten la metrópolis en cualquier cosa menos la organización clara y legible con que sueñan los urbanistas, y hacen de ella, de pronto, una urdimbre súbita y arisca, sometida a códigos desconocidos. Se habla, pues, de territorializaciones insumisas, actuaciones colectivas que implican formas *otras* de manipulación de la forma de la ciudad, creaciones efímeras pero en extremo enérgicas que funcionan en la práctica como expresiones de un urbanismo, una ingeniería urbana y una arquitectura alternativos a los institucionalizados.[1]

Evocando a Spinoza y a Negri, hablaríamos entonces de cómo las turbulencias sociales que conoce el espacio exterior de toda ciudad de manera cíclica —de las revoluciones a los "incidentes"— son otras tantas oportunidades de ver enfrentarse a dos urbanismos: el urbanismo del poder y el urbanismo de la potencia.[2] Otras dicotomías análogas: urbanismo del Estado *versus* urbanismo de lo social en ebullición; urbanismo de la política *versus* urbanismo de lo político, entendido eso último como el relativo a la defensa y la impugnación del poder. En sus convulsiones sociales la ciudad dramatiza, pues, el contencioso interminable entre dos modelos de sociedad urbana. Uno es el que encarna la ciudad burguesa, habitada idealmente y en exclusiva por una clase media autosatisfecha que detesta el conflicto; es

from the ecology of revolted settlements to the ecology of displacements and built open surfaces. We should take into account the itineraries of the revolted crowds or social protesters groups, and analyze the specific links of these displacements with urban frames, symbolic places and institutional buildings. These trails are never neutral or irrelevant, on the contrary, they uncover significant and deep articulations between people and the city, they have a huge ritual dimension that arrives to strategies of surrounding the city center and block it from the periphery, or to end the revolted trail in specific places, always for symbolic and social reasons, never insignificant. The collective demonstration can finish in a public square or in front of a significant building, in both cases the end is selected as the better metaphorical event for concentration in relation to the motivation of the demonstration. There are massive displacements and concentrations against powerful institutions that are considered as the responsible of injustices. Once these crowds are configured at the meeting point of the demonstration they follow specific relevant urban paths, walking beside buildings, walls or city points considered as significant in relation to the power struggle they represent, or because some important events took place at these concrete city points.

The infamous place is there — building, embassy, square, etc. — it materializes the abstract meaning. The evil users are used. The demonstrators enjoy a sensation of victory that they soon will recognize as illusory. Pierre Sansot, points out that a popular demonstration in front of a place of power: "suddenly dramatizes a conquest of power, with a pathetic dimension".[3] Dorothy Noyes defines this behavior of a group of people in front of a public building: "façade performances, analogue to popular events with the same structure".[4]

más, que no lo concibe. Una ciudad que se amolda dócil a los requerimientos de la fase de desarrollo capitalista en que se encuentra en cada momento y se muestra dispuesta a incorporarse a las grandes dinámicas de modernización urbana. Del otro lado, al otro lado del río, los explotados y los excluidos; los proletarios de ayer y —aunque no se les reconozca tal categoría— de hoy; las viejas y las nuevas "clases peligrosas". Ahí está la ciudad de los descontentos, de los pobres, de los ingobernables y de los antagonistas de clase, de género, de etnia, de edad..., todos ellos capaces de generar formas genuinas de cultura —es decir de formas de hacer— basadas en un uso intensivo de la calle y la plaza, tanto en condiciones ordinarias —la vida cotidiana— como excepcionales —la fiesta o la revuelta—. Chocan dos maneras de ocupar el espacio urbano, dos formas de entenderlo, de interpretarlo, de apropiarse de él. Y, de acuerdo con esta incompatibilidad, dos acepciones del habitante y del usuario: la una centrada en la figura abstracta del "ciudadano", individuo presuntamente libre e igual poseído por "un amor cívico" que se traduce en una conducta adecuada, un espíritu de compromiso con la buena marcha de la ciudad, ávido por colaborar con las autoridades. De la otra, lo que desde las esferas de poder se percibe como una masa permanentemente inquieta e inquietante, compuesta por unas clases o sectores dispuestos en todo momento a convertir su espacio de vida en espacio de lucha y que, a la mínima, pasan a encarnar la temida vieja figura de la "chusma" o la "turba".

Esa ecología de los movimientos revolucionarios y las movilizaciones de protesta —movimientos y movilizaciones en un sentido literal, esto es el de cambios de posición en el espacio— debería asumir dos grandes ejes temáticos fundamentales: uno centrado en los emplazamientos, otro en los desplazamientos; uno en los enclaves, otro en las superficies y los recorridos. El primero atendería la manera como ciertos espacios en que viven sectores sociales en situación vindicativa

When looking at these representations of the evil aggressiveness can easily be developed. A few exalted individuals organize these aggressions, because they can punish and liberate the building from its blame. They behave as angels of destruction, they purify the city and have the duty of cleaning it. This, in some way, agrees with Henri Lefebvre's opinion about the revolt in May '68 in Paris, when he saw in it a sign of urban and social renewal: "Only the Molotov Cocktail and the bulldozers could change the physical space of the city".[5] This cleaning will, trying to eliminate physical and social realities, consider urban violence and social change as two sides of the same coin. Protesters want to eliminate buildings filled with political and religious meanings: churches, city halls, military buildings, castles, etc. Lately we know that banks and safe centers have been object of violence too.

These events have a theatric dimension, they ritualize urban spaces, they mask the city. These "casseurs" as they are called in France, work inside the demonstrations and convert the destruction in signs of the revolt, in the same way a typhoon marks its trail with broken roofs and broken windows.

2. Two Different Kinds of Urban Planning

The development of public spaces converts always into a theatrical dimension. The image of angry people walking together in the same direction, with altered voices against power institutions that react often too fast showing weakness. The setting, that is the urban center, place for speculation and political control are supposed to be a guaranty of security and social order. This same place is the site for protest and revolt, and an angry crowd takes stand of it, by asking impossible demands and pronouncing prohibited words of disobedience.

pueden devenir baluartes desde los que expresar una rabia compartida, pero también la convicción de que es posible lograr objetivos transformadores comunes. El factor estratégico es, en estos casos, el de la concentración, es decir, la aceleración-intensificación que en cualquier momento pueden conocer las relaciones cotidianas entre personas socialmente homogeneizadas por su condición subalterna, que, en cuanto emerge el conflicto, pueden hacer la misma cosa, en un mismo momento y lugar, en función de unas mismas metas. Se trata en estos casos de las consecuencias directas de un hecho empírico, pero determinante, como es la comparecencia física de los involucrados y la existencia de un nicho de interacción permanentemente activo o activable. Por depauperados que fueran o sean los espacios de coincidencia —los barrios populares en cascos antiguos, las grandes concentraciones de vivienda social en periferias urbanas—, estos propician un ambiente estructurante, en el sentido de capaz de desencadenar determinadas relaciones sociales, entre ellas las asociadas a la actuación colectiva en pos de fines compartidos y vividos como urgentes. Concentrar es entonces sinónimo de concertar.

Se vuelven a producir entonces los frutos del factor aglutinante en los procesos de contestación, factor que resulta de la existencia de contextos espaciales que favorecen la interacción inmediata y recurrente. La acción colectiva resulta entonces casi inherente a una vida cotidiana igualmente colectiva, en la que la gente, como suele decirse, *coincide* en el día a día, se ve las caras, tiene múltiples oportunidades de intercambiar impresiones y sentimientos, convierte el propio entorno inmediato en vehículo de transmisión de todo tipo de ideas, rumores y consignas. La contestación, incluso la revuelta, están entonces ya predispuestas e incluso presupuestas en un espacio que las favorece a partir de la facilidad con que en cualquier momento se puede "bajar a la calle", y además a la calle propia, la que se extiende inmediatamente una vez traspasada la puerta

Suddenly, just then, an old process of repression, blind and deaf, starts. These people should be annihilated, destroyed. They represent a disorder that should be eliminated. Police uses immediately all the known means: water jets, truncheons, and sometimes real fire guns. The police acts as a cleaning force able to open again streets and squares by taking away the "dirty" people, in order to reinstall the free circulation of cars and "normal" users. These "forces of order" - who knows why?- have a somber aspect with one unique color and they contrast with the multicolor aspect of the popular crowd of demonstrators, with signs, voices and sounds much more diverse and complex.

In front of the police, barricades are again today as in the past, the unique correct answer. They were known from the XV century. Baudelaire points out "the magic stones that block streets and conform fortresses". The barricades have a practical use, when they control the police displacements, and a symbolic power. Pierre Sansot[6] talks about urban underground showing outside. The barricade is then the perfect element of a revolted city. Pere López indicates that the barricade is the exact contraposition of the bourgeois monument.[7]

The techniques of these "barricades" have changed. In May 1522 Parisians used "barrels" to stop the army of Henri III. In 1871 the barricades were made by sophisticated architectural designs. In May 1968 — always in May — students used the stones of the pavement, and also burned cars blocking the streets. These techniques are not only useful for practice matters but they claim against our society of capitalism. Since Pierre Sansot[8] writes about "holocaust of cars", eventhough Citroën 2 CV and Renault 4L were never destroyed because they were qualified as "bikes" for the students.

del hogar. Todo ello en un espacio exterior en que el encuentro con los iguales es poco menos que inevitable y donde es no menos inevitable compartir preocupaciones, indignaciones y, tarde o temprano, la expresión de una misma convicción de que no es sólo posible conseguir determinados fines por la vía de la acción común, sino que puede llegar a ser necesario e inaplazable.

De esta lógica de los enclaves y las implantaciones, pasamos a atender la de las superficies y los recorridos. Nos interesan ahora las prácticas ambulatorias, los senderos que siguen los amotinados para discurrir por una determinada trama urbana y hacerla suya, paseos corales que unen entre sí puntos fuertes de la retícula ciudadana. Éstos pueden ser determinados lugares simbólicamente elocuentes de una determinada trama urbana o los barrios donde se reside con sus respectivos centros urbanos, a la manera de auténticas incursiones. No son casuales los itinerarios que se escogen, casi siempre auténticos senderos rituales, singladuras que nunca escogen al azar los marcos que se atraviesan. A veces, la actividad consiste en cercar la ciudad, sobre todo cuando los descontentos entienden el valor estratégico que tiene su ubicación en las periferias depauperadas que la rodean.

Por supuesto que tampoco son irrelevantes los lugares en los que se citan los extraños que van a fusionarse durante un periodo limitado —las concentraciones— o en los que desembocan las prácticas peripatéticas multitudinarias —variantes iracundas del desfile o la procesión—. Los objetivos escogidos nunca son arbitrarios. Los congregados que acuden a una cita masiva o que marchan juntos pueden elegir como desembocadura un punto considerado significativo de la forma urbana —una plaza, por ejemplo—, pero con frecuencia pueden hacerlo ante una instalación o edificio que consideran de alguna forma interpelable o incluso ofendible como consecuencia de las potencias que se supone que simbólica o realmente alberga. Se trata de caminatas colectivas que culminan

The barricades are extremely dynamic, as the police. The garbage cans are today an excellent tool for the construction of barricades. Molotov Cocktails are still used and some fireworks.

Pierre Sansot[9] points out that the materials used by the protesters are "liberated" from the city, it seems as if they "fly away", desert the city and obtain a new status of glorification and purification. Today, some objects cannot be used. Nobody will cut trees today to stop the police, as was done in May '68 in Paris, a fact that produces strong criticism.

Human history is full of events of repression of a city that denies domination. When the city denies to be dominated it is normally demolished, totally destroyed. Beirut, Grozni, Sarajevo, Bagdad, etc. are modern examples. Other cities have in the last years experienced urban revolts: Buenos Aires, Paris, La Paz, Caracas, etc.

Often these revolts have a short life and they imply now more symbolical changes than real changes. Michel de Certeau[10] states that the Paris revolts in May '68 assumed from the beginning a dimension of self-sacrifice in order to express a social constituent to find a new social awareness, and this is the case in a lot of demonstrations.

Another case of this symbolic and political dimension of the revolt is the "anti-globalization" movement in Genoa, Barcelona, Prague, Nice, Melbourne, etc. the confrontations with the police have often a ritual dimension, where both parts agree upon a limited destruction, eventhough sometimes casualties occur.

Everybody underline this specific aim of expression and demonstration of discontent, throughout a setting organized for this purpose. Then, even the crowd begin to dress in a ritual manner. Radical anti-global protesters have now a specific kind

en una especie de asalto o toma metafórica de la concreción espacial de instancias de poder que se consideran responsables de una determinada circunstancia injusta. Una vez licuada en forma de concentración en un punto de partida, la unidad social generada, y que se identifica como expresión de un sector social afectado por un contencioso u otro, inicia su desplazamiento y se va abriendo paso por determinados canales de la retícula urbana convenidos como pertinentes, deteniéndose en ciertos puntos fuertes del trayecto, para, por fin, hacerse presente, al pie de la letra, ante las puertas o los muros de la concreción física de los poderes considerados culpables o del sitio donde se están produciendo determinados acontecimientos en que el conglomerado humano cristalizado para la ocasión se considera involucrado a favor o en contra.

El lugar infame está ahí —edificio oficial, sede empresarial, embajada, local político...—, materializando la entidad abstracta que alberga. Sus moradores malvados se imaginan como replegados al interior; los reunidos disfrutan de la sensación de que han vivido una victoria, que pronto reconocerán como efímera. Como escribe Pierre Sansot, la manifestación popular ante un centro de poder "dramatiza una conquista de este poder, de una manera patética e inmediata".[3] Dorothy Noyes ha definido este tipo de actividades, basadas en hacerse presente un grupo humano ante un edificio, como "performances de fachada", actividades ya en la tradición festiva popular bajo modalidades como podían ser las cencerradas, las coplas y otras expresiones de censura popular ante casas.[4]

Plantados o pasando ante esa representación física del mal de la que el espacio urbano ha de ser liberado, es previsible que se produzcan agresiones, ya sean simbólicas o reales. Con frecuencia quienes las desatan son elementos exaltados que confían en las virtudes mágicas de la acción directa y se abandonan a una tarea purificadora basada en una lógica de "castigar y liberar". En

of uniform in order to be recognized as "anti-global" subjects.

The police, also, is using theatrical behaviors, they organize themselves as "choreographers", taking into account the TV and media relevance of these events today. At the end, these revolts take some kind of cinematographic dimensions, either from the films about the Roman Empire, or science fiction films, as was pointed out in relation to the revolts in Seattle in 1999. Pierre Sansot[11] writes about the "big black animals" talking about the police tricks in May '68 in Paris and Michel de Certeau[12] writes about the students fighting against "Martian" police with black helmets. The TV increases the symbolic power of these events today and pushes more and more people to be aware of the relevance of the representational dimension of the demonstration.

Henri Lefebvre taught us about the spatial dimension of all social practices. Practices and physical forms reinforce each other in an open defiance process. The revolted cities radicalize this general principle.

We can then contemplate the most genuine forms of social appropriation, the most radical and aggressive ways of participation, almost literally "heartbreaking". Human beings together for the first time, and perhaps, for the last time too. They appropriate spaces and urban forms with new codes and creative processes that perhaps never existed before and never will exist after. This alternative, and ? — urban planning totally different from the one that was forecasted for planners and power institutions, is an urbanism ? and mobile, changing near the real use of the urban spaces. We can detect new topographers, new displacements, new uses and unusual appropriations: It is an unforeseeable map.

We should take this map seriously because it recalls us of the real dimension of a city,

todos los casos, los agresores se consideran a sí mismos como una especie de ángeles exterminadores que ejecutan una misión de limpieza de la ciudad. Con ello, no dejan de darle la razón a Henri Lefebvre, que, ante el espectáculo de las calles de París en Mayo del 68, creía ver en la revuelta un instrumento espontáneo de renovación urbana, la expresión de una voluntad absoluta de modificar no sólo el espacio físico, sino también el espacio social: "Sólo el buldócer y el cóctel molotov podrían cambiar el espacio existente".[5] Esta voluntad de borrar del mapa, en un sentido literal, presencias consideradas intrusas o/y malignas hace que la llamada "violencia urbana" y la violencia urbanística puedan coincidir en una parecida voluntad higienizadora o esponjadora, por mucho que los objetos o paisajes a suprimir sean bien diferentes, tanto funcional como moralmente. Lo que los amotinados desearían ver desaparecer pueden ser volúmenes construidos de significación política, religiosa, económica, civil, etc.: palacios, castillos, cuarteles, templos, edificios gubernativos, sedes de partidos políticos o de empresas, representaciones diplomáticas. En una última etapa hemos visto como los objetivos de estas operaciones concebidas como de castigo y limpieza espacial afectan, además de sedes institucionales, cajeros automáticos, delegaciones bancarias, inmobiliarias, tiendas de moda, establecimientos de las grandes cadenas de comida rápida, oficinas de ocupación...

La lógica de los ataques contra estas presencias malignas también tiene su lógica escénica y responde a una misma preocupación por ritualizar el espacio, por marcar territorio. Los *casseurs* —como son presentados por la prensa en Francia— acompañan las manifestaciones, se infiltran en su núcleo y dese allí van marcando los puntos por los que van pasando, como si quisieran dejar un rastro que hiciera inequívoco el itinerario, como si fueran signos de puntuación traumáticos del recorrido, a la manera de las migajas de pan del cuento. A las pocas horas, las brigadas de limpieza ya han recogido los

different from a totally static form and use, ordered by fixed written laws and unchanged regulations and policies. The city will then be converted again into what has always been: a protoplasmatic infinite hotchpotch of heterogeneous energies, an endless process of fight and passion.

NOTES

1. Pere López Sánchez, "Urbanismo de la calle, en la calle", *in* Un verano con mil julios y otras estaciones. Barcelona: de la Reforma Interior a la Revolución de Julio de 1909, *Madrid: Siglo XXI, pp. 234-241.*
2. Toni Negri, La anomalía salvaje, *Barcelona: Anthropos, 1993.*
3. Pierre Sansot, Poétique de la ville, *Paris: Armand Colin, 1996, p. 115.*
4. Dorothy Noyes, "Els performances de façana a la Catalunya moderna: ostentació, respecte, revindicació, rebuig", in J. Capdevila y A. García Larios, eds., La festa a Catalunya, *Barcelona: Publicacions de l'Abadia de Montserrat, 1997, pp. 125-50.*
5. Henri Lefebvre, La production de l'espace social, *Paris: Anthropos, 1974, p. 68*
6. Sansot, p. 115.
7. López Sánchez, p. 216.
8. Sansot, p. 118.
9. Sansot, p. 102.
10. Michel de Certeau, La conquesta de la paraula, *Barcelona: Estela, 1979, pp. 11-12.*
11. Sansot, p 129.
12. De Certeau, p . 12.

contenedores quemados y los vidrios rotos, como respondiendo a la voluntad de borrar las huellas de algo parecido a un fenómeno meteorológico, una especie de huracán humano que ha arrastrado a su paso todo aquello que había sido señalado como indigno de estar, como inaceptable factor de contaminación que es preciso arrancar de raíz del paisaje urbano.

2. Los dos urbanismos

La emergencia de la propia naturaleza polémica del espacio público se concreta en un espectáculo que vemos repetirse una y otra vez. De entrada, la imagen de viandantes que marchan juntos, en la misma dirección, demasiado alterados, a veces incluso coléricos, diciendo unas mismas cosas que no se quisiera escuchar y en voz demasiado alta, increpando poderes en apariencia poderosos, pero que, con su reacción, pronto se revelan mucho más vulnerables de lo que se imagina. El escenario, una vez más el centro urbano, esa provincia que la especulación inmobiliaria, las políticas tematizadoras, la gentrificación y el consumo espectacularizado habían creído suyo y el territorio donde se erigen los palacios gubernamentales y los monumentos más emblemáticos de la ciudad; pero también es la comarca urbana por antonomasia, aquella en la que las cosas y las personas se juntan y se mezclan, donde es posible reconocer la presencia de la historia, tanto la oficial —resumida en los nombres de las calles y los monumentos— como la real. Ese marco conoce, de pronto, la irrupción de una multitud airada que traspasa los límites de la ciudad sagrada donde habitan las más altas potestades políticas, religiosas y económicas y se conserva el pasado y desobedece las órdenes relativas a qué debe y qué no debe pronunciarse, gritando las frases malditas, las reclamaciones imposibles.

Justo en ese momento, una vieja técnica, bien conocida, se vuelve a poner en marcha, ciega y sorda: la represión. Los inaceptables deben ser expulsados de la calle, disuel-

tos, devueltos a la nada de la que los imagina procedentes, puesto que representan potencias que son oficialmente mostradas como ajenas, física o moralmente extrañas al presunto orden que esa presencia no invitada viene a desmentir. La estampa se repite entonces por doquier en el mundo: botes de humo, pelotas de goma, chorros de agua a presión, golpes de porra; a veces disparos con fuego real. La policía irrumpe en escena como garante de la buena fluidez por los canales que irrigan la forma urbana. Ha de hacer lo que siempre ha hecho: desembozar la ciudad, disolver los grumos humanos, drenar los obstáculos físicos que dificultan la correcta circulación de los automóviles, acallar las voces cargadas de emoción, hiperexpresivas, vehementes, de aquellos que han sido declarados intrusos en un espacio —la calle— en que en principio nadie debería ser considerado como tal. Las enigmáticamente llamadas "fuerzas del orden" —¿de qué orden?— conforman una masa uniforme, inevitablemente siniestra —¿por qué los uniformes de la policía son siempre sombríos?—, una especie de mancha oscura en una escenario que hasta su llegada era multicolor y polifónico, y más todavía por el griterío de los manifestantes, por el colorido de los estandartes, las pancartas, las banderas y de la propia diversidad humana congregada.

Frente a eso, las barricadas vuelven a ser, una vez más, como tantas veces antes, el instrumento insurreccional por excelencia, la herramienta que permite obturar la calle para impedir otra motilidad, esta vez la de los funcionarios encargados de la represión, sea el ejército o la policía. Ese elemento —ya conocido desde el siglo XIV— aparece recurrentemente en las grandes revoluciones urbanas del siglo XIX y buena parte del XX al tiempo como instrumento y como símbolo de la lucha en las calles. Estas construcciones —a las que Baudelaire describe como "adoquines mágicos que se levantan para formar fortalezas"— han servido de parapetos, pero también de obstáculos, el emplazamiento de los cuales responde a una vieja técnica destinada a retener o desviar afluencias entendidas como amenazadoras,

configurándose a la manera de un sistema de presas que intercepta el desplazamiento de esas presencias intrusas detectadas moviéndose por el sistema de calles. A esa dimensión instrumental, a las barricadas, conviene reconocerles un fuerte componente expresivo. Pierre Sansot hacía notar como la barricada evocaba la imagen de una "subterraneidad urbana",[6] que emergía como consecuencia de un tipo desconocido de seísmo. La barricada ha asumido de este modo la concreción literal de la ciudad *levantada*. Sin duda, y como señala Pere López, la barricada es la expresión más genuina de una verdadera arquitectura insurreccional y su sentido último, más allá de su dimensión práctica, debería entenderse como el contrapunto del monumento burgués.[7]

La doble naturaleza instrumental y expresiva de la barricada continua vigente, pero la forma que adopta esta técnica de ingeniería urbana efímera ha cambiado. Las barricadas empezaron siendo murallas hechas con barricas —y de ahí el término *barricada*— y así fueron empleadas por los parisinos para defenderse de los mercenarios de Enrique III, en mayo de 1522. En el París de la Comuna de mayo de 1871 llegaron a devenir auténticos proyectos de obra pública y alcanzaron la categoría de arquitectura en un sentido literal. Los adoquines levantados de las calles configuraron un elemento fundamental en el paisaje insurreccional de las ciudades europeas hasta bien entrado el siglo XX. En el París de Mayo del 68 —siempre mayo— las calles fueron levantadas y se construyeron numerosas barricadas con su empedrado, pero la fórmula más empleada fue la de atravesar coches en las calzadas, volcarlos, con frecuencia incendiarlos. Estas actuaciones no se han visto como meros métodos para irrumpir el tráfico, sino que implicaban una denuncia de la sociedad de consumo que se quería hacer temblar. Esa es la tesis de nuevo de Pierre Sansot, que, hablando del mayo del 68 parisino, se refiere a un auténtico "holocausto de automóviles", del que, por cierto, se libraron ciertos modelos, como el Citroën 2 CV o el Renault 4L, que eran los vehículos habitualmente

preferidos por los propios manifestantes y que Sansot interpreta que estos homologaban con bicicletas.[8]

Las barricadas son, hoy, tan móviles como la policía. Responden a una concepción sobremanera dinámica del disturbio, como si las algaradas de finales del siglo xx y principios del xxi estuvieran caracterizadas por la agilidad de movimientos, por la impredicibilidad de los estallidos, por la voluntad de impregnar de lucha urbana la mayor cantidad posible de territorio. La barricada se forma, en la actualidad, sobre todo con contenedores de basura, con lo que vienen a renunciar a su estabilidad para devenir, ellas también, como todo hoy, móviles, usadas ya no sólo como protección, sino también como parapeto que puede ser empleado para avanzar contra la policía y obligarla a recular. También han cambiado los elementos que los manifestantes utilizan para defenderse y a veces plantarle cara a la policía. Continúan vigentes las piedras y también los cócteles molotov, los viejos protagonistas de tantas revueltas urbanas a lo largo del siglo xx, pero también son frecuentes los cohetes pirotécnicos, una forma de llevar hasta las últimas consecuencias la festivalización creciente de las marchas de protesta.

Acerca de los disturbios urbanos, Pierre Sansot notaba como el pavimento que se arranca, los adoquines, las piedras de las obras, los coches que se atravesaban en los bulevares parisinos, eran —desde el punto de vista del revoltoso— elementos "por fin liberados", como si los objetos urbanos que se lanzaban levantasen el vuelo y dejasen el suelo al que habían sido atados; como si una fuerza surgiese de la ganga que las aprisionaba a ras de tierra; como si pudieran conocer, gracias al insurrecto, una gloria que la vida cotidiana les usurpaba.[9] Hay objetos del todo descartados, por mucho que podrían cumplir a la perfección la función de yugular la calle. A ningún piquete de manifestantes se le ocurriría hoy cortar un árbol para hacer una barricada, cosa sí pasó en el París del 68, con una lluvia de críticas que hizo abandonar esta práctica.

La historia está repleta de episodios en que una ciudad ha sido castigada por haberse atrevido a resistirse a una dominación. Cuando una ciudad se niega a someterse, la única alternativa que les queda a los poderosos que la codician —sean sus propias instituciones de poder o ejércitos invasores— es vaciar sus calles a la fuerza —la intervención armada, la ocupación policial o militar, el toque de queda— y, si con ello no basta, sencillamente arrasarla. La lista de metrópolis martirizadas es amplia y, por centrarnos sólo en las últimas décadas, incluiría todas aquellas ciudades que se ha intentado vencer por la fuerza, muchas veces sin conseguirlo del todo: Beirut, Grozni, Sarajevo, Mogadisco, Bagdad. Otras ciudades han conocido en los últimos años grandes revueltas urbanas, que demuestran la vigencia de esa tendencia a llevar hasta las últimas consecuencias la reclamación del derecho de apropiación del espacio público urbano por parte de sus usuarios ordinarios: Buenos Aires, París —y otras muchas ciudades francesas y sus periferias—, Rangún, La Paz, Caracas, Los Ángeles...

En condiciones ordinarias, los "desórdenes públicos" tienen deliberadamente un alcance restringido y en buena medida más expresivo que dañino para cuerpos y cosas. Refiriéndose a las destrucciones provocadas por los manifestantes del Mayo del 68 en París, Michel de Certeau advertía como estas nunca fueron de verdad un cataclismo y asumieron desde el principio y en todo momento un fuerte contenido simbólico, al mismo tiempo que recordaba que ninguna instalación estratégica, ni ninguna sede política o empresarial importante fue importunada por los revoltosos. "Los daños —anota Certeau-, además de los ocasionados inevitablemente por el desorden, provocan más bien el efecto de sacrificios necesarios a la *expresión* de una reivindicación".[10] Es por ello que de Certeau nos habla aquí de auténticas *luchas rituales*, para enfatizar la relativa vocación destructiva de aquella revuelta, algo que podría ser ampliado a la mayoría de disturbios asociados a marchas civiles, ejercicios de fuerza tan protocolizados como las dramaturgias de

que forman parte y de la que no pocas veces no dejan de ser una especie de prótesis no pocas veces perfectamente prevista.

Esa fuerte carga simbólica no ha hecho más que agudizarse en las grandes movilizaciones urbanas de temática antiglobalizadora, que no han disimulado la fuerte influencia que sobre ellas ha ejercido el lenguaje de la performance y la fiesta. Lo hemos visto a lo largo de los primeros años del 2000 en Génova, Barcelona, Praga, Londres, Niza, Gotteborg, Merlburne... En todos esos casos —y sus versiones menores— los choques entre manifestantes y policías han asumido un carácter fuertemente ritualizado, en los que las cargas, los repliegues y los movimientos de defensa han adoptado un cierto aspecto de juego ceremonial, dominado siempre por la convicción de que la violencia usada será limitada y no tendrá consecuencias irreversibles, aunque no se descarte la posibilidad de algún accidente desgraciado o de algún exceso, como los que en realidad se han producido en ocasiones. Ni los manifestantes —ni siquiera los más hostiles— ni los policías dejan nunca de explicitar este énfasis en la dimensión fundamentalmente escénica de sus actos. Las actuaciones contra sitios considerados encarnación de lo maligno o difusores de corrupción e infamia están orientados por esa misma voluntad dramatúrgica. En esa línea, el tipo de vestuario que usan hoy los manifestantes más radicales quiere ser elocuente y la policía y los espectadores son capaces de reconocerlo aun fuera de las marchas de protesta en sí. Esta preocupación por distinguirse acaba generando no sólo un efecto estético, sino estetizante, cuyo destino último es en buena medida mediático. Hoy se puede apreciar una notable tendencia mundial a uniformizar a los propios protestatarios. Los pasamontañas, las sudaderas con capucha, el calzado deportivo..., han acabado perfilando un *look* característico del manifestante radical.

Por descontado que los policías, por su parte, no olvidan tampoco nunca esa dimensión teatral de su actuación.

Los despliegues de los agentes antidisturbios no son simples intervenciones destinadas a alcanzar un cierto objetivo —defender el orden público alterado, dicen—, sino auténticas coreografías en que cada movimiento funciona como un verdadero paso de baile. El producto final muchas veces no disimula sus resonancias cinematográficas. La imagen de los policías de muchas ciudades europeas o norteamericanas avanzando por las calles golpeando con las porras sus escudos, recuerda inevitablemente las batallas de las películas "de romanos". Con motivo de los hechos de Seattle, en 1999, la prensa ya llamó la atención acerca de cómo los uniformes y el equipo de los antidisturbios parecían extraídos de una película de ciencia-ficción. Pierre Sansot habla de las furgonetas que transportaban a los CRS franceses del Mayo del 68 como "grandes bestias fabulosas en la caída de la tarde, monstruos que se hundían en la noche parisiense".[11] Por su parte, Michel de Certeau decía que los "manifestantes de mayo luchaban contra marcianos negros y con casco"[12] La propia presencia de espectadores es una prueba de esta naturaleza controlada, ritualizada y espectacularizada del disturbio urbano. Su desencadenamiento, en efecto —y los reportajes televisados nos lo deberían advertir— no implica muchas veces que los viandantes tengan que huir y, si la intensidad de la lucha no alcanza un cierto nivel, buena parte de ellos permanecerá en el lugar como público de lo que es vivido como un evento urbano más. Ni que decir tiene que la condición de actualidades retransmitidas que tienen las manifestaciones en la calle no han hecho sino agudizar esa preocupación por la puesta en escena de los eventuales choques posteriores.

Como Henri Lefebvre nos enseñó, toda practica social practica el espacio, lo produce, lo organiza. La actividad de los usuarios del espacio urbano consiste en trabajar constantemente la temporalidad —sucesión, cadencia, ritmos, articulaciones, encadenamiento de movimientos— y la espacialidad —sincronía, simultaneidad—, siguiendo un acuerdo automático con todos aquellos con quienes

fundan ininterrumpidamente formas sociales que empiezan y acaban allí mismo, lo que genera el despliegue de constantes e ininterrumpidas series de situaciones secuenciadas que generan el contexto en que crean y en que se crean. Esa es la lógica que conduce a la radicalidad de las apropiaciones insolentes del espacio urbano.

Entonces podemos contemplar formas expeditivas de acción social, las más creativas y, por ello acaso, también a veces las más atroces, las más —en un sentido casi al pie de la letra— *desoladoras*. Seres humanos que nunca antes se habían visto y que posiblemente nunca más vuelvan a encontrarse pactan sobre la marcha —y nunca mejor dicho— un manejo expresivo compartido y unificado del espacio público, ocupándolo convertidos en un solo cuerpo y una sola alma. Lo hacen empleando una lógica que es territorial y territorializadora, puesto que se apropian o reapropian de un espacio releyendo sus accidentes en un registro propio y original, distinto por completo del previsto por sus planeadores y sus administradores. Ese urbanismo alternativo —efímero, generado y gestionado a ras de suelo y por sus propios usuarios— es un urbanismo movíl y moviente, puesto que imprime ritmos y formas distintas al sistema urbano, relavitizando la presunción de estabilidad y predicibilidad que el urbanismo oficial le presupone. Vemos prodigarse entonces un orden topográfico autoorganizado, un mapa insólito en que se trazan transcursos inauditos, salpicado de localizaciones imprevistas y de dislocaciones. Son esas territorializaciones insolentes las que nos advierten de hasta qué punto una ciudad no es sólo una forma ordenada o un sistema ordenable y menos lo que en muchos casos quisieran que fuera hoy: un producto en venta y una mera fuente de beneficios. Esos episodios regularmente repetidos de metrópolis levantadas nos recuerdan que toda ciudad es o acabará siendo lo que es: un amasijo infinito, un protoplasma inagotable de lucha y de pasión.

Notas

1. Pere López Sánchez, "Urbanismo de la calle, en la calle", en *Un verano con mil julios y otras estaciones. Barcelona: de la Reforma Interior a la Revolución de Julio de 1909*, Madrid: Siglo XXI, pp. 234-241.
2. Toni Negri, *La anomalía salvaje*, Barcelona: Anthropos, 1993.
3. Pierre Sansot, *Poétique de la ville*, París: Armand Colin, 1996, p. 115.
4. Dorothy Noyes, "Els performances de façana a la Catalunya moderna: ostentació, respecte, revindicació, rebuig", en J. Capdevila y A. García Larios, eds., *La festa a Catalunya*, Barcelona: Publicacions de l'Abadia de Montserrat, 1997, pp. 125-50.
5. Henri Lefebvre, *La production de l'espace social*, París: Anthropos, 1974, p. 68
6. Sansot, p. 115.
7. López Sánchez, p. 216.
8. Sansot, p. 118..
9. Santot, p. 102.
10. Michel de Certeau, *La conquesta de la paraula*, Barcelona: Estela, 1979, pp. 11-12.
11. Sansot, p 129.
12. De Certeau, p . 12.

Trabajos de investigación

Research Works

La ciudad concebida a través de indicadores de sostenibilidad
Matrices de cambio territorial

Manuel José Sierra Hernández
shaw2147@hotmail.com

Resumen

En los próximos años, una de las herramientas que más van a influir en el urbanismo son los indicadores de sostenibilidad. En tanto que las autoridades y los usuarios buscan paulatinamente criterios de eficacia y ahorro energético, contacto con la naturaleza y bienestar, se tenderá a confluir en un nuevo tipo de ciudad constituida acorde con estas premisas medioambientales, la cual podría ser denominada como "ciudad de los indicadores". Densidad edificatoria, intervención ciudadana, espacios para la convivencia, diversidad de actividades, la red de espacios verdes como estructurante de la nueva trama urbana..., éstas podrían ser algunas de las características de esa nueva urbe, que en principio puede considerarse como uno de los modelos más sostenibles, ecológicos y solidarios de la historia.

Ahora bien, otras cuestiones que descansan igualmente detrás de estos modelos son su altísimo grado de organización, así como el éxito que las acompaña. Debido a estas características, ejercen una presión sobre otros tejidos pretéritos *a priori* más sencillos, así como espacios naturales de los alrededores, hasta el punto de a veces llegar a degradarlos o a descomponerlos. Partiendo de esta perspectiva, se proponen una serie de indicadores, que podrían ser denominados de segunda generación, cuya función no es describir cómo habrá de ser la ciudad sostenible, sino delimitar la presión que estas operaciones ejercen en el entorno. Entre ellos, la denominada "matriz de cambio territorial", cuyo objetivo sería analizar las circunstancias devenidas de esta presión. Las nuevas intervenciones podrían influir sobre las existentes, podrían de algún modo contaminarlas, difundir su lógica organizativa y estructural por las mismas. El hecho de que un fragmento de ciudad se conciba mediante indicadores de sostenibilidad no es suficiente, habría que delimitar la influencia que ejerce en el entorno. Finalmente, lo que ofrece esta matriz sería un entendimiento de la evolución del territorio a partir de esas contaminaciones, una manera de comprender la ciudad a través de una suerte de urbanismo autoorganizado en el que los distintos tejidos no han de

considerarse exentos o independientes, sino susceptibles de evolucionar conforme cambian las condiciones en el entorno.

Palabras clave

Sostenibilidad, indicadores, complejidad urbana, influencia, urbanismo autoorganizado.

Introducción. La ciudad de los indicadores

Actualmente, una de las herramientas más utilizadas para la consecución de la sostenibilidad son los indicadores. En principio, los indicadores no necesariamente han de estar relacionados con la sostenibilidad, pueden servir para calificar cualquier cosa. Integrados en sistemas, suponen una guía que aconseja e informa sobre la bondad de un producto. Un indicador se conforma de acuerdo con un objetivo a través de un criterio normalmente cuantitativo que se estime como la condición necesaria para conseguir dicho objetivo. En la medida en que un emplazamiento, producto o situación cumpla con dicho criterio, por parte del indicador obtendrá una valoración: el producto es respetuoso con el objetivo propuesto, medianamente respetuoso, dañino, etc. Los indicadores de sostenibilidad, como la misma palabra dice, indican, respecto de un valor de referencia que constituye el criterio, el acercamiento o alejamiento a lo que supone un desarrollo sostenible. Por ello, hoy en día es precisamente el desarrollo de este tipo de indicadores, tanto por la definición de objetivos como por la delimitación de los valores cuantitativos de referencia, una de las labores más importantes en el campo de la investigación de la sostenibilidad. En esta lógica, el establecimiento de sistemas de indicadores de sostenibilidad en general alcanza a todos los estamentos productivos, desde los procesos industriales hasta los transportes.

En cuanto a arquitectura y urbanismo, en un principio el desarrollo de sistemas de indicadores se vio fundamentalmente dirigido a la edificación. Programas como el LEED o el BREEAM, surgidos a finales de los noventa, desarrollaron en un primer momento sistemas más preocupados por cuestiones de arquitectura bioclimática, y de eficiencia energética y ahorro de consumo de agua encaminados a la edificación, que por la inserción de la propuesta en una trama con unas determinadas características. Con el tiempo esta situación cambió, y el diseño urbano fue paulatinamente incluyéndose como parte relevante en las propuestas, hasta que en fechas relativamente recientes (la versión piloto de LEED-ND para urbanizaciones se publicó a finales del 2006) han aparecido finalmente sistemas de indicadores específicamente desarrollados para urbanismo. Este paso puede considerarse como una cuestión clave en la historia del diseño urbano. En la medida en que los gobiernos y la sociedad se conciencian acerca del respeto al medioambiente, un sistema de indicadores prácticamente puede entenderse como una cuestión normativa, un manual

cuyo cumplimiento a menudo viene acompañado de un prestigioso certificado e incluso de exenciones fiscales. Puede darse la situación en que los sistemas de indicadores ya no sirvan únicamente para calificar, sino como reglamento de composición. El criterio de un indicador inmediatamente se convierte en un criterio de diseño. La ciudad que surge de esta regla se podría denominar como "ciudad de los indicadores", y conforme la sostenibilidad va evolucionando hacia una cuestión que no sólo requiere eficiencia de recursos y energética, sino también social, patrimonial y cultural, la ciudad de los indicadores también lo hará conformando modelos que huyen de la edificación dispersa fomentando la densidad, que priorizan el espacio público peatonal y ciclista antes que el rodado, que articulan lo urbano en base a redes de transporte público primordialmente, y que intentan compatibilizar las distintas funciones dentro de un mismo ámbito; es decir, buscan la mixtura de usos. En definitiva, un nuevo tipo de urbanismo constituido a partir de indicadores de sostenibilidad.

Como se puede suponer, la ciudad planteada a partir de indicadores sin duda es un hecho positivo. Se trata de un modelo urbano más equilibrado, más consciente de los problemas medioambientales, que trata de integrar la multiculturalidad que la red de flujos produce en cada parcela del globo, y que promueve el bienestar personal, cívico y social. Sin embargo, este tipo de cualidades que se busca en lo urbano implica una serie de circunstancias particulares que a la larga pueden traer consecuencias. Por ejemplo, el altísimo grado de organización que requiere. Salvador Rueda (Rueda, 2005), uno de los pensadores más influyentes en el tema de la sostenibilidad urbana, promueve la ciudad mediterránea como modelo ideal de ciudad sostenible, caracterizada por una alta densidad edificatoria, alta compacidad, espacios públicos de calidad, así como una gran diversidad de actividades de todo tipo (comerciales, empresariales, investigación, innovación...), lo que él llama "complejidad urbana". La conjunción de estos cuatro aspectos supone la garantía del "éxito" de la propuesta, aquello que permite augurar una gran aceptación por parte de los usuarios, y la promoción de una vida urbana de calidad. Ni que decir tiene que estos cuatro aspectos, lo que conforman es la necesidad de un tejido construido altamente desarrollado y organizado. Y esto sin contar, por otra parte, que a estos aspectos hay que sumarle infraestructuras hidráulicas que promuevan el ahorro, el almacenamiento y la gestión del agua, infraestructuras de captación y almacenamiento de energía, infraestructura de gestión y reciclado de los residuos, de transportes, de servicios básicos y equipamientos, etc. En definitiva, como hemos dicho, la organización que requiere la ciudad de los indicadores es altísima, y por ello implica un alto coste. Pero igualmente, el éxito, como se ha explicado, queda garantizado. El alto coste se amortiza en que la ciudad saldrá adelante por sí sola. Todo lo que el individuo pueda desear (espacios verdes, de esparcimiento, deportivos, lúdicos, servicios, trabajo, sanidad, agua, energía...) se encuentra concentrado en un breve espacio físico. Todo lo necesario para subsistir ya se haya erigido.

Sin embargo, esto no quita que la especulación y el crecimiento continúen; al contrario, los incentiva. Un modelo de ciudad nominalmente tan eficaz puede provocar una expansión ilimitada de lo urbano, a veces sin que sea necesario que se constituya en ciudad; en otras palabras, la delimitación de una tipología de eficacia contrastada que tienda a ser utilizada indiscriminadamente. De igual modo, el nivel de organización que requiere puede promover desequilibrios en la estructura de la ciudad, tejidos que al no poder competir con sus avances tecnológicos y su grado de actividad, se vuelvan obsoletos, y por ello tienden a degradarse y a descomponerse y a crear nuevamente problemas de conflictividad social.

Para paliar esto, la solución pasaría por el desarrollo de otro tipo de indicadores que podrían ser considerados de segunda generación, cuyo fin no es calificar un producto con respecto a su adecuación a un objetivo, sino analizar la influencia que este producto pueda provocar en el entorno. Uno de estos indicadores es la "matriz de cambio territorial", planteada por el autor como proyecto final de máster en el programa "Ciudad y Arquitectura Sostenibles" de la Universidad de Sevilla.

A continuación, en los siguientes apartados, se expondrán diversos aspectos sobre la citada matriz: la hipótesis sobre la que descansa, el planteamiento metodológico que la configura, así como las posibilidades que la matriz de cambio territorial, y en general, estos indicadores de segunda generación pueden llegar a generar.

Hipótesis de la matriz de cambio territorial

La hipótesis en la que se basa la matriz de cambio territorial surgiría de aplicar sobre la ciudad la lógica que predomina en el mercado y en el consumo en la actualidad. Si un comercio vende un producto que de repente se pone de moda, las ganancias que obtiene hacen que los comercios de alrededor tiendan a vender también ese producto. Esta lógica, aplicada sobre la ciudad, se basaría en identificar aquellos factores que permiten a la población discernir si un lugar es más atractivo para vivir (o para entablar negocios, para producir y almacenar mercancías,...) que otro, para configurar sobre un plano desigualdades territoriales en cuanto a atracción. La hipótesis consistiría en lo siguiente: si un punto presenta una mayor atracción que otro, el segundo tenderá a imitar las pautas del primero para conseguir igualar el éxito que dicha propuesta mantiene. O en cambio, si no es capaz de igualarlas, tendería a desaparecer o a degradarse y su espacio sería entonces ocupado por una urbanización constituida bajo la fórmula organizativa de la primera. De algún modo, lo que se constituye es un proceso de selección natural basado en el éxito y en la atracción. Una primera conclusión a esta hipótesis es el concepto de que el crecimiento o evolución de la ciudad, del territorio urbano, se conforma por contaminación. Los distintos tejidos de la ciudad reproducen en sí mismos las cualidades de otro más exitoso, o desaparecen y son sustituidos. Una segunda conclusión sería que una propuesta urbana, en estas condiciones, si es más

exitosa y cuenta con un mayor grado de organización que lo existente alrededor, a pesar de los criterios de sostenibilidad y de la calidad medioambiental que pueda plantear, es posible que no respete el entorno, y por tanto que presente y ejerza una influencia modificadora. La matriz de cambio territorial, lo que permitiría, precisamente, sería un análisis de dicha influencia, de la probabilidad de que la inserción de una propuesta con una cierta calidad habitable pueda modificar lo que existe alrededor, para bien o para mal. Se configuraría así una suerte de entendimiento de lo urbano a través de dichas influencias y contaminaciones.

Ahora bien, antes de continuar, se debe dejar claro que la matriz de cambio territorial, aunque su hipótesis se base en esta lógica de la atracción, no se ha constituido para explicar procesos de especulación o para predecir qué parcelas son óptimas para el emplazamiento de un determinado servicio. La lógica del mercado se utiliza para exponer probabilidades sobre cómo la ciudad puede evolucionar, y aprovechar estas tendencias para encaminarlas hacia un resultado viable para la sostenibilidad. La matriz de cambio territorial no recoge la voluntad de un poder superior y autoritario que dicte cómo habrá de ser el barrio, sino más bien cómo éste evolucionaría a partir de las acciones de los usuarios, empresas y colectivos. En definitiva, la hipótesis de la matriz de cambio territorial afianza una postura por la cual la evolución de lo urbano se entiende de una manera autoorganizada.

Base metodológica de la matriz

El primer paso para definir la metodología de la matriz es introducir la escala en la que ésta se puede aplicar. La matriz de cambio territorial ha sido concebida para una escala donde los distintos tejidos pueden ser identificados con sus respectivas características morfológicas y tipologías arquitectónicas predominantes. Es decir, una escala de distrito, municipal, o de fragmento de un área metropolitana. Una vez definido este ámbito genérico de trabajo, la aplicación de la matriz presenta dos partes diferenciadas: una primera parte cuantitativa y una segunda cualitativa.

Cuando hablamos de una primera parte cuantitativa nos referimos a que se puede calcular, o se pueden establecer criterios de cálculo. Como hemos visto, la matriz parte de un punto de vista por el cual el éxito y la atracción podrían ser entendidos como las claves de la evolución urbana. Y este éxito y esta atracción se identifican en principio con una organización de los tejidos que incluya criterios de bienestar, calidad de vida, sostenibilidad social, energética, de los recursos y medioambiental. Por lo tanto, aquello que se habrá de calcular será la medida de la organización de un tejido urbano.

Ramón Margalef, el célebre ecólogo catalán, sostenía que los sistemas estaban constituidos por materia, energía e información (u organización). Así mismo, en relación con esta

reflexión, se le debe una metodología por la cual la teoría matemática de la información, desarrollada por Shannon en los años cuarenta, es utilizada para analizar la diversidad y medir la organización de los ecosistemas. El cómputo de las distintas especies presentes en el medio, entendidas como datos en un mensaje con una determinada probabilidad de aparecer, permite ofrecer una idea acerca de cuán compleja es la organización del ecosistema. Este concepto fue utilizado más tarde por Salvador Rueda y la Agencia de Ecología Urbana para desarrollar el indicador de complejidad urbana (Rueda, 2005). Si en vez de una especie, el dato se refiere a una persona jurídica o actividad económica, la teoría de la información puede señalar la diversidad de usos presente en un fragmento urbano y computar la medida de su organización. Por tanto, éste sería el primer paso para conformar la matriz.

Figura 1: *Fórmula de la entropía de la Teoría Matemática de la Información de Shannon.*

$$H = \sum_{i=1}^{n} P_i \cdot \log_2(1/P_i);$$

H: entropía o complejidad.
P: Probabilidad de que un suceso tenga lugar

No obstante, hay que hacer hincapié en que lo que constituye la base de este cálculo cuantitativo es la atracción. La fórmula de Shannon, tal como la entiende la Agencia de Ecología Urbana de Barcelona, atiende a la diversidad de actividades económicas. Pero la atracción podría diferir de este concepto. Por ejemplo, en una *slow city* concebida como un asado a fuego lento, sus habitantes, antes que una gran diversidad de actividades económicas, lo que buscarán será la presencia de espacios de esparcimiento y convivencia, actividades colectivas y culturales. Es decir, lo que habrá de medir la fórmula de Shannon diferirá dependiendo de la cultura predominante del lugar donde se aplique la matriz, de lo que la comunidad generalmente opine sobre lo que es atractivo. El siguiente paso, a continuación, consistiría, de acuerdo con estas características particulares, en establecer en un plano las desigualdades en cuanto a atracción que los distintos tejidos y barriadas de un municipio o del área de estudio puedan acoger. Las conclusiones consiguientes a este análisis podrían concretarse en los siguientes términos: cuanta mayor sea la diferencia entre dos puntos en cuanto a la medida de la atracción, así como menor sea la distancia entre los mismos, mayor será la tendencia del segundo en degradarse, y la probabilidad de que desaparezca y de ser influenciado por el primero. Por ejemplo, una barriada periférica marginal con escasez de servicios frente a un centro urbano altamente tecnificado. La influencia del centro urbano encarecería los suelos de la barriada modificándola y empujando su condición de marginalidad cada vez más lejos.

Figura 2: *Los elementos con menor organización son sustituidos y desplazados a las periferias.*

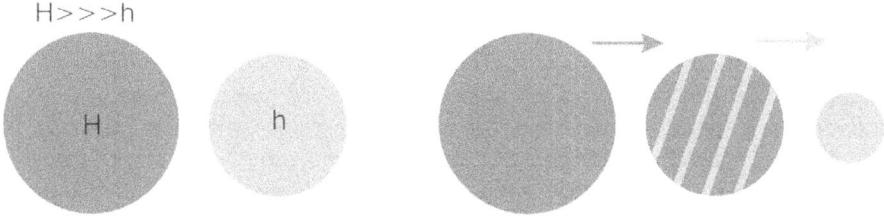

Una vez desarrollado el cálculo cuantitativo de la atracción, pasaríamos a la siguiente parte que definimos como cualitativa. O más bien cabría denominarla como la componente morfológica. Si en el anterior punto calculamos la presión que un tejido ejerce sobre otro, en éste se trata de prever cómo se producirían las contaminaciones. Para este cometido no se pueden delimitar fórmulas, más bien se tendría que dejar paso a la experiencia o a una cierta intuición acerca de cómo tendrían lugar estas contaminaciones. Como se ha señalado, cuanto más atractivo es un punto, más tiende a influenciar sobre el entorno, pero dicha influencia no consiste en la transferencia sin más de una lista seriada de las cualidades atractivas, sino en la imitación de la organización tipológica del influyente por parte del influido. Dicho de otro modo, no se puede considerar que un proyecto urbano se consolide únicamente como una acumulación de circunstancias atractivas, lo importante es el diseño arquitectónico y urbano que sostiene y garantiza todas esas circunstancias y permite que perduren en el tiempo. Es decir, la fórmula de Shannon puede medir la organización, pero no es la organización; o la morfología de la trama, o la tipología arquitectónica. Por ello, cuando un fragmento urbano es influido por otro, lo que se transfiere es la solución tipológica. Explicado con un ejemplo, si sobre un medio rural de arquitectura de subsistencia, se implanta una construcción moderna cuyo diseño cuenta con todos los servicios, la edificación existente tenderá a desaparecer o a transformarse para intentar levantar construcciones con un diseño semejante a la recién aparecida de tal modo que permitan la incorporación de dichos servicios. Siguen existiendo componentes de la arquitectura tradicional en las nuevas construcciones, pero en su mayor parte procederán del nuevo modelo. Resumiendo, desde un punto de vista cualitativo, dos son las conclusiones a las que se pueden llegar: se puede intuir que el resultado de la contaminación es la conformación de híbridos cuyo porcentaje de conservación de la arquitectura rural devendrá directamente proporcional a la diferencia cuantitativa respecto de la atracción; así mismo, también se puede intuir que si entre la tipología del tejido influyente existen coincidencias formales con respecto a las tipologías del tejido influido, éstas se conservarán.

Posibilidades de la matriz

De las conclusiones obtenidas en el apartado anterior se pueden sacar una serie de posibilidades por las cuales el uso de la matriz puede ayudar a la comprensión de la ciudad.

La primera y quizás más inmediata es que la matriz permite computar las desigualdades entre las distintas tramas y zonas de la ciudad. Los tejidos menos atractivos son los que más tenderán a degradarse y a ser sustituidos. De acuerdo con el paradigma de la sostenibilidad, la mejor actuación que se podría hacer es, antes que permitir que se degraden o sean sustituidos con el gasto de recursos y de materiales en el proceso, es recualificarlos. La matriz ya ha computado qué factores son los que diferencian la trama más exitosa de la segunda. Sin necesidad de hacer suposiciones, se puede actuar de un modo quirúrgico, de acuerdo con las características culturales particulares, implementando de una manera más exacta cuáles son aquellas necesidades que permitirían equilibrar la situación. Se podrían aprovechar los intersticios, los espacios vacíos, para incluir equipamientos, zonas verdes, y así aumentar la medida de la organización de aquello que es atractivo.

No obstante, esta primera opción, aunque viable, presenta fallos pues a menudo el problema que conlleva los desequilibrios no es tanto la cantidad de servicios como la tipología presente, los elementos de atracción que posibilitan esta tipología. En el ejemplo del tejido rural que comentamos en el apartado anterior, la vivienda moderna presentaba mucha mayor capacidad de innovación que la tipología tradicional, y esto se traducía en un híbrido que abandonaba cada vez más los elementos del arquetipo del edificio rural. Ante esto, si tenemos en cuenta que, como dijimos, los elementos que compartían ambas tipologías tendían a conservarse, se podría plantear una nueva posibilidad. Imaginemos que en ese mismo tejido rural, en vez de implantar una casa de un estilo digamos vanguardista erigimos un edificio que siga la estética tradicional, cuya estructura sea la que tradicionalmente se ha utilizado, con los materiales habituales y la disposición de estancias típica local, pero se le introducen ciertas variaciones como inclusión de elementos espaciales nuevos o innovaciones tecnológicas que posibiliten todas aquellas cualidades que a la edificación más moderna hacían más atractiva. De algún modo, se ha dado a entender que la vivienda tradicional también puede soportar todos esos factores de éxito. La contaminación se produce, se hace imitando la trama más exitosa, y lo que resulta es la conformación de nuevos híbridos que a fin de cuentas no son más que el resultado de una rehabilitación o reformulación de la tipología existente. Y no sólo tipologías edificatorias, esta estrategia también se puede utilizar en la red de espacios libres y verdes. La inclusión de un jardín con unas determinadas características, o el aprovechamiento de determinados espacios vacíos para actividades de carácter lúdico y cultural, puede revertir en la recualificación de la red de espacios libres. De este modo, la hibridación puede ayudar a revitalizar el tejido a priori menos atractivo sin por ello modificarlo de una manera trascendental. Ya no haría falta una

planificación que, desde arriba, introdujera nuevos elementos y servicios en el sector. La primera posibilidad nos permite calcular y delimitar las desigualdades existentes, y para equilibrar la situación desde luego es necesario incluirlas. Pero en vez de un urbanismo basado en instrumentos de planificación cuyo objetivo sea ordenar hasta el más mínimo detalle dónde cada servicio y elemento ha de estar dispuesto, lo que se propone es un nuevo modo de actuar basado en la introducción de pequeñas operaciones, las cuales, a través de la lógica de la atracción, de la contaminación y de la imitación, recualifiquen el barrio de una manera espontánea y autoorganizada, y promovida por los propios habitantes, colectivos y empresas del tejido urbano. En definitiva, un urbanismo basado en la promoción de oportunidades de hibridación.

Figura 3: *Conformación de híbridos a través de la incorporación de tecnologías y usos.*

Conclusión. Paisajes de la hibridación

Como hemos dicho, la matriz de cambio territorial, aunque se basa en la lógica de la atracción, no tiene que ver con procesos de especulación, o con un intento de predicción acerca de aquellos mercados y aquellos emplazamientos más viables o más rentables. Las matrices, sus productos, suponen hipótesis de hibridación. Es posible que la solución a un dilema urbanístico no se halle tanto en una fórmula ex novo como en apoyarse en lo existente anterior. Es posible que la solución a un dilema urbanístico se encuentre en una solución tipológica: más que en un determinado diseño de trama, en una concepción edificatoria que ofrezca unas pautas por las cuales activar sucesos a su alrededor. La metodología de la matriz de cambio territorial posibilita una comprensión de lo urbano diferente a cómo se viene constituyendo, no como un medio al que hay que transformar, sino como un sistema que evoluciona por sí solo. Y la manera de encauzarlo, de conseguir determinados objetivos como la sostenibilidad dentro de ese sistema, sería a través de la introducción de pequeñas operaciones como enzimas, que pueden ejercer pulsiones positivas sobre el entorno. El aprovechamiento de intersticios, de espacios intermedios, la rehabilitación y renovación de las tipologías edificatorias tradicionales, la propuesta de nuevos modos de habitar el espacio

urbano... La ciudad de los indicadores, la ciudad sostenible, como se ha dicho, cada vez requiere de la inclusión de un mayor número de parámetros para su consecución, una cada vez mayor complejidad. Es posible que llegue un momento en esa complejidad sea tal que los instrumentos tradicionales de planeamiento no sean capaces de tratar todos estos condicionantes. O que se vuelvan en sí mismos tan extensos y complejos que lleguen a no ser prácticos. Una posible solución a estas circunstancias sería la utilización de indicadores de segunda generación, como la matriz de cambio territorial, que en vez de definir cómo habrá de componerse un objeto, se impliquen en modelar cómo evolucionan los diferentes sistemas. De este modo, más que actuar desde arriba, la solución devendría de enzimas y activadores, de pequeñas operaciones que influyan en el entorno, hasta que se pueda entender la ciudad como un continuo paisaje de hibridación.

Bibliografía

GARCÍA VÁZQUEZ, Carlos (2004) *Ciudad Hojaldre. Visiones urbanas del siglo XXI*. Editorial Gustavo Gili, S.L., Barcelona.
RUEDA PALENZUELA, Salvador (2005) *Barcelona, ciudad mediterránea, compacta y compleja. Un modelo urbano en tránsito hacia la sostenibilidad*. Publicación fruto del convenio entre el Ayuntamiento de Barcelona y la Agencia de Ecología Urbana de Barcelona en el marco de la Agenda 21.
SIERRA HERNÁNDEZ, Manuel José (2007) *El paradigma de la información como base de modelos urbanos sostenibles. Matrices de cambio territorial urbanas*. Proyecto final del master oficial de la Universidad de Sevilla: "Ciudad y Arquitectura Sostenibles".
SHANNON, Claude Elwood (1948) *A Mathematical Theory of Communication*. Publicado en "The Bell System Technical Journal". Vol. 27, PP. 379.423, 623.656, Julio, Octubre, 1948.
U.S. Green Building Council (2007) *LEED for Neighborhood Development Rating System*. Versión piloto, www.usgbc.org

Desenvolvimento mental e sociedade: a cidade sou eu[1]

ROSANE AZEVEDO DE ARAUJO
rosanearaujo@openlink.com.br

*Mental Development and Society:
The city is me*[1]

Abstract

Nowadays there are as many new concepts for City as parameters for analyzing it. Given the permeability and the dissolution of boundaries due to the technological diffusion of the last decades, it can be said that every citizen is now cosmopolitan, and that Urbanism has become Orbanism. *This can be said because the world is potentially our city. The present paper develops the hypothesis that there is no longer a distance between "me" and the city. The semantic and the conceptual explosions of the* city *idea correspond to the decentralization and fragmentation of the notion of "I". This paper reports to many authors' conceptions of the city; displays some variations of the conception of "I" and applies the reasoning of pole, focus and fringe to point towards a conception of city that is embraced by the New Psychoanalysis. The city that each one is is co-extensive to one's own urban way of insertion in the world.*

Key Words: Urbanism — Orbanism *- City - Technology - Polarization - Person*

Considerations

The twenty-first century requires a qualitatively new mental posture. This change that goes beyond the excluding, delimitating, ideological, Cartesian and Euclidian

Resumo

Atualmente, existem tantos novos conceitos de Cidade quanto novos parâmetros para analisá-los. Dadas a permeabilidade e a diluição das fronteiras decorrentes da difusão tecnológica ocorrida nas últimas décadas, podemos afirmar que todo cidadão é agora um cosmopolita, e que o urbanismo se tornou o *Orbanismo*, pois, potencialmente, o mundo é nossa cidade. Neste trabalho é desenvolvida a hipótese de que não há distância que permita circunscrever separadamente Eu e Cidade. O processo de explosão semântica e conceitual da idéia de *cidade* é correlato ao de descentralização e fragmentação da noção de *eu*. Este trabalho aborda conceitos de cidade trazidos por vários autores; apresenta algumas variações do conceito de Eu; e aplica os raciocínios de pólo, foco e franja para concluir apontando um conceito de cidade abrangido pela Nova Psicanálise. A cidade que cada um é é co-extensiva a seu modo urbano de inserção no mundo.

Palavras Chave: Urbanismo – *Orbanismo* – Cidade – Tecnologia – Polarização - Pessoa

Considerações

O século XXI requer uma postura mental qualitativamente nova. A mudança que ultrapassa em muito os pensa-

ways of thought that have formatted us for a long time, is already there. The organization of production, consumption, reproduction, transmission, experience and power, in all spheres of human activity, is subverted by the codes forged by technology. To be a contemporary of ourselves requires great effort to overcome. This is a challenge for any person who disposed to think of our time.

The world underwent a transformation in the twentieth century that demonstrated not only the inefficiency of any desire for truth or foundation, but also and particularly the fluid, liquid, communicational, non-linear, artificial aspect of knowledge and of the world transformed by it. The effects in the field of urbanism are palpable. The theoretical and political posture ceases to be that of planning, *based on objectives that include demands (functions, densities, templates) and the previous means to attain them, and instead points towards* how to deal with *situations here and now for which there are no reliable parameters beyond permanent reformulation.*

In this sense, starting in the end of 1970s, the formulation of the idea of an "urban project", and the debates that arose, coincided with a Western cultural moment in which it became apparent the bonds of interdependence that tie natural events to human intervention, to psychological and cultural motivations, based on the knowledge from biology, ecology, cybernetics, anthropology and physics (VIVIANNE, 1998: 98). At the end of the 90s and beginning of the new century, the consequences of this new understanding began to make themselves felt.

It's symptomatic that authors such as François Ascher assimilate the complexity sciences and the cybernetic into urbanism, with the ideas of indetermination, unpredictability and feedback *(ASCHER, 2001). It's symptomatic that authors such as William Mitchell, Manuel Castells or*

mentos excludentes, delimitadores, ideológicos, cartesianos, euclidianos que nos formataram por longo tempo, já está aí. A organização da produção, consumo, reprodução, transmissão, experiência e poder, em todas as esferas em que as atividades humanas estão concernidas, está subvertida pelos códigos forjados pelas tecnologias. Ser contemporâneos de nós mesmo requer um enorme esforço de superação – este é um desafio para qualquer pessoa que se disponibilize a pensar nossa época.

O mundo passou por uma transformação no século xx que demonstrou não apenas a ineficácia de qualquer vontade de verdade ou fundamento, como também, e sobretudo, o aspecto 'fluido', 'líquido', comunicacional, não-linear, artificial do conhecimento e do mundo por ele transformado. Os efeitos no campo do urbanismo são palpáveis. A postura teórica e política deixa de ser o *planejar*, a partir de objetivos que incluem exigências (funções, densidade, gabarito) e meios prévios de atingilos, lançando-se ao *como lidar* com situações aqui e agora para as quais não há parâmetros confiáveis para além de sua reelaboração permanente.

Nesse sentido, a formulação da idéia de 'projeto urbano' a partir do final dos anos 1970, e os debates que suscitou, coincidem com um momento cultural do Ocidente em que se tomava consciência dos liames de interdependência que vinculavam os acontecimentos naturais, as intervenções humanas, as motivações psicológicas e culturais, com base nos aportes de conhecimentos oriundos da biologia, da ecologia, da cibernética, da antropologia, da física (VIVIANNE, 1998: 98). No final dos anos 90 e início do novo século, as conseqüências desse entendimento começam a se fazer sentir.

É sintomático que autores como François Ascher assimilem ao urbanismo as referências trazidas pelas ciências da complexidade e pela cibernética, com suas noções de indeterminação, imprevisibilidade, e com a idéia de

Saskia Sassen approach problems of the city from the standpoint of digital technologies, the space of fluxes, of electronic markets and the trans-territorial "centers" built through telemetries. Finally, it is symptomatic that these and others contemporary conceptions of the city are unanimous in testify the relativity of the notions of centrality (political, administrative, financial, territorial) and their geographic location; of organization (political, administrative, financial, territorial) and vertical functionality; of planning and its causal a priori *implementation. In its place they opt for an analysis that takes into account uncertainty, risk, and multiplicity in a globalized world.*

The posture becomes a reflexive one, in the sense of including constant revisions of social practices in light of the information of these very practices, within a constant examination of possible choices, reexamining them in function of what's being produced.[2]

In the essence of studies about the city, architecture, the environment, mental development, society and technology lies a questioning of what artificiality is as a construct and nature is as a given thing; of what society and culture are as human production and the physical world to which humans, without mistaking themselves with it, integrate and transform. Many contemporary authors have diagnosed that there isn't any distinction between a construct and a given, the spontaneous and the industrial, the natural and the cultural.[3] *It is of interest here to point out the articulation aspects that create any worldly artifact, be it framed as physical, biological, cultural or technological, so that we can affirm that everything that exists is a formation.*[4]

Fundamental concepts for our field are being redefined. Time is not only measurable from a historical, cumulative perspective. We live in an overlapping configura-

feedback (Ascher, 2001). É sintomático que autores como William Mitchell, Manuel Castells ou Saskia Sassen abordem o problema da cidade a partir das tecnologias digitais, do espaço dos fluxos, dos mercados eletrônicos e dos "centros" transterritoriais constituídos via telemática. É, por fim, sintomático que essas e outras concepções contemporâneas de cidade sejam unânimes em constatar a relatividade das noções de centralidade (política, administrativa, financeira, territorial) e sua impostação geográfica; de organização (política, administrativa, financeira, territorial) e sua funcionalidade vertical; de planejamento e sua implementação causal a priori. Em seu lugar, optam por análises que levam em conta a incerteza, o risco, e a multiplicidade em um mundo globalizado.

A postura torna-se reflexiva, no sentido de incluir a revisão constante das práticas sociais à luz das informações que concernem essas próprias práticas, num exame permanente das escolhas possíveis, reexaminado-as em função do que se começa a produzir.[2]

No cerne dos estudos que cruzam cidade, arquitetura, meio-ambiente, desenvolvimento mental, sociedade e tecnologia reside um questionamento do que seja artificialidade como construção e natureza como coisa dada; do que seja sociedade e cultura como produção humana e mundo físico ao qual, sem se confundir com ele, o homem se integra e transforma. Vários autores contemporâneos já diagnosticaram que não há, com efeito, distinção de natureza entre o dado e o construído, o espontâneo e o industrial, o natural e o cultural.[3] Interessa aqui destacar o aspecto articulatório que constitui qualquer artefato do mundo, seja ele recortado como um dado físico, biológico, cultural ou tecnológico. De modo que podemos afirmar que tudo o que há são formações.[4]

Conceitos fundamentais para o nosso campo estão sendo redefinidos. O tempo não é mais mensurável

tion of time. The same technological act that makes spatial relations of proximities and establishes new ties that are ever more intangible also subverts the regimentation of temporality, doing away with all uniformity and homogeneity that supposedly exist between the physical space and clock time. The degree of technological accessibility has diluted temporal succession, undoing the succession of "traversed time" and the chronometry of the "before" and "after". Therefore, after understanding the idea of "timeless time"[5] and of "local time",[6] we can think that time is "casuistic", where it can only be defined on a case-by-case basis, in accordance with a thorough examination of the degree of accessibility of the person in question. In addition to this, is the fact that the contraction of space and time depends on speed, which isn't accessible to all in an equal form. In this manner, time is not the same for everyone.

Space is also a concept that is produced in accordance with the symptoms of an era. Throughout human history, this concept has modified itself and modified our world view.[7] The concept of architecture and urbanism is closely linked to the concept of space. Space as material support for social practices, has acquired characteristics which allow it to continuously transform itself through the flexibility in which it is used, of the simultaneity of its uses and meanings, and of the juxtaposition of information. This malleability of transformation, this ephemeral and transitoriness ability, gives it a fluid, moving, indifferent character, to contemporary urban space. The same space holds different temporal overlays, whence distinct spaces make themselves present, the diverse temporalities of urban life can no longer be sharply discerned, because many activities can be carried on at the same time, all an overlapping reality: That is the contemporary city.

It is a fact that we live in an age of inhabitants electronic surroundings. Our actions

somente sob o ponto de vista histórico, cumu¬lativo. Vivemos uma configuração temporal imbricada. O mesmo ato tecnológico que relativiza proximidades espaciais e estabelece novos vínculos mais intangíveis também subverte o regime da temporalidade, fazendo desaparecer a uniformidade e a homogeneidade supostamente existentes entre o deslocamento físico e o tempo do relógio. O grau de acessibilidade tecnológica dilui a sucessão temporal, desfazendo a relação de proporção entre o espaço "percorrido" e a cronometria do "antes"e "depois". Desse modo, após o entendimento dos conceitos de "tempo intemporal"[5] e de "tempo local",[6] poderíamos pensar que o tempo é "casuístico", onde só poderia ser definido caso a caso, de acordo com um exame minucioso do grau de acessibilidade da pessoa em questão. Acrescente-se a este raciocínio que a contração do espaço e do tempo depende da velocidade, que não é acessível a todos da mesma forma, de modo que o tempo não é igual para todos.

O espaço também é um conceito que, como tal, é produzido de acordo com os sintomas de uma época. Ao longo da história do homem, este conceito se modifica e modifica a visão de mundo.[7] A concepção de arquitetura e urbanismo está estreitamente vinculada à concepção de espaço. O espaço como suporte material de práticas sociais, adquiriu a característica de poder se transformar continuamente através da flexibilidade de sua utilização, da simultaneidade de seus usos e significados, da justaposição de informações. Estas maleabilidade de transformação, efemeridade e transitoriedade conferem um caráter fluido, movente, indiferenciante para o espaço urbano contemporâneo. Um mesmo espaço abriga superposições temporais diferentes, no mesmo instante se presentificam espaços distintos, as diversas temporalidades da vida urbana não são mais separadas com nitidez, pois muitas atividades podem se desenvolver ao mesmo tempo, tudo numa mesma realidade imbricada: eis a cidade contemporânea.

in physical space are associated with our actions in cyberspace. Buildings are incorporating an artificial nervous system, sensors, screens and computer-controlled equipment. Various electronic systems have the increasingly important role of responding to users' needs. The geostationary satellites of communication and LEO (low earth orbit) systems cover great expanses of land and ocean, turning the surface of the globe into an intelligent place with total coverage. This proliferation of intelligent spaces produces a new type of urban fabric and will radically reform our cities (MITCHELL, 2001: 74).

My supposition is that for a broad understanding, capable of considering the different contributions of the new conceptions of the city and its "archi-tectonics", a radical shift is necessary toward concepts that approximate it to a topological base instead of an Euclidian geometry (idealizing the rigidness of forms and the oppositions of the system- inside/ outside, left/ right/ etc.). When we plan to construct a building or an avenue, we are under the Euclidian logic, so that the structure will remain standing and functioning. On the other hand, when we want to understand the network society or the digital city or the informational city, we need topological knowledge for structure to gain meaning.

Topology is adequate for the development of the present study because it obeys a logical rationale in which the unilateral substitutes the bilateral, to dissolve the Euclidian opposition, and therefore to include flexibility and change. This is a starting point for understanding the relativization of the uses and functions that are so evident in the contemporary city. This hence enables an understanding of the permeability between concepts previously considered antagonistic or different and that are currently being modified as a consequence of the use of technologies, the inclusion of speed as a determining factor for distance, of the

É fato que vivemos uma época de habitantes de entorno eletrônico. Nossas ações no espaço físico estão associadas as nossas ações no ciberespaço. As edificações estão incorpo¬rando sistemas nervosos artificiais, sensores, telas e equipamentos controlados por computador. Diversos sistemas eletrônicos têm um papel cada vez mais importante na resposta da necessidade de seus usuários. Os satélites de comunicação geoestacio¬nários e os sistemas globais dos satélites LEO (low earth orbit — sistema que cobre a Terra uniformemente) cobrem grandes extensões de terra e mar, transformando a superfície do planeta em um lugar inteligente de cobertura total. Essa proliferação de espaços inteligentes produz um novo tipo de tecido urbano e reformará radicalmente nossas cidades (MITCHELL, 2001: 74).

Nossa suposição é que, para um entendimento amplo, capaz de considerar as diferentes contribuições das novas conceituações de cidade e sua arqui-tectonia, é necessário um deslocamento radical para conceitos de base mais próximos de uma *topologia* do que de uma geometria euclidiana (com a idealidade e rigidez das formas e as oposições do sistema — dentro / fora, esquerdo / direito, etc.). Quando projetamos e construímos um edifício ou uma avenida, temos obrigatoriamente que estar subditos à lógica euclidiana, para que aquela estrutura permaneça de pé e em funcionamento. Por outro lado, quando queremos entender o funcionamento da sociedade em rede ou da cidade digital ou da cidade informacional, temos que estar subditos à lógica da topologia, para que aquela estrutura ganhe sentido.

A topologia é adequada para o desenvolvimento do presente estudo porque obedece a um raciocínio lógico no qual a unilateralidade vem substituir a bilateralidade, dissolver a oposição euclidiana e, portanto, incluir a flexibilidade e a mudança. Ora, isto é um início para o entendimento da relativização dos usos e funções tão evidentes na cidade contemporânea. Possibilita, assim, o entendimento da permeabilidade entre conceitos já

hyper mobility of goods, people and information, of the ubiquity resulted from long distance communication in real time or not. Amidst various other concepts, the following stand out: public and private space, inside and outside, near and far, global and local, workspace and living space, real and virtual, people and the city. There are therefore multi-functionalities, polymorphisms, and reversibility in urban forms. This is also a way to demonstrate that there isn't an "outside" in this reasoning, and that "I" and the "city" are parts of the same concept.

*Due to the polysemy of the city's concepts that is evidenced today by many authors, we join theoretical positions that take it upon themselves the challenge of rethinking urbanism in a coherent manner with risk and uncertainties, but equally emphasizing the potentialities that characterize our age. We share both the investigative state that configures the present time and the perplexity characteristic of a reflexive posture, which seems to sum up the general contemporary thought. My hypothesis is that the process of the semantic and conceptual explosion of the "*city*" idea is correlated to that of decentralization and fragmentation of the notion of "I". Starting from the understanding of this conceptual shift, contemporarily* any *citizen,* any *person can affirm that* the city is me.

The City

The city can't be reduced to its "geometric" and quantitative supports any longer, or to the cognitive abilities developed by the human species capacity for verbalization. The reach of realizations, conjectures, technological implementations, research programs, etc., has eliminated any possibility of indexing the notion of city to a notion of boundary (physical, mental, cultural, ethnic, linguistic, financial or technological). More than that, the shift in the notion of city accompanies and is accompanied by the shift of what might

considerados antagônicos ou diferentes e que atualmente estão relativizados em decorrência do uso do espaço, da utilização das tecnologias, da inclusão da velocidade como fator determinante da distância, da hipermobilidade de bens, pessoas e informações, da ubiqüidade gerada pela comunicação à distância em tempo real ou não. Entre diversos outros conceitos, podemos destacar: espaço público e privado, dentro e fora, perto e longe, global e local, moradia e trabalho, real e virtual, pessoa e cidade. Há, portanto, multifuncionalidade, polimorfismo, passagem e reversibilidade nas formas urbanas. É caminho, também, para demonstrar que não existe "fora" neste raciocínio e que "eu" e "cidade" são partes do mesmo conceito.

Dada a polissemia do conceito de cidade que é hoje evidenciada por vários autores, nos filiamos às posições teóricas que decidiram enfrentar o desafio de repensar o urbanismo de modo coerente com o risco, a incerteza, mas igualmente com as potencialidades que caracterizam nossa época. Compartilhamos tanto do estado inquiridor que configura a atualidade quanto da perplexidade característica de uma postura reflexiva, que nos parece resumir o estado geral do pensamento contemporâneo. Nossa hipótese é que o processo de explosão semântica e conceitual da idéia de "*cidade*" é correlato ao de descentralização e fragmentação da noção de "*eu*", de "*ser*" urbano e, a partir do entendimento desse deslizamento conceitual, contemporaneamente *qualquer* cidadão, *qualquer* pessoa pode afirmar A cidade sou Eu.

Cidade

A cidade não se reduz mais a seus suportes *geo*-métricos e quantitativos, e tampouco às competências cognitivas desenvolvidas sobre as capacidades de verbalização da espécie humana. O alcance das realizações, conjecturas, implementações tecnológicas, programas de pesquisa etc. eliminou qualquer possibilidade de indexar a noção de cidade a um critério qualquer de fronteira

constitute its universal support: the idea that a carbon-based[8] human reality exists destined to perpetuate the scheme and the geographic-urban-cultural-reproducer-familial-heterosexual- couple series.

In other words, if in the Neolithic period we witnessed the implementation of a concept of city based on adoption of a sedentary lifestyle, the geography, the soil, chronological time, the domestication of man, the recognition of consanguinity and, consequently, family ties, the heterosexual reproducer couple, nowadays we see the establishment of concepts of city in which this initial thinking is greatly reconfigured and modified, as well as other concepts don't even consider this initial idea. Therefore, the city is defined by different parameters, such as finance, information capacity and planetary connections, nodes and networks, demographic density, virtualization, sensorial experience, etc. On the other hand, contemporarily we can make a comparison with each of the base references related in the beginning of this paragraph, to a differentiated way of life: the extreme mobility of contemporary life returns man to certain extent to a nomadic lifestyle. Added to this are aspects such as the possibility to procreate without sexual intercourse, long distance communication, the comparative framework of chronological time and of geography due to the use of technologies, the family's new relational parameters with same sex partners, etc. The fact is that the city concept as it was historically understood no longer fits our reality.

I understand that the concept of city, as any other concept, is a product that is historically built. It's a conceptual tool subject to pressures for reformulation every time there is a great transformation, which in turn structures a new era. I also understand that a "new urbanism" ought to take complexity into consideration. Following this line, I would like to consider inflexions that, from geometry as an artificial construct to the computer as a

(física, mental, cultural, étnica, lingüística, financeira ou tecnológica). Mais do que isso, o deslocamento da noção de cidade acompanha e é acompanhado pelo deslocamento sobre aquilo que talvez constitua seu esteio fundamental: a idéia de que existiria uma realidade humana, de base carbono[8], destinada a perpetuar o esquema e a série casal-heterossexual-familiar-reprodutor-cultural-urbano-geográfico.

Em outras palavras, se no período neolítico vimos a implantação de um conceito de cidade tomando como referência o sedentarismo, a geografia, o solo, o tempo cronológico, a domesticação do homem, o reconhecimento da consangüinidade e, conseqüentemente, os laços de família, de casal heterossexual reprodutor, assistimos atualmente ao estabelecimento de conceitos de cidade nos quais esta base inicial está bastante desconfigurada e relativizada, bem como de outros conceitos que chegam mesmo a desconsiderar esses dados iniciais. Assim, a cidade passa a ser definida a partir de diferentes parâmetros, tais como finanças, capacidade informacional e de conexão planetária, nós e redes, densidade demográfica, virtualização, experiência sensorial, etc. Por outro lado, contemporaneamente, podemos contrapor a cada uma das referências de base relacionadas no início deste parágrafo, um modo de vida diferenciado: a mobilidade exacerbada da vida contemporânea devolve ao homem certo nomadismo, acrescente-se a isto a possibilidade de procriação sem a necessidade da relação sexual, a comunicação à distância, a relativização do tempo cronológico e da geografia devido ao uso de tecnologias, os novos parâmetros de relações familiares com parceiros do mesmo sexo, etc. O fato é que o conceito de cidade tal como foi historicamente entendido não expressa mais nossa realidade.

Entendemos que o conceito de cidade, como qualquer conceito, é um produto historicamente construído. É uma ferramenta conceitual que sofre pressões de reformulação a cada momento em que grandes transformações

material thought, allow realizing that the twenty-five centuries that qualify architecture as a knowledge and a technique of permanence are giving way to an architecture that is materially liquid (SOLÁ-MORALES, 2002: 126), compatible with the proposition of the city is me.

If I also consider as a point for understanding the inquiry, the full use of virtual space which is simultaneously public and private, local and global, a-topical and of another geometry, we can say that the city — as a place of exchange, communication, interaction, dwelling, work — is potentially anywhere. Spaces and their functions are disseminated everywhere. This subversion of the uses of spaces and these multiplications of possibilities for connection constitute a new reality. This is without engaging in the already banal concept of the virtual city *that has been a topic of magazines, books and designates the "Netropolis" — the largest metropolis in the world: a grid that links all the computers in the world, and also the cities based on the World Wide Web (WWW) that work as political tools for different urban goals: global urban marketing, incentives for business and tourism, communication between citizens and local government, commerce, etc.*

It's uncontestable that we can't appeal to concepts of city as it is historically understood. It's enough to see the huge quantity of neologisms used by contemporary authors — Ecstacity (COATES, 2003), nodal city (TAN, 2005: 172-187), cybercity (LÉVY, 1999), global city (SASSEN, 1998), city of bits (MITCHELL, 1995), informational city (CASTELLS, 1995), e-topia (MITCHELL, 2001), metapole (ASCHER, 1998), etc. — as an attempt to situate the city within reining modifications. Like wise, we can se the new terms used by contemporary authors — post-organic, post-human, post-biological, cyborgue, etc. — to situate it within the notions of mankind.

estruturam uma nova época. Entendemos também que um "novo urbanismo" deve levar em consideração a complexidade. Seguindo esta linhagem, queremos considerar as inflexões que, da geometria como construto artificial ao computador como pensamento material, permitem compreender que os vinte e cinco séculos que qualificaram a arquitetura como um saber e uma técnica da permanência estão cedendo passo a uma arquitetura materialmente líquida (SOLÁ-MORALES, 2002: 126), compatível com a proposição *A cidade sou eu*.

Se considerarmos, também, como dado para o entendimento da questão, a utilização plena do espaço virtual que é ao mesmo tempo público e privado, local e global, atópico e de outra geometria, podemos dizer que a cidade — como o local de troca, de comunicação, de interação, de moradia, de trabalho — está potencialmente em qualquer lugar. Os espaços e suas funcionalidades estão disseminados por toda parte. Esta subversão dos usos dos espaços e esta multiplicação das possibilidades de conexão constituem uma nova realidade. Isto, sem entrarmos no mérito do já banalizado conceito de *cidade virtual* que tem sido tema de revista, livro e que designa tanto a *Netrópolis* — a maior metrópole do mundo: a rede que une computadores de todo o globo, quanto as cidades com base na World Wide Web que funcionam como ferramenta política para diferentes objetivos urbanos: marketing urbano global, incentivo ao turismo e negócios, comunicação entre cidadãos e governo local, comércio, etc.

É incontestável que, para expressar nossa realidade, não podemos mais recorrer ao conceito de cidade tal como historicamente entendida. Basta ver a quantidade enorme de neologismos utilizados pelos autores contemporâneos — Ecstacity (COATES, 2003), cidade nodal (TAN, 2005: 172-187), cibercidade (LÉVY, 1999), cidade global (SASSEN, 1998), cidade dos Bits (MITCHELL, 1995), cidade informacional (CASTELLS, 1995), e-topia (MITCHELL, 2001), metápole (ASCHER, 1998), etc. —, como

From a topological perspective, places that have been constituted are confused with people. When thought of according to the quality of their web of interactions, places move as people do. A good example of this situation, given by Manuel Castells, is the mobile office as a mode of work that is being adopted. This model considers the worker as a nomad, who executes his work through contact with his office, via mobile phone, internet, fax, while away on a business trip, visiting a customer or on his daily comings and goings, thus establishing the concept of a "moving office" (CASTELLS, 2003: 192). It is "office" — the name given to a place, geographically locatable in physical space, but it also designates the actions carried out in it — which moves with the movement of the worker. This allows to think, that places can shift with the shifting of people.

Any human being, from any point on the planet, can be an active member of the global city. The urban setting is also defined by the fact that the individual is articulated in a web of electronic interrelationships.

The field of urbanism and the concept of city are, therefore, being questioned. The definition of city has been put in a broad comparative framework; various concepts are being formulated, all of them seeking not only to better define specificities caused by the inseparable interaction of space, technology, mental development and society, but also to incorporate as best as possible the new actors, the new types of social relations and the new uses and functions that have emerged in the city.

"I"

Every way of thinking translates a certain time. However, as Rossi pointed out, "the form a city takes is always the form of a time of the city, and there are many different times in the form of a city" (ROSSI, 1995:57). In the same era coexist many

tentativa de situar a cidade dentro das modificações vigentes. Do mesmo modo, basta ver, também, a quantidade de novos termos utilizados por autores contemporâneos — pós-orgânico, pós-humano, pós-biológico, ciborgue, etc. — para situar a noção de homem.

Sob a perspectiva topológica, os lugares constituídos se confundem com as pessoas. Quando pensados mediante sua qualidade de rede de interações, os lugares se deslocam com o deslocamento das pessoas. Um bom exemplo desta situação, dado por Manuel Castells, é o tele-trabalho móvel como modelo de trabalho que está se instalando. Esse modelo considera o trabalhador como nômade, que executa seu trabalho através de contato com o escritório, via telefone celular, internet, fax, enquanto está em viagem, em visita a clientes ou em seu percurso corriqueiro, estabelecendo, assim, o conceito do "escritório em movimento" (CASTELLS, 2003: 192). É o "escritório" — nome dado a um lugar, espaço físico localizável geograficamente, mas que designa também as funções que são aí realizadas - que se movimenta com o deslocamento do trabalhador. Isto abre a perspectiva de que podemos pensar que, contemporaneamente, os *lugares podem se deslocar com os deslocamentos das pessoas.*

Qualquer ser humano, de qualquer ponto do planeta, pode participar, como membro ativo, da cidade mundial. O urbano define-se também pelo fato de o indivíduo ser articulado a uma rede de inter-relacionamentos eletrônicos.

O campo do urbanismo e a conceituação de cidade estão, portanto, em questão. A definição de cidade foi amplamente relativizada, vários conceitos estão sendo elaborados, procurando, cada um deles, não apenas apreender melhor as especificidades ocasionadas pela interação indissociável entre espaço, tecnologia, desenvolvimento mental e sociedade, como também incorporar, de forma mais adequada, os novos atores, os novos

visions and understandings of the world, of man, of life. This is also particularly true in times of change such as our own, in which we watch the constant reformulation of our own understanding of what man might be (including every type of technique as his extension and the environment as a component of his organism) as well as the forms of being, existing living and thinking.

The modern notion of subject *understood as the foundation of action and of knowledge, and the superposition of this notion with the "I" took three centuries. This means that from the seventeenth through the nineteenth century there is the sedimentation of modern thought and all the corollaries resulting from this reasoning, as for example: the idea of the "I" as a center of reference, command base of acts and thinking; the idea of identity; the idea of knowledge as a relationship between* subject *and* object*; the separation of the* subject *and the* object*, etc.*

With Freud at the end of the nineteenth century, there was a complete revolution of all understandings of the "I" constructed thus far. It's no longer acceptable the belief that the "I" is something stable and substantial that remains identical to itself throughout the diversity of its experience. The "I" is, above all, the effect of the complexity of unconscious determination. For Freudian psychoanalysis it's no longer a matter of subjectivity, nor is it particular of each individual or a transcendental subjectivity, universal to man. The experience created by the unconscious *derogates reasoning that affirms any centering or fixed reference point. The belief in foundations is dethroned. This position of psychoanalysis doesn't result only in revising the idea of man as the center of the world; it questions the whole idea that the world has a center. Thus, not only the privilege of the "I", but rather a whole way of thinking based on foundations are put in check. Therefore, the notion of knowledge resulting from philosophy becomes compromised, for*

tipos de relações sociais e os novos usos e funções que surgiram na cidade.

"Eu"

Cada forma de pensar traduz certa época. Entretanto, assim como Rossi apontou que "a forma da cidade é sempre a forma de um tempo da cidade, e existem muitos tempos na forma da cidade" (ROSSI, 1995:57), numa mesma época coexistem várias visões e entendimentos de mundo, de homem, de vida. E isso é particularmente verdadeiro numa época de mudanças como a nossa, em que assistimos à constante reformulação do próprio entendimento do que seja homem (incluindo aí todo o tipo de técnica como sua extensão e o meio ambiente como componente do seu organismo), bem como a novas formas de ser, existir, viver e pensar.

A noção moderna de sujeito entendida como fundamento da ação e do conhecimento, e a sobreposição desta noção com a de "eu" durou três séculos. Isto significa que do século XVII ao século XIX (inclusive) temos a sedimentação do pensamento moderno e de todos os corolários advindos deste raciocínio, como por exemplo: a idéia de eu como centro de referência, sede de comando dos atos e pensamento de alguém; a idéia de identidade; a idéia de conhecimento como relação entre sujeito e objeto; a separação entre sujeito e objeto, etc.

Com Freud no final do século XIX, há uma completa revolução de todo o entendimento de Eu construído até ali. Recusa-se a crença de que o *eu seja* algo estável e substancial que permaneça idêntico a si mesmo ao longo da diversidade de suas experiências — o *eu* é, antes, o efeito da complexidade da determinação inconsciente. Para a psicanálise freudiana não se trata mais de subjetividade, nem particular, de cada indivíduo, nem a subjetividade transcendental, universal do homem. A experiência engendrada pelo *inconsciente* derroga raciocínios que afirmem qualquer centramento

there is no longer a knowledge that is understood as the domination of objects by a sovereign and autonomous being.

Nowadays various authors from different fields contribute to broadening the question. The biologists Humberto Maturana and Francisco Varela introduced the concept of autopoiesis, *which means to build a world, to make it emerge together and in reason of the reciprocal specification that establishes itself between an unit and its universe. Therefore, the actions of one person transforms the world that they inhabit; in return, the transformed world retroacts, equally transforming its actors, without the possibility of identifying linear causalities or previous hierarchies, in* circular *process. According to those authors, "every act of knowing makes a world appears", thus, "every action is a type of knowledge and every knowledge is an action"* (MATURANA and VARELA, 2001: 31-32). *In other words, my world experience produces a world that I know, and my knowledge of the world is a result of what I experience from it. It isn't possible to know where the dividing line is between what we experience as the world, with all its regularities and randomness, how we act in the world and are affected by it, and the knowledge that emerges therefrom. In this articulation, the concept of* circularity *considers the inseparableness of man and the world. It isn't possible to comprehend them in isolation; both make up the same dynamic; during this time in common we build a world that builds us in return; there no longer exists any separation between the* subject, *the* object *and* knowledge.

Starting from the contributions of Maturana and Varela, we can conclude that the concept of autopoiesis, originating in an epistemological reflection in the field of biology, has contributed to reconsideration what the "I" might be. Shifting it from the traditional substancialist or transcendental being, of the oppositions between representar-

ou ponto de referência fixo. A crença em fundamentos é destronada. A posição da psicanálise não acarreta apenas a revisão da idéia do homem como centro do mundo; ela contesta a própria idéia de que o mundo tenha um centro ou unidade. Assim, não só o privilégio do *eu*, mas certo modo de pensar por fundamentos, característico do pensamento ocidental, é colocado em xeque. Portanto a noção de conhecimento decorrente da Filosofia fica comprometida, pois não há mais conhecimento entendido como domínio de objetos por um sujeito soberano ou autônomo.

Contemporaneamente vários autores de diferentes campos contribuem para o alargamento da questão. Os biólogos Humberto Maturana e Francisco Varela introduzem o conceito de *autopoiesis*, que significa construir o mundo, fazê-lo emergir junto com e em razão da especificação recíproca que se estabelece entre uma unidade e seu universo. Assim, as ações de uma pessoa transformam o mundo que ela habita; de retorno, o mundo transformado retroage, transformando igualmente seus atores, sem que seja possível identificar causalidade linear ou hierarquias prévias nesse processo que acontece em *circularidade*. Segundo os autores "todo ato de conhecer faz surgir um mundo", ou seja, "todo fazer é um conhecer e todo conhecer é um fazer" (MATURANA E VARELA, 2001: 31-32). Em outras palavras, a minha experiência de mundo produz o mundo que eu conheço e meu conhecimento do mundo é resultante do que dele experimento. Não é possível saber onde passa o marco separador entre o que experimentamos como mundo, com todas as suas regularidades e aleatoriedades, como agimos no mundo e somos afetados por ele, e o conhecimento que daí emerge. Nesta articulação, o conceito de *circularidade* considera a inseparabilidade entre o ser humano e o mundo. Não há como compreendê-los isoladamente; ambos fazem parte de uma mesma dinâmica: construímos o mundo que nos constrói durante esse tempo em comum; não há aí nenhuma separação entre sujeito, objeto e conhecimento.

tation and the world, which are epistemic positions that organize our existence and our way of knowing as if everything were distributed previously in a definite and non-conciliatory "inside" and an "outside", "internal" and "external", in an irreversible, incommunicable and mutually excluding "yes" and a "no", into isolated parts without interaction and without connection with the whole, in obedience to a predictable linear logic. On the contrary, in the light of the autopoietic organization, "I" is purely a recursive operation.

In the area of study dealing with the functions of the brain, there is the neurologist António Damásio (1996), who points out Descartes error in separating the mind from the body, warns decisively that it isn't possible to explain the mind only in terms of cerebral phenomena. He affirms that the comprehension of the human mind requires an amplification where the organism with a brain and integrated body meet in full interaction with the physical and social environment. This rationale ratifies the inseparability between man and the world.

The goal is to understand that, just as the urban "being" has undergone profound changes — in a growing process of dematerialization since the medieval city, where the city wall has ceased to be not only the dividing line between the city and the outside space, but its conceptual safety has also changed, attributing to it its "own being" (LEPETIT, 2001: 252). And from the advent of the industrial city, in the nineteenth century, until the contemporary city with the dematerialization of boundaries, which by replacing the city walls has forged a definition of urban in an ever larger realm of communication and mobility of goods, information and people (ASCHER, 2001), in the same manner the "urban" being who, as an inhabitant, interacted with this progressively dematerializing urban space, also has experienced, in the same process and concomitant to it,

A partir da contribuição de Maturana e Varela, podemos concluir que o conceito de autopoiesis, originado de uma reflexão epistemológica no campo da biologia, contribui para reconsiderarmos o que possa ser "Eu", deslocando-o das tradições do sujeito substancialista ou transcendental, das oposições entre representação e mundo, que são posições epistêmicas que organizam nossa existência e nosso modo de conhecer como se tudo estivesse distribuído em um "dentro" e um "fora" prévios, um "interno" e um "externo" definitivos e irreconciliáveis, em um "sim" e um "não" irreversíveis, incomunicáveis e mutuamente excludentes, em partes isoladas e sem interação e sem conexão com o todo, em obediência a uma lógica linear e previsível. Ao contrário, à luz da organização autopoiética, "Eu" é pura operação recursiva.

Na área de estudos de funcionamento cerebral, temos o neurologista António Damásio (1996) que ao apontar o erro de Descartes em separar corpo e mente, faz uma advertência contundente de que não é possível explicar a mente somente em termos de fenômenos cerebrais, ele afirma que a compreensão da mente humana requer uma ampliação onde o organismo com cérebro e corpo integrados se encontram em plena interação com um meio ambiente físico e social. Este raciocínio ratifica a inseparabilidade entre pessoa e mundo.

Nosso objetivo é entender que, assim como o "ser" urbano passou por profundas modificações — em um processo crescente de desmaterialização desde a cidade medieval, onde a muralha deixou de ser não apenas o marco divisório entre cidade e o espaço que não lhe pertence, como também sua segurança conceitual, definindo-lhe o "próprio ser" (LEPETIT, 2001: 252), e do advento da cidade industrial, no século XIX, à cidade contemporânea com a desmaterialização das fronteiras que, substituindo a muralha, foram forjando a definição do urbano em uma perspectiva cada vez maior de comunicação e mobilidade de bens, informações e pessoas (ASCHER, 2001) —, do mesmo modo o ser

the vertigo of decentralization and multiple belonging, being forced to abandon the place of permanent indivisible being, a type of coordinator-in-chief of his actions.

Consequently, it is possible to ask: Does the fluid state of the urban space still give shelter to some "being" or "individual", an inhabitant of a planned city, previously established in a cartesian fashion, into sectors according to specific functions and not mutually reversible? We probably can't imagine ourselves as citizens occupying hermetic positions in our residences, in our leisure, at work, in seasonal tourism, people that depend exclusively on cabled communication, on the road guide or the printed newspaper. Nevertheless, this world in the recent past — when we placed ourselves as autonomous beings and central coordinators of our actions, in the same fashion accompanying world events, in politics, economics or the arts — gave meaning to millions of people on the planet. Regarded as individuals, *we carried the self image of being indivisible points, minimal units and irreducible entities supported by bodily configuration, whose individuality is apparently ensured, in an unquestionable way, by the spectacular images. Atoms of the social fabric, numerically distinct and valued one by one, in the heart of our existence we probably at one time felt untouched and protected from the advances of the public spheres, and at the same time ready to celebrate the social achievements such as the victory of the individual.*

From the ancient to the modern, we have built the idea of subjectivity starting from the idea of subsistence of self and a unifying consciousness of this, which affirms its identity in time, a support that is essentially immutable, imbued with such accidental and changeable characteristics — perception, tastes and affections. Guaranteed or not by a divine act, the fact is that for centuries we were guided by the notion of being as a substance able to exist by itself,

"urbano" que, como habitante, interagiu com esse espaço urbano progressivamente desmaterializado, também experimentou, no mesmo processo e concomitante a ele, a vertigem de descentralização e multipertencimento, sendo levado a deixar para trás o lugar de sujeito indiviso e permanente, espécie de coordenador-chefe de suas ações.

Posto isto, cabe perguntar: o estado fluido do espaço urbano ainda daria abrigo a algum "sujeito" ou "indivíduo", habitantes da cidade planejada, previamente normatizada e cartesianamente setorializada consoante funções específicas e não reversíveis entre si? Provavelmente já não conseguimos mais nos imaginar na pele do cidadão ocupando posições estanques na residência, no lazer, no trabalho, no turismo das estações do ano, alguém que depende exclusivamente da comunicação cabeada, do guia rodoviário ou do jornal impresso. Contudo, esse mundo, num passado próximo — quando nos colocávamos como sujeitos autônomos e coordenadores centrais de nossas ações, acompanhando, da mesma maneira, os acontecimentos do mundo, na política, na economia ou nas artes — forneceu significação a milhões de pessoas no planeta. Conceituados como *indivíduos*, carregávamos a auto-imagem de sermos um ponto indiviso, unidade mínima e irredutível sustentada na figuração corporal, cuja individualidade nos é aparentemente assegurada, de modo inquestionável, pela imagem especular. Átomos do tecido social, numericamente distintos e valorizados um a um, no âmago dessa existência provavelmente nos sentimos um dia intocados e protegidos dos avanços da esfera pública, e ao mesmo tempo prontos a celebrar as conquistas sociais como vitória do indivíduo.

Nada muito diferente se passa quando nos concebemos sujeitos, na boa e velha tradição ocidental. Dos antigos aos modernos, construímos a idéia de subjetividade a partir da idéia de subsistência de si e de uma consciência unificadora disso, que afirma sua identidade no

a support to attribute qualities, substratum, sub-jectum, *foundation, through which we built a self image of occupying a central position at the base, a type of central cockpit of our acts and thoughts.*

In this way, the notion that we usually refer to as the "I", being, individual or even subjectivity, is an inheritance of the Greco-Judeo-Christian matrix. Originally hipokeimenon *in Greek and* subjectum *in Latin, the being (subject) denotes something that is subjacent, in the inner self. In the other hand,* subject *is also a notion starting from grammar — of whom one speaks, that has attributes and predicates and that can perfectly be one thing. Thus we ended up uncritically absorbing this notion, which was imposed on us on a daily basis in diverse manners, without noticing that it doesn't represent the present state of mental development. From this comes the importance of various authors who have been trying to deal with the current transformations, and have abandoned the notion of* subject *in favor of an enlargement, decentralization and dissolution of the concept of "I", and are bringing thoughts that are ever the more uncentrered, within a comparative framework, relational, systemic and without distinction between* subject *and* object.

The "I" and New Psychoanalysis

Starting from the concept that city, urban, has become dissociated from the geographic and geometric parameters, and that there is a need to define the person in order to define the city that he is and vice versa, the clarification of the "Me" or "person" in question is necessary, to explain the constructive elements of my hypothesis.

This concept was formulated in an original way by the New Psychoanalysis theory,[9] *which furnishes a heuristic tool to build up the thesis of the city is me and that allows me to think of what the "I" means contemporarily. "Me" as being compatible with*

tempo, suporte essencialmente imutável provido de características tão somente acidentais e cambiáveis — percepções, gostos ou afetos. Garantida por ato divino ou não, o fato é que, durante séculos, fomos orientados pela noção de sujeito como substância apta a existir por si, suporte de atribuição de qualidades, substrato, *subjectum*, fundamento, mediante a qual construímos a auto-imagem de ocuparmos posição central de base, espécie de cabine de comando central de nossos atos e pensamentos.

Deste modo, a noção a que correntemente nos referimos como Eu, sujeito, indivíduo ou mesmo subjetividade é uma herança da matriz greco-judaico-cristã. Originalmente *hipokeimenon* em grego e *subjectum* em latim, o sujeito denotaria algo subjacente, que "estaria por trás". De outra forma, sujeito também é a noção desenvolvida a partir da gramática — aquele de quem se fala, que tem atributos e predicados e que pode perfeitamente ser uma coisa. Assim, acabamos por absorver acriticamente esta noção, que nos é imposta cotidianamente de maneiras diversas, sem nos darmos conta de que não expressa mais o estado de desenvolvimento mental atual. Decorre daí a importância de vários autores que há algum tempo tentam dar conta das transformações em curso, e que abandonaram a noção de sujeito em prol de um alargamento, descentramento e dissolução do conceito de eu, e estão trazendo raciocínios cada vez mais acentuados, relativizantes, relacionais, sistêmicos e sem distinção entre sujeito e objeto.

"Eu" e a Nova Psicanálise

Partindo de que o conceito de cidade, de urbano, dissociou-se dos lugares geométricos e geográficos, e de que é preciso definir a pessoa para definir a cidade que ela é e vice-versa, é necessário o esclarecimento do "Eu" ou "pessoa" em questão, para explicitar os elementos constitutivos de nossa hipótese.

the inhabitant of that informational urban space, video-optical and videophile, non-stop, globalized, controlled, digital, instantaneous, e-optic and dystopic. This theory has produced a concept of the "I" that is equivalent to that of person,*[10] and denotes a process without distinction between* subject *and* object, *without a separation between living organism and the physical and the social worlds, that works as a net that connects all to everything, with pole, focus and fringe and that has the peculiarity of mental workings capable of extrapolating the given situations and creating new ones. I can in a reduced way affirm that* person[11] *or "me" in this theory is the result of a net woven of:*

1) Primary formations: These correspond to the given or spontaneous formations, dealing with, "nature" that can be classified as organic/inorganic; living/non living; formations of the known or about-to-be known universe, on a macro or subatomic level; formations of the planet that we inhabit; in their mineral, vegetable or animal design; *in the order of living organisms (including man), their genetic constitution and associated devices of ecological connection. These also correspond to human corporeality and the whole formations involved in vital regulations.*

2) Secondary formations: These are all those formations fabricated thanks to the articulated mental competence, capable of moving and creating beyond the spontaneous or the "natural". They involve, in other words, the articulating capacity of the human species, which includes language, mankind's historic, artistic institutional and technologic accomplishments etc.

3) Originating formation: This is the structural basis of the species' mental functioning. It is directly related to the mental ability to potentially turn whatever presents itself inside out and

Este conceito foi formulado de modo original pela teoria *Nova Psicanálise*,[9] que nos fornece a ferramenta heurística para construir a tese *A cidade sou eu* e nos autorizar a pensar o que seja *Eu* contemporaneamente. *Eu* compatível com o habitante desse espaço urbano informacional, videótico e videófilo, *non stop*, globalizado, controlado, digital, instantâneo, e-tópico e distópico. Esta teoria produziu um conceito de *Eu* que é equivalente ao de *Pessoa*,[10] e denota um processo sem nenhuma distinção de sujeito nem objeto, sem separação entre organismo vivo e mundo físico e social, que funciona em rede que conecta tudo e todos, com pólo, foco e franja, e que tem a peculiaridade de um funcionamento mental capaz de extrapolar as situações dadas e criar o novo. De forma reduzida podemos afirmar que *Pessoa*[11] ou *Eu* nesta teoria é a resultante da rede composta de:

1) formações primárias - que corresponde às formações dadas ou espontâneas. Trata-se do que, como "natureza" podemos arrolar no orgânico/inorgânico; vivo/não vivo; formações do Universo conhecido ou por conhecer, em ordem macro ou subatômica; formações do planeta que habitamos, em seu *design* mineral, vegetal ou animal; na ordem dos organismos vivos (aí incluído o homem), sua constituição genética e dispositivos associados de conexão ecológica, a corporeidade humana e o conjunto de formações envolvidas nas regulações vitais;

2) formações secundárias - o que é fabricado graças à competência articulatória da mente, capaz de se movimentar e criar para além do dado espontâneo ou "natural". Trata-se, em outras palavras, da capacidade articulatória da espécie humana, que inclui sua performance lingüística, suas realizações históricas, artísticas, institucionais, tecnológicas etc.

3) formação originária - é a estrutura de base do funcionamento mental da espécie. Está diretamente relacionada a competência mental em poder potencialmente

create the new. This mechanism is known in New Psychoanalysis as "Revirão".

In this manner if I carry "corporeity", capable of vital regulations, I also carry the psychic movements of reverting the repetition of this adjustment, and invent a technological gadget that refrigerates the air around me according to my "taste". Between the primary *datum of the adjusting the temperature, for instance, and the* secondary *datum of the invention of the technology — Primary and Secondary in the senses expressed above — a third place is postulated, of neutralization, that makes invention and creation viable. This becomes evident in the history of humanity, in the face of permanent production of means and artifices to revert a particular given context: if we can't fly, we invent the airplane; if we are afraid of the dark, we invent fire and the electric light; if we become ill, we invent medicine to revert our physical condition. All of these supposed impediments are susceptible to reversibility. The harder it might seem for us to turn a given situation inside-out, it is only a question of time, of investment and knowledge yet to be acquired.*[12]

Starting from the consideration of the formations (primary, secondary, originating), there is an important distinction of the concept of "I" — Person: they are formations composed of data taken traditionally as natural, plus those that are cultural, which in turn are increased by a specific mental performance for carrying the logic of the "Revirão".

These formations operate by polarization with a focus and fringe, in turn exploding any closed configuration and creating a field of inclusion which always puts the person in process, *thus not being able (with the exception of crops and closures) to determine the extension of a person. Since as a pole it doesn't possess delineated boundaries, it becomes impossible*

avessar o que quer que se apresente e criar o novo. Este mecanismo é denominado pela Nova Psicanálise de *Revirão*.

Deste modo, se porto uma "corporeidade" capaz de regulagens vitais, porto também a movimentação psíquica de reverter a repetição dessa regulagem e, invento uma bugiganga tecnológica que refrigera o ar segundo o meu "gosto". Entre o dado *primário* da regulagem de temperatura, e o dado *secundário* da invenção tecnológica — Primário e Secundário no sentido em que colocamos acima — postula-se um terceiro lugar, de neutralização, que viabiliza a invenção e a criação, que chamamos de *originário*. Isso fica evidente na história da humanidade, diante da permanente produção de meios e artifícios para reverter um determinado contexto dado: se não sabemos voar, inventamos o avião; se estamos inconformados com o escuro, inventamos o fogo e a luz elétrica; se ficamos doentes, inventamos remédios para reverter a condição física. Todos esses supostos impedimentos são passíveis de reversibilidade. Por mais difícil que possa nos parecer, o avessamento de uma dada situação, é uma questão de tempo, de investimento, e de conhecimento a ser adquirido.[12]

Partindo da consideração das formações em jogo (primárias, secundárias, originária), temos aí uma grande distinção do conceito de Eu - Pessoa: são formações compostas dos dados tidos tradicionalmente como naturais, mais os culturais, que, por sua vez, são acrescidos de uma performance mental específica por portar a lógica do Revirão.

Estas formações operam por polarização com foco e franja, o que explode qualquer configuração fechada e cria um campo de abrangência que coloca a Pessoa sempre *em processo*, não sendo possível, por conseguinte, excetuando por recortes e fechamentos, determinar a extensão de uma Pessoa. Como o pólo não possui fronteiras delimitadas, torna-se impossível esquadrinhar

to scrutinize all of its configurations. Thus, what we notice with greater clarity are the focuses (MAGNO, 2007: 113-117), and everything we don't know — but that still plainly acts in this web of relations — is situated at the fringe. However, as the fringe is recognized, the focus expands, so that it becomes impossible to pinpoint where the "I" ends.

This concept of Person includes the corporeal configuration of a person, all other people that participate of his life, his specific relation with certain physical and geographic spaces, his field of interest, professional activities, affectionate relations, the technologies that are used, etc. In short, the whole list of the connections at any level for any person. These connections are what make up a person. Given the breadth of this concept, it is important to say that this process acts through polarization, with a focus and fringe. For example, although one resides in a particular city, geographically speaking, surely only parts of that physical space determine any meaning for each resident. These are the spaces from which people form relations of continuity and recognition: the paths that they go through daily life, the stores, restaurants and places of entertainment they frequent etc., which structure the fundamental restraints that are part of the web that constitutes a person. In this sense, a person is his own net weaved by himself.

"Me" as an equivalent of Person *is a complex formation composed of primary, secondary and originating formations, which con-sider[13] each other, to the extent that an alteration to one of them inevitably results in the modification of the sideration. Thus, a person is a dynamic web — characterized by intricate interactions among symptomatic interactions, on one side, and the possibility of the "Revirão", on the other — in such a way that it is only possible to visualize them as a resulting variable, to*

toda a sua configuração. Assim, o que percebemos com mais nitidez são os focos (MAGNO, 2007: 113-117), e tudo o que desconhecemos — mas que, ainda assim, atuam plenamente nesta rede de relações — é situado como franja. No entanto, à medida que a franja é reconhecida, o foco se amplia, de modo que se torna impossível precisar onde *Eu* termina.

Este conceito de pessoa abrange sua configuração corpórea, as pessoas que fazem parte da sua vida, suas relações específicas com determinados espaços físicos, geográficos, seus campos de interesse, suas atividades profissionais, pessoais e amorosas, as tecnologias que usa, etc. Enfim toda a enorme lista interminável das conexões existentes em qualquer nível para qualquer pessoa. Estas conexões é que compõem a Pessoa. Dada a abrangência deste conceito, é importante situar que este processo atua através de polarização com foco e franja. Por exemplo, apesar de residir em determinada cidade, geograficamente falando, seguramente somente partes, pedaços daquele espaço físico que compõe a tal cidade é que encerram alguma significação para cada residente. São os espaços a partir dos quais elas traçam relações de continuidade e reconhecimento: os caminhos que percorrem cotidianamente, as lojas, restaurantes e espaços de diversão que usualmente freqüentam etc. é que estruturam as amarras fundamentais que fazem parte da rede que constitui uma Pessoa. Nesse sentido, a Pessoa é a própria rede que ela tece.

Eu equivalente a *Pessoa* é uma formação complexa, composta de formações Primárias, Secundárias e Originária, que se com-sideram,[13] de modo que a alteração de uma delas modifica inevitavelmente a resultante da sideração. Assim, a Pessoa é uma rede dinâmica — caracterizada por intricadas interações entre formações sintomáticas, por um lado, e a possibilidade de Revirão, por outro — de modo que só é possível pensá-la como resultante variável, considerada a cada caso e a cada

be considered in every case and moment. The fringe of a person tends towards infinity in the direction of space and time (MAGNO, 2007: 187). Because of all this, each person is unique, and will always be here and now the result of all his resources, factors and characteristics.

Mental development and society: the city is me[14]

Technological movement is redesigning the concept of the City. Fluidity and permeability between the concepts and the erasure of boundaries between natural and artificial, body and technology require an inclusive way of thinking about contemporary urban reality. From this comes the application of the concept of person in the sense of giving the city a new intelligibility, to the extent that this concept indicates that the person is impregnated with everything that can interface with him, all that creates ties with him, therefore, his makeup. I can, within the undifferentiating perspective, affirm that the city is me (ARAUJO, 2005: 104-107).

Places that before were geometric and Euclidian turn into topological spaces, demanding for every time and every situs *appropriate analysis and consideration, for there isn't a distinction between the web making up what the person is and the space that is forged in step with the formations and transformations that constitute it. We can consider that to* **inhabit** *is to constitute at every moment, the web that constitutes the person, making space coincide with the symptomatic materiality that qualifies and quantifies it. In this manner, the convergence of city-technology-mind-society has made information indiscernible from its means of access, all that encompasses the social-environmental and its connective and communicative resources, without access of an "outside" that would make it possible to see habitat and inhabitant separately.*

momento. Acrescentemos também que a franja de uma Pessoa tende ao infinito na extensão do espaço e na direção do tempo (MAGNO, 2007: 187). Por tudo isso, cada Pessoa é única, e sempre será a resultante aqui e agora de todos os seus recursos, fatores e características da sua história.

Desenvolvimento mental e sociedade: A cidade sou eu[14]

A movimentação tecnológica está redesenhando o conceito de cidade. A fluidez e permeabilidade entre conceitos e o apagamento de fronteiras entre natural e artificial, corpo e tecnologia, requerem modos inclusivos de pensar a realidade urbana contemporânea. Donde, a aplicação do conceito de *Pessoa* no sentido de dar nova inteligibilidade à cidade, à medida que este conceito indica que *Pessoa* está impregnada de tudo que lhe possa fazer interface, tudo que nela se vincule e, portanto, a constitua. Podemos, dentro desta perspectiva indiferenciante, afirmar que a Cidade Sou Eu (ARAUJO, 2005: 104-107).

Os lugares, antes geométricos de competência euclidiana, tornaram-se lugares topológicos, exigindo, a cada vez e a cada *situs*, consideração e análise apropriadas, pois não há (mais) distinção entre a rede que a Pessoa é e o espaço forjado à medida das formações e transformações que o compõem sintomaticamente. Podemos considerar que *habitar* é constituir a cada momento, a rede que constitui a Pessoa, fazendo o espaço coincidir com a materialidade sintomática que o qualifica e quantifica. Deste modo, a convergência cidade-tecnologia-mente-sociedade tornou indiscerníveis a informação e seu meio de acesso, o entorno social-ambiental e seus recursos de conexão e comunicação, sem acesso a um "fora" que possibilitasse ver separados o *habitat* e o habitante.

Estamos articulando os conceitos de *cidade* e *eu* sob o ponto de vista da estrutura da nossa mente, segundo a

I am articulating the concept of city and "I" under the point of view of our mental structure, according to New Psychoanalysis, considering that they are compatible with the manner of our mental functioning and hegemonic configurations of the contemporary world. Consequently, to direct the problem from the "I" in this theory is to give rise to a concept of city that overflows, in its inclusive possibilities, all that surrounds the makeup of man, in the biological and cultural competence. The city of which we speak shelters all appearances of human formations, including and above all the technologies, which, secreted by this formation, seem to threaten its existence, but on the other hand can provide it with unheard of qualitative mental leaps. It shelters all information, from the quantum to the digital (and its promising connections), from the mechanical to the analog, with all the inhabited *potentialities it contains. It shelters all cultural compositions and recompositions which happen in the heart of the city. Lastly it is "I" as a* net or web of formations, *computable, conjecturable, even if unapproachable (here and now).*

From applying these concepts, there isn't a distance that allows us to circumscribe the city *and "me" separately. There is no city given, external to us, in which we insert ourselves. In a similar manner, we aren't outside a city that we consider as such. On the contrary, the pole that constitutes "me", with its focus and fringes, partially coincides with the city, and the criteria to be used in the evaluation of what a "city" may be becomes ever the more dependent on the person as an interaction, localization, access and functionality of the resources that one uses when inhabiting.*

The uselessness of separating the concept of person *and the* city *is a result of exactly the coextension of what one is, what one has, what one accesses and what one disposes of. Therefore, any city can be*

concepção da Nova Psicanálise, considerando que são compatíveis com nosso modo de funcionamento mental e com as configurações hegemônicas do mundo contemporâneo. Por conseguinte, vetorizar o problema desde o Eu desta teoria é dar emergência a um conceito de cidade que extravasa, em suas possibilidades inclusivas, os contornos do formato homem, de competência biológica e cultural. A cidade de que falamos acolhe todas as emergências da formação humana, inclusive as tecnológicas, que, secretadas por essa formação, parecem ameaçar-lhe a existência, mas que, por outro lado, podem prover-lhe saltos qualitativos mentais inauditos. Ela acolhe todas as informações, do quântico ao digital (e sua promissora conexão), do mecânico ao analógico, com todas as potencialidades do *habitar* que aí se encerram. Acolhe todas as composições e recomposições culturais que estão acontecendo no seio do território da cidade. Ela, enfim, é *Eu* como *rede de formações*, computáveis, conjecturáveis, mesmo que inabordáveis (aqui e agora).

Aplicando estes conceitos, não há distância que permita circunscrever separadamente Eu e Cidade. Não existe uma cidade *a priori*, externa a nós, na qual nos inserimos. De maneira semelhante, não estamos fora de uma cidade que consideramos enquanto tal. Ao contrário, o pólo que me constitui, com sua focalização e sua extensão franjal, coincide parcialmente com a cidade, e os critérios a serem utilizados na avaliação do que seja "cidade", ficam cada vez mais dependentes da pessoa enquanto interação, localização, acesso e funcionalidade dos recursos de que se serve ao habitar.

A inutilidade de separar o conceito de pessoa e o de cidade advém justamente da co-extensão entre o que se é, o que se tem, o que se acessa e do que se dispõe. Portanto, qualquer cidade poderá ser analisada a partir da Pessoa em questão, pois não há distância alguma entre a cidade "que habito" e a cidade "que sou". A cidade que cada um é, é co-extensiva a seu modo urbano de inserção no mundo.

analyzed through the person in question, for there isn't a distance between the city that "I inhabit" and the city that "I am". The city that everyone is coextends with the urban manner of this insertion in the world.

If life, sociability and urban culture became generalized, transmuting the various environments and social practices by means of increasingly intangible technologies, then we can say that the expanded "city" has met the "person" who was supposed to inhabit it, revealing, in truth, that to inhabit it is to be it.

Various authors demonstrate that the city has extrapolated physical space, that it has become comprehensive. City is the way of occupying the world, so we can speak of the informational city, global city, ecstacity, city of bits, etc. The urban way of inhabiting is our contemporary way (with or without a geographical city), and all we have are urban focuses that are more, or less, dense. Society's network constitutes us as urban beings without an alternative "outside", that would allow, by opposition, to situate ourselves in relation to the non-urban. There isn't a way of living "outside" the urban mode.

We can now start speaking of Orbanism[15] *(ARAUJO, 2001: 114), for our considerations enclose the world and the universe as formations for that city-person. Thus, the images of planet Mars as well as the most distant galaxies are* my *images and configure me as part of a web that is connected to the universe. Experiments with stem cells and their incredible plastic and undifferentiated capacity are my experiences: the plasticity and undifferentiation* are mine *as traits, the same way as the technological space that includes this information has been transformed because of it. All these connections constitute this web that constitutes me.*

Considering contemporary mental development and the comparative framework

Se a vida, a sociabilidade e a cultura urbanas se generalizaram, alterando, mediante tecnologias cada vez mais intangíveis, os diversos ambientes e práticas sociais, podemos dizer que a "cidade" expandida encontrou a "pessoa" que se supunha habitá-la, revelando que, na verdade, habitar é ser.

Diferentes autores são unânimes em mostrar que a cidade extrapolou o espaço físico, ela tornou-se abrangente. Cidade é o modo de ocupação do mundo, por isso podemos falar em cidade informacional, cidade global, ecstacity, cidade de bits, etc. O modo urbano de habitar é o modo contemporâneo (com ou sem cidade geográfica ao lado), e o que temos são focos urbanos mais ou menos densos. A própria sociedade em rede nos constitui como seres urbanos sem alternativa de acesso a um "fora" que nos permitisse, por oposição, que nos situássemos em relação ao não-urbano. Não existe um modo de vida "fora" do modo urbano.

Dada esta amplitude, podemos passar a falar em *Orbanismo*[15] (ARAUJO, 2001: 114), pois nossas considerações abrangem o mundo e o universo como formações dessa Pessoa-cidade. Assim, as imagens do planeta Marte ou da galáxia mais longínqua que as naves exploratórias acessam são *minhas* imagens e *me* configuram como rede conectada ao Universo. As experiências com células-tronco e sua incrível capacidade plástica e indiferenciante são minhas experiências: a plasticidade e a indiferenciação me são como qualidades, do mesmo modo que o espaço tecnológico que inclui essa informação se transformou por causa dela. Todas essas conexões constituem a rede na qual evoluo e que me constitui.

Considerando o desenvolvimento mental contemporâneo e a relativização decorrente de um *orbanismo em estado fluído*, entendemos que *não há mais distância entre quem habita o lugar, o lugar e as maneiras de habitá-lo*. Deste modo é possível afirmar *a Cidade sou eu*.

resulting from an Orbanism in a fluid state, *I believe that there* is no longer a distance between who inhabits the place, the place, *and* the ways of inhabiting is. *So, it is possible to affirm that* the city is me.

NOTES

1. "The city is me?" *is the title of doctorate Thesis of the author, defended on November 2007, at Federal University in Rio de Janeiro — Brazil.*
   "La ciudad soy Yo" es el titulo de una Tesis de doctorado de la autora, defendida en Noviembre de 2007, en la Universidad Federal de Rio de Janeiro, Brasil.
   "La ville, c'est moi" c'est le titre de une thèse de doctorar de l'auteur, soutenue en Novembre 2007, à l'Université Federale de Rio de Janeiro, Brésil.
2. *A small example of this situation is the news that appeared on September 28th:" New Zealand uses wiki for the creation of laws by citizens" or "The police-wiki allows you to write the law" — where the New Zealand Police, to create a new Policing Act that will substitute the existing one dating from 1958, it is using the wiki tool as one of its means to draft the new law, where citizens can edit parts of the suggested bill or create a totally new one. For the one in charge of creating the new law, the country's police superintendent, Hamish McCardle, this might seem to be an extreme form of democracy (the "wiki" tool resembles Wikipedia, where, in theory, people can via the Internet edit texts, which are recorded and are added or modified by anyone). See the original text at: http://futuro.vc/ 2007/09/28/nova- zelandia-usa-wiki- para-criacao-de-lei-pelos-cidadaos or http://www.stuff.co.nz/4215797 a10.html.*
3. *This interpretation has been explained by various authors: In the book* Reflexive Modernization, *Ulrich Beck, Anthony Giddens and Scott Lash claim it is*

Notas

1. "A cidade sou eu?" é o título da tese de doputorado defendida pela autora em novembro de 2007, no curso de pós graduação em urbanismo da Universidade Federal do Rio de Janeiro, Brasil.
   "The city is me?" is the title of doctorate Thesis of the author, defended on November 2007, at Federal University in Rio de Janeiro — Brazil.
   "La ciudad soy Yo" es el titulo de una Tesis de doctorado de la autora, defendida en Noviembre de 2007, en la Universidad Federal de Rio de Janeiro, Brasil.
   "La ville, c'est moi" c'est le titre de une thèse de doctorar de l'auteur, soutenue en Novembre 2007, à l'Université Federale de Rio de Janeiro, Brésil.
2. Um pequeno exemplo desta situação, é a notícia que lemos em 28 de setembro de 2007: "Nova Zelândia usa wiki para criação de lei pelo cidadão" ou "Wiki da polícia permite que você escreva a lei"— onde o departamento de polícia da Nova Zelândia, para criar uma nova lei de polícia que substituirá a lei existente que data de 1958, está utilizando como um de seus expedientes para elaborar a lei, a ferramenta wiki, onde os cidadãos podem editar partes do projeto de lei sugerido ou incluir um totalmente novo -. Para o encarregado de criar a nova lei, o superintendente de polícia do país, Hamish McCardle, isto talvez seja a extrema democracia. (Esta ferramenta "wiki" lembra a wikipedia, onde, em tese, as pessoas podem editar, via Internet, textos diversos, que ficam registrados e são acrescidos ou modificados por qualquer outra pessoa. Esta mídia é facilmente editada pelos usuários, com ferramentas de linkagem, inserção de conteúdo multimídia, sendo que a resultante é um texto completo sobre determinado assunto, que, antes de ficar *on line*, passa por uma fiscalização e aprovação dos resultados)
   Ver texto original em http://futuro.vc/2007/09/28/nova-zelandia-usa-wiki-para-criacao-de-lei-pelos-cidadaos ou http://www.stuff.co.nz/4215797a10.html
3. Este entendimento já foi explicitado por vários autores: Na obra *Modernização reflexiva*, Ulrich Beck, Anthony Giddens e Scott Lash, em uníssono, afirmam que o que é 'natural' está tão intricadamente confundido com o que é 'social', que os seres humanos não sabem mais o que é 'natureza' e que "nada mais pode ser afirmado como tal" (BECK, Ulrich, GIDDENS, Anthony e LASH, Scott . *Modernização reflexiva*. São Paulo: Editora UNESP, 1995, p. 8). Segundo Manuel Castells, estamos num estágio em que, após termos suplantado a natureza a ponto de nos obrigar a preservá-la artificialmente como uma forma cultural, a cultura passa a referir-se sobretudo à própria cultura (CASTELLS, Manuel. *A sociedade em rede*. In *A Era da Informação: Economia, Sociedade e Cultura* — vol. I. São Paulo: Paz e Terra, *1999a*., p. 505). A idéia de 'artifício espontâneo' e 'artifício industrial', proposta pelo teórico e psicanalista MD Magno, é outro testemunho do abandono da oposição entre o que é 'natural' e 'artificial', em prol de uma visão topológica e homogeneízante dos fatos do mundo como *artifício*. Sobre este tema, ver ARAUJO, Rosane. *O urbanismo em estado fluido* in *A Cidade pelo avesso*, 2006. Viana & Mosley. Org. Rachel G. M. da Silva
4. Formação é um conceito específico elaborado pela teoria psicanalítica Nova Psicanálise, e que significa tudo o que há. Qualquer configuração, qualquer coalescência, qualquer coisa ou espécie, pensamento ou ressonância que compareça é denominado *"formação"*. Exemplos de *formações*: o cosmos, uma planta, um

natural to be so intricately confused with what is "social", that human beings don't know what nature is anymore and that nothing more can be affirmed as such" (BECK, Ulrich, GIDDENS, Anthony and LASH, Scott . Modernização reflexiva. *São Paulo: Editora UNESP, 1995, p. 8). According to Manuel Castells, we have reached a stage at which we have supplanted nature in such a manner that we are forced to artificially preserve it as a form of culture, so that culture starts referring to culture itself. (CASTELLS, Manuel.* A sociedade em Rede. In A Era da Informação: Economia, Sociedade e Cultura — vol. I. São Paulo: Paz e Terra, 1999a., p. 505). *The idea of a 'spontaneous artifice' and 'industrial artifice', proposed by the theorist and psychoanalyst MD Magno, is another witness to the abandonment of the position between what is 'natural' and 'artificial', in favor of a homogenizing topological vision of the world as an artifice. For more on this topic see also: ARAUJO, Rosane.* O urbanismo em estado fluido *in* A Cidade pelo avesso, *2006. Viana & Mosley. Org. Rachel C. M. da Silva.*

4. *Formation is a specific concept elaborated by the New Psychoanalysis, that means all there is. Any configuration, any coalescence, any species or thing, thought or resonance that makes itself present is denominated* "formation". *Examples of formations are the cosmos, planets, thoughts, writings, languages, equations, bodies, techniques, etc. Formation thus stands for anything that exists, is describable or which can be polarized, that may exist, known or not. On this subject see also MAGNO, MD.* A Psicanálise, Novamente: um Pensamento para o Século II da Era Freudiana. *Rio de Janeiro: NovaMente Editora, 2004.*

5. *The use of technologies allows for an existence of a time that is timeless, without a relationship to chronology. The space of the fluxes dissolves time,* pensamento, a escrita, a linguagem, uma equação, um corpo, uma técnica, etc. *Formação* nomeia então toda e qualquer conjuntura ou composição destacável, descritível, ou polarizável que exista, tenhamos conhecimento ou não. Sobre este tema, ver MAGNO, MD. A *Psicanálise, Novamente: um Pensamento para o Século II da Era Freudiana.* Rio de Janeiro: NovaMente Editora, 2004.

5. O uso das tecnologias propicia a existência de um tempo intemporal sem referência cronológica. O espaço de fluxos dissolve o tempo, eliminando a seqüência dos eventos e tornando-os simultâneos. Cria assim, um tempo não diferenciado, que possibilita um presente eterno. Passado, presente e futuro e as modalidades escrita, oral e audiovisual da comunicação interagem numa mesma informação multimediada. O tempo é transformado pela simultaneidade e pela intemporalidade (cf. CASTELLS, 1999a: 457-492).

6. Segundo Castells, reportando-se a um ensaio de Barbara Adam sobre tempo e teoria social, existe uma tendência para adoção de um conceito contextual do tempo humano: o tempo é local (CASTELLS, 1999*a*: 458).

7. A definição de espaço sofre contínua modificação ao longo da história e, por muito tempo, com uma forte influência das nossas filosofias e religiões dualistas, que sempre insistiram em cindir a realidade em matéria e espírito. A imagem medieval de mundo pode ser entendida pela explicitação do espaço físico do corpo e o espaço imaterial da alma, onde "a arquitetura do primeiro era definida pelo plano geométrico dos planetas e das estrelas" e a do segundo era "definida pela geografia tríplice do Paraíso, Inferno e Purgatório". A partir do final do séc. XVII nossa visão fisicalista vai sedimentando a concepção materialista da realidade e "ao longo dos três últimos séculos, a realidade passou a ser vista, cada vez mais, como o mundo *físico* apenas". Deste modo, no final do século XVIII, o *monismo* estava instalado e pela "primeira vez na história, a humanidade havia produzido uma imagem do mundo puramente fisicalista, um quadro em que mente / espírito / alma não tinham lugar algum". No século passado temos a concepção *relativística* do espaço de Albert Einstein, onde espaço e tempo "se entreteceram num múltiplo quadridimensional, com o tempo se tornando, de fato, mais uma dimensão do espaço". Ainda na segunda metade do séc. XX, os físicos inventam a noção de *hiperespaço* de onze dimensões. Dentro desta conceituação de *hiperespaço*, em última análise não há nada senão espaço. O universo de onze dimensões porta quatro grandes dimensões, sendo três de espaço e uma de tempo e "sete microscópicas dimensões de espaço, todas enroscadas em alguma minúscula e complexa forma geométrica". Atualmente, estamos nos deparando com o espaço digital — *ciberespaço.* Quando interagimos no ciberespaço nossa localização não pode mais ser definida por coordenadas do espaço físico (Wertheim, 2001: 28, 113, 114, 29 e155).

8. O carbono está presente em todo organismo vivo. O corpo humano contém grande quantidade de compostos de carbono. Por conta disso, identifica-se a base carbono como constituinte do corpo humano.

9. Teoria criada pelo psicanalista brasileiro MD Magno na linhagem de Freud e Lacan, é uma reedificação da psicanálise com base nos mais importantes achados desses dois mestres, e tem se mostrado compatível com a situação atual do mundo e com teorias científicas contemporâneas.

10. Sabemos que diversos conceitos diferentes podem ser expressos pelo mesmo nome. Assim esclarecemos que, apesar do termo

eliminating the sequences of events and making them simultaneous. Thus, an undifferentiated time is created, which makes an "eternal present" possible. Past, present and future and all kinds of written, oral and audiovisual communication interact in the same multimedial manner. Time is transformed by simultaneity and by timelessness. (cf. CASTELLS, 1999a: 457- 492).

6. *According to Castells, discussing an essay by Barbara Adam about time and social theory, there is a tendency to adopt a contextual concept for human time: time is local (CASTELLS, 1999a: 458).*

7. *The definition of space has undergone continuous modification throughout history, and for a long time under the strong influence of our dualist philosophies and religions, which always insisted on splitting reality into a spiritual and material basis. The medieval image of the world can be understood as the turning of physical space and immaterial space explicit, in which "the architecture of the first was defined by the geometric plane of the planets and stars" and of the second "by the threefold geography of, Heaven, Hell and Purgatory". Starting towards the end of the seventeenth century our inspectionist vision started solidifying the materialist conception of reality and "through the last three centuries, reality came to be viewed, ever the more, as only the physical world." In this manner, by the end of the eighteenth century, monism was established and "for the first time in history, humanity had produced a purely inspectionist image of the world, a framework in which the mind/ spirit/ soul didn't have a place." In the last century the* relativistic *concept of space given by Albert Einstein, where space and time "interweave in a four-dimensional multiple, turns time itself, into another dimension of space." Still in the second half of the twentieth century, physicists invented the notion of hyper-*

"pessoa" ser carregado de uma série de significações pregressas (por exemplo, vide a história do Personalismo), aqui ele ganha uma conceituação original, única, e compatível com uma definição da mentalidade contemporânea.

11. Este Conceito foi amplamente desenvolvido na obra do autor. Para um estudo detalhado sobre a questão, vide: MAGNO, MD. *A Psicanálise, Novamente: um Pensamento para o Século II da Era Freudiana*. Rio de Janeiro: NovaMente Editora, 2004. MAGNO, MD. *Psicanálise: Arreligião*. Rio de Janeiro: NovaMente Editora, 2005. MAGNO, MD *Clavis Universalis: da cura em psicanálise ou revisão da clínica*. Rio de Janeiro: NovaMente Editora, 2007. MAGNO, MD. [2004a] *Economia Fundamental. Metamorfoses da Pulsão*. (no prelo). MAGNO, MD. [2007a] *A Rebelião dos Anjos: eleutería e exousía*. (no prelo).

12. Imaginemos o que representava para a humanidade, há somente um século atrás, a idéia da possibilidade do homem visitar a lua ou o planeta Marte (!).

13. Nesta perspectiva, reconhece-se que há formações e que elas se com-sideram, ou seja, que há sideração entre elas. A palavra siderar tem origem latina, de modo que *cum-siderare* é siderar junto. *Sidus*, por sua vez, é o siderar dos astros, que sideram movidos por forças de atração e repulsão (MAGNO 2003: 64).

14. A "Cidade sou eu?" é título da tese de doutorado defendida pela autora em novembro de 2007 no PROURB, na Universidade Federal do Rio de Janeiro, Brasil.

15. *Urbe* = cidade; *Orbe* = globo, mundo, universo.

Bibliografía

ABBAGNANO, Nicola. (2003) *Dicionário de Filosofia*, São Paulo: Martins Fontes.

ARAUJO, Rosane. (2001) *A Cidade Contemporânea e As Novas Tecnologias*. Dissertação de Mestrado. Rio de Janeiro: PROURB, Faculdade de Arquitetura e Urbanismo da Universidade Federal do Rio de Janeiro.

ARAUJO, Rosane. (2005) "La Ville, C'est Moi: l'orbanisme du XXIème siècle", in GRELET, Gilles (org.). *Théorie-rebellion: um ultimatum*. Paris: L'Harmattan, pp. 104-107.

ARAUJO, Rosane. (2006) "O urbanismo em estado fluido", in *A Cidade pelo avesso*. Rio de Janeiro: Viana & Mosley, pp. 41-58.

ASCHER, François. (1998) *Metápolis: acerca do futuro da cidade*, Oeiras: Celta Editora.

—. (2000) *Événements nos Dépassent, Feignons d'en être les Organisateurs; essai sur la société contemporaine*, La Tour d'Aigues: L'Aube.

—. (2001) *Les nouveaux principes de l'urbanisme: la fin des villes n'est pas à l'ordre du jour*, Paris: L'Aube.

BECK, Ulrich, GIDDENS, Anthony e LASH, Scott. (1995) *Modernização reflexiva*, São Paulo: Editora UNESP.

BERTALANFFY, Ludwig von. (1973) *Teoria geral de sistemas*, Petrópolis: Vozes.

CASTELLS, Manuel. (1995) *La Ciudad Informacional; tecnologías de la información, reestructuración económica y el proceso urbano-regional*, Madrid: Alianza Editorial.

—. (1999a) A Sociedade em Rede. In *A Era da Informação: Economia, Sociedade e Cultura* — vol. I, São Paulo: Paz e Terra. Trad.: Roneide Venancio Majer.

space, with eleven dimensions. Within this concept of hyperspace, there is lastly nothing but space. The universe with eleven dimensions holds four large dimensions, where three are for space and one is for time, and "seven microscopic dimensions of space, all of which are tightly packed into a minuscule and complex geometric form." We have now come to the digital space — cyberspace. When we enter into cyberspace, our location can no longer be defined by coordinates of physical space (Wertheim, 2001: 28, 113, 114, 29 and 155).

8. Carbon is present in every living organism. The human body is largely made up of carbon compounds. Due to this, carbon is identified as the base constituent of the human body.

9. A theory created by the Brazilian psychoanalyst MD Magno following the lineage of Freud and Lacan, it's a re-edification of psychoanalysis based on the most important findings of the two masters, and has shown itself to be compatible with the current world situation.

10. Differents concepts can be expressed by the same name. Therefore, although the term "person" is charged with previous meanings (see the story of Personalism), here it gains an original conception, unique, and compatible with a definition of contemporary mentality.

11. This concept was widely developed in the works of the author. For a more detailed study on the question, see: MAGNO, MD. A Psicanálise, Novamente: um Pensamento para o Século II da Era Freudiana. Rio de Janeiro: NovaMente Editora, 2004. MAGNO, MD. Psicanálise: Arreligião. Rio de Janeiro: NovaMente Editora, 2005. MAGNO, MD Clavis Universalis: da cura em psicanálise ou revisão da clínica. Rio de Janeiro: NovaMente Editora, 2007. MAGNO, MD. [2004a] Economia Fundamental. Metamorfoses da Pulsão. (no prelo).

—. (1999b) O Poder da Identidade. In A Era da Informação: Economia, Socie¬dade e Cultura — vol. II, São Paulo: Paz e Terra. Trad.: Klaus Brandini Gerhardt.

—. (1999c) Fim de Milênio. In A Era da Informação: Economia, Sociedade e Cultura — vol. III, São Paulo: Paz e Terra. Trad.: Klaus Brandini Gerhardt.

—. (2003) A galáxia da Internet: reflexões sobre a internet, os negócios e a sociedade, Rio de Janeiro: Jorge Zahar Editor.

CASTELLS, Manuel (ed.) (2004) The network society: a cross-cultural perspective, Cheltenham, Mass.: Edward Elgar Publishing Ltd.

COATES, Nigel. (2003) Guide to ECSTACITY, New York: Princeton Architectural Press.

DAMÁSIO, António R. (1996) O erro de Descartes: emoção, razão e o cérebro humano, São Paulo: Companhia das Letras.

FERRATER MORA, José. (2001) Dicionário de Filosofia, São Paulo: Edições Loyola.

LEPETIT, Bernard. (2001) Por uma nova história urbana, São Paulo: Editora da Universidade de São Paulo.

LÉVY, Pierre. (1999) Cibercultura, São Paulo: Ed. 34.

MAGNO, MD. (2003) Revirão 2000/2001: "Arte da Fuga" e "Clínica da Razão Prática", Rio de Janeiro: NovaMente Editora.

—. (2004) A Psicanálise, Novamente: um Pensamento para o Século II da Era Freudiana, Rio de Janeiro: NovaMente Editora.

—. (2004a) Economia Fundamental. Metamorfoses da Pulsão. (in preparation).

—. (2005) Psicanálise: Arreligião, Rio de Janeiro: NovaMente Editora.

—. (2007) Clavis Universalis, Rio de Janeiro: NovaMente Editora.

—. (2007a) A Rebelião dos Anjos: eleutéria e exousía. (in preparation).

MATURANA, Humberto R. & VARELA, Francisco J. (2001) A árvore do conhecimento: as bases biológicas da compreensão humana, São Paulo: Palas Athena.

MITCHELL, William J. (2001) e-topía "vida urbana, Jim, pero no la que nosostros conocemos", Barcelona: Gustavo Gili.

—. (1995) City of bits: space, place and the Infobahn, Cambridge: MIT Press.

ROSSI, Aldo. (1995) A Arquitetura da Cidade, São Paulo: Martins Fontes.

SASSEN, Saskia. (1998) As cidades na economia mundial, São Paulo: Studio Nobel.

SOLÀ-MORALES, Ignasi de. (2002) Territórios, Barcelona: Gustavo Gili.

SOLÀ-MORALES e XAVIER COSTA. (2005) Metrópolis — ciudades, redes, paisajes, Barcelona: Gustavo Gilli.

TAN, Kok-Meng. (2005) Teoría de la ciudad nodal, in SOLÀ-MORALES and XAVIER COSTA, (2005), pp. 172-187.

VIVIANNE, Claude. (1998) "Le projet urbain, un ici et maintenant ou un nouvel ailleurs? Quelques reflexions sommaires", in TOUSSAINT, Jean-Yves et ZIMMERMAN, Monique (dir.). Projet urbain: ménager les gens, aménager la ville, Paris: Pierre Mardaga Éditeur.

WERTHEIM, Margaret. (2001) Uma História do Espaço de Dante à Internet, Rio de Janeiro: Jorge Zahar.

MAGNO, MD. *[2007a]* A Rebelião dos Anjos: eleutéria e exousía. *(in preparation).*

12. Let's imagine what just a century ago the thought of man visiting the Moon or Mars represented to people (!).
13. In this perspective, one recognizes the formations and that they con-sider each other, or better, that there is sideration amongst them. *The word to siderate is of Latin origin, so that* cum-siderare *is to siderate together.* Sidus, *in turn, is to siderate the astral bodies, that moved by means of attractive and repulsive forces (MAGNO 2003: 64).*
14. *"A Cidade sou eu?"* - *"The city is me"* is the title of the doctoral thesis submitted by the author in November 2007 to the Postgraduate Program in Urbanism of Federal University of Rio de Janeiro, Brazil.
15. Urbe=*city;* Orbe=, *globe, world, universe.*

Abstracts / Resúmenes

LIST OF ABSTRACT AUTHORS / LISTA DE AUTORES DE RESÚMENES

Urban safety in anthropological and urbanistic perspective: an integrated approach in naples
Acierno, A.; D'Aloisio, F. Università Federico II, Seconda Università di Napoli. Italia/*Italy*

El cronotopo de la vivienda mínima
Albornoz, H. Universidad de los Andes. Venezuela

Didactic experiments on building tectonics
Bagnato, V.; Paris, S. Politecnico di Bari. Italia/*Italy*

Miralles-max bill: proyectar el infinito
Bigas, M; Bravo, L. ETSAB, UPC. España/*Spain*

Optimisation of the typological continuity in the city form
Bougherira, Q. Université Saad Dahleb de Blida. Argelia/*Algeria*

Weak and radical transdisciplinarity: a tension in the contemporary theoretical practice of architecture
Caciuc, C. Ion Mincu University. Rumania/*Romania*

Escuela de arquitectura UCV; tenemos 56 años
Caraves, P. Escuela de Arquitectura. Pontificia Universidad Católica de Valparaíso. Chile.

La arquitectura - el espectro en la red
De la Puente, J.M. ETSAB, UPC. España/*Spain*

El uso del objeto arquitectónico: ¿qué comunica finalmente el objeto?
De Oliveira, A.P. ETSAB, UPC. España/*Spain*

Semiotics of architected space - sas
Djerbi, A. Ecole National d'Architecture et d'Urbanisme. Tunisia/Tunesia

Sites of memory – trauma, deixis and the limits of historical (and architectural) discourse
Dziuban, Z. Adam Mickiewicz University Poznan. Polonia/*Poland*

Diseño en estructuras urbanas informales
Fernandez, M. ETSAB, UPC. España/*Spain*

La dialogía en la arquitectura de los museos brasileños después del movimiento moderno
Krahe, R. ETSAB, UPC. España/*Spain*

Nuevos entornos de formación en arquitectura
Lagos, R.; García, R. Universidad del Bío-Bío. Chile

Aspects of wayfinding and spatial behavior in different types of physical environment on an example of visually impaired (blind) people
Maslov, K. Tallin University. Estonia

Arquitectónica y arquitectura responsable en los concursos del estado de chile. El caso de la escuela de derecho de la universidad de Chile (1938)
Morales, J. Universidad Finis Terrae. Chile

Robust programs in the state of exception
Møystad, O. Institut for byggekunst, projektering og forvaltning. Noruega/*Norway*

Morfogénesis y evolución de las ciudades-red: la representación de la forma urbana y sus procesos en los imaginarios de sus habitantes
Narváez, A. Universidad Autónoma de Nueva León. México
Palumbo, M. Laboratoire Architecture/Anthropologie de l'École Supérieure d'Architecture de la Villette (Paris). Francia/*France*

Torres gemelas en Nueva Belgrado. Construcción y reconstrucción del antiguo edificio del partido comunista yugoslavo
Prokopljevic, J. ETSAB, UPC. España/*Spain*

El umbral como interpretacion de la identidad urbana y arquitectónica
Ramírez, B. Universidad de los Andes. Venezuela

La pertenencia de la memoria en la arquitectura
Rivera, M. Universidad del Táchira. Venezuela

Permanencia y transformación en arquitectura
Gibellina y Salemi: ciudades usadas
Rodeghiero, B. ETSAB, UPC. España/*Spain*

La ciudad bajo la lógica de la proliferación. Estética del exceso
Sierra, M. E.T.S. de Arquitectura de Sevilla. España/*Spain*

The "architecture of light": from archetypes to biophotonics
Stănciulescu, T.; Poenaru, A. AL. I. CUZA University. Rumania/*Romania*

Reprogramming european modern suburbia new urban design strategies in low-dense spaces
Suau, C.; Tunka, S. Welsh School of Architecture, Cardiff University.
Reino Unido/*UnitedKingdom*

Constitution of a graduates´course *"Prosthetic architecture: end of architectural bodies – beginning of spatial prosthesises?"*
Werner, F. Bergische Universität Wuppertal. Alemania/*Germany*

La recualificación de un espacio publico marginal desde la interpretacion del fenomeno urbano como lugar
Zárate, M. Universidad Nacional del Litoral Santa Fe. Argentina

Territory new meanings rethinking portugaltourism – two case studys
Zuquete, R. Universidade Lusiada. Portugal

Urban safety in anthropological and urbanistic perspective: an integrated approach in naples

Acierno, A.; D'Aloisio, F. Università Federico II, Seconda Università di Napoli. Italia/*Italy*

This paper focus on integrated approach, urbanistic and anthropological perspective are integrated to examine the theme of urban safety under the historical perspective, to relive the social and cultural conditions that produce the sense of security/insecurity, to determine some solutions inspired by an intervention of urban planning and social revitalization too.

The theme of urban safety in the anthropological perspective: firstly it highlights how the binomial association city/insecurity is constantly referred to in specialized literature, and reconsiders such association in a critical perspective. Secondly, the various meanings and connotations of the terms *security* (security, certainty e safety) and *risk* are examined, also by explaining that 'risk' is not so much an objective datum, but rather a cultural perception. Lastly, a methodological plan for an ethnography of urban insecurity is outlined, starting from the connection that every cultural context construes with urban spaces, by transforming them in places that are vehicles for symbols and values. Thus, new categories are framed to define the construction of such cultural bonds with urban places - the categories of "assignation-appropriation-stabilization".

The theme of urban safety in urban planning: urban safety represents nowadays a public focus, as answer to the diffusion of new fears perceived in the urban spaces. Unsafety is compared to the widest concept of "social risk" that includes the problems of predatory and soft crimes, urban decay, vandalism, social segregation and the connected matters to the immigration.

The city of Naples, unfortunately, in the last years has experienced growing criminal rates due to local mafia (camorra). It needs urgent and incisive interventions to improve its liveability and urban quality. The history of the city from the second post-war period to today is characterized by processes of social gentrification from the centre to the first peripheral crown breaking up the social structure and segregating the high-medium classes from the proletarians.

The Camorra is both an economic power and a social background. It built over the decades an intricate network of semi-legal and illegal activities, and in the meantime, it forges cultural habits and contributes to shape, in a negative way , the social background of Naples' neighbourhoods.

The proposed approach is defined "environmental", inside the tradition of CPTED studies (Crime Prevention Through Environmental Design), because it emphasizes the physical aspects of safety strategies.

It consists in a model of urban analysis, aimed to understand matters of social perception of unsafety, concerning physical and social aspects of the urban environment, suitable also on the occasion of "events."

The more meaningful indicators have been gathered in three groups: the first one related to the physical characters of the place; the second one investigates the social composition and the crime rates; and the third one relating to the perception of unsafety in the area.

After analysis it proceeds to a diagnosis of the relationships between physical environment and unsafety, focusing on setting the priorities of intervention and adopting appropriate strategies and actions to improve social perception of safety and to reduce objective rates of crime in the area.

El cronotopo de la vivienda mínima

Albornoz, H. Universidad de los Andes. Venezuela

Lo primero que debo explicar para la comprensión del tema del *cronotopo*, es la noción de dialogía, en Mijail Bajtin ([1937] 1986). Éste señalaba que un texto literario —tomando como ejemplo el género novelesco— era capaz, sobre todo en la novela de Rabelais y Dostoievski, de representar con mayor fidelidad la realidad social de una época, si en la novela, el autor permitía que cada uno de los personajes manifestaran su propia voz, no como una entelequia del escritor que imponía su sistema de pensamiento a cada uno de los personajes, sino con una autonomía que consistía en que el personaje no quedase completamente acabado. Tras esta facultad, que Bajtin denominó dialógica, se encierran una serie de categorías (gran tiempo, acto ético, entonación y polifonía, entre otras) que tentativamente podrían conducir al desenmascaramiento de un fenómeno lingüístico.

El cronotopo, en la más clásica definición bajtiniana, se encuentra relacionado con las series (o cadenas) en las que cada una de esas voces-personajes se infiltran en una novela, no representando la realidad de manera mimética con el ideal teosófico o filosófico del autor, sino con la puesta en acto de las voces de cada personaje libremente desplegadas y en modo tal que hasta el mismo autor, en cierto modo, desconocía el desenlace de la trama y el desarrollo y evolución de sus personajes. Así pues, el cronotopo es el modo en que estas voces-personajes se encuentran en una obra y está relacionado con la coincidencia en tiempo y espacio de dos o más actores y/o actantes en momentos específicos del relato, que nosotros podríamos llamar *articulaciones*, en torno a las cuales se dibuja la trama literaria o el *partido de diseño* de una obra, es decir, que en primer orden, el cronotopo se puede describir.

El tema del cronotopo en la vivienda mínima es un tema amplio y complejo, nos acercaremos a él de una manera bastante definida, a través de una serie de actas con ímpetu teórico que los arquitectos modernos elaboraron a principios del siglo XX a propósito de los CIAM (Congresos Internacionales de Arquitectura Moderna) y que para la etapa que nos ocupa (1929) se centraron en el tema de la vivienda para el mínimo nivel de vida.

El método para la construcción de las cualidades del cronotopo mínimo será el de la identificación de las entonaciones de cada uno de los autores en relación con una idea o un tema particular de la vivienda mínima. A estas entonaciones las llamaré *los ecos de cada voz*, que a mi modo de ver, transmite la complejidad teórica que el propio Bajtin ha querido significar con el término de polifonía: que cada voz, además de expresarse a sí misma, expresa una cadena de series de voces que se asocian a ella. Como entonación definiré el modo a través del cual veo una cosa a través de otro (de la entonación de otro), en esto consiste la polifonía y el contrapunto de voces que se aglutinan en el cronotopo.

Didactic experiments on building tectonics

Bagnato, V.; Paris, S. Politecnico di Bari. Italia/*Italy*

Tectonics as poetics of construction

Today is it anachronistic and outside the potential territory of architecture, to consider the concept of tectonics as "poetics of construction", capable to join the spheres of art and technique?

Among the activities of the *Building Design Studio 1* in the *Faculty of Architecture of Bari* (Italy), the core of thought, in the theoretical as in the practical sphere of learning, is related to the concept of tectonics of construction, in the conviction that it constitutes a fundamental stage in the process of forming each student.

The topic of tectonic culture in architecture has once again been the object of theoretical and critical reflections in modern cultural debate, and of solid recent experiences of architectural design, which, although in the boundaries of the main-stream production, are vivid examples of the plausibility and of the presence of a significant tectonic trajectory in architecture.

Recovering the grounding of tectonics allows to link the academic formation to "archetypes" and principles so to obtain an aware professional development: proposing as a method of

teaching issues of logics of construction, not ready-made solutions, makes possible to succeed in doing an useful project experience that generates an attitude for the doubt that students could use towards the never-ending promises of technology, and in acquiring, at the same time, the keys in order to know the opposite of the concept of tectonics, the "a-tectonic", which is one of the principles of modernity.

The resource to the tectonics, in the most extensive meaning, is a critical way to reformulate the central role of the architect planner and the architect *Baumeister* - in the miesian ontological meaning- maker and coordinator of the different requirements in the integrated planning.

The executive architecture: design experiments of construction at the small scale

The didactic experience of the *Building Design Studio 1* places itself into an educational setting that

interprets the executive design not as a final stage of a sequential building process, but as a method of analysis and formulation of the project based on the relationship and integration of formal and constructive requirements, of the aesthetic and technical expectations, at different scales of representation.

This approach addresses the students to a project experimentation based on the principles of congruence of the relationship between formal aspects and constructive solutions, where the constructive system generates the form and the material becomes the "khòra" of the aesthetic value of the handwork.

In this outlook, the way of the project is characterized by a clear consciousness, yet in the phase of the definition of the idea, about the constructive system to adopt and the material to make use of, then "contaminated", through a gear of a continuous check-up, by the environmental, typological, morphological, technical and technological expectations.

The topic of the project experience presented in this meeting is a small religious building, the university chapel, morphologically describable in a virtual cube 10x10x10 meters, with a vertical connection system that extends the space of the main room in a crypt or in an external bell tower. (*Text by V.P. BAGNATO and S. PARIS*)

Miralles-Max Bill: proyectar el infinito

Bigas, M; Bravo, L. ETSAB, UPC. España/*Spain*

El artículo analiza los procesos de construcción del proyecto seguidos por Enric Miralles. Para ello se han seleccionado ciertos fragmentos vinculados también a la forma de operar de Max Bill, los cuales constituyen un estrato siempre presente en su método de trabajo. En ambos arquitectos, a pesar de las grandes diferencias formales en su obra, las matemáticas y la búsqueda del infinito serán un medio para ensayar múltiples relaciones y combinaciones, para experimentar nuevas posibilidades en el marco de la arquitectura concreta.

Los proyectos y obras —no sólo arquitectónicas— de Enric Miralles y Max Bill nos aparecen, en una primera aproximación, como dos producciones muy distintas —cuando no directamente opuestas— en bastantes aspectos. En Max Bill, podríamos decir que la obra sigue al concepto, a un concepto geométrico o matemático previamente establecido que queda claramente expuesto, subrayada su presencia por cierta austeridad aparentemente *racionalista* en el sentido clásico —es decir moderno, bauhausiano— del término.

Como en una red, los diversos contenidos expuestos se entretejen mostrando cómo Miralles utiliza ciertas técnicas y estrategias destinadas a descubrir las verdaderas condiciones que intervienen en el proyecto y redefinir las variables del contexto de trabajo, alejándolo de estilismos preestablecidos y del control de una mente que elabora sólo lo que ya sabe: la cronología de proyectos, la utilización de modelos orgánicos determinados, el uso de envolventes integrando la diversidad, los juegos de analogías conceptuales y constructivas, la aplicación de conceptos como la deriva situacionista... que le llevarán a plasmar una imagen de mutación constante y a investigar sobre la ambigüedad de los lugares y las zonas intermedias, profundizando en el crecimiento infinito del espacio como en el caso de la espiral de Max Bill.

Con el fin de generar una arquitectura más humana, orgánica y vital, Max Bill diseñará una metodología abierta, flexible e indeterminada. Análoga a la idea de un dinamismo circular presente en su obra construida, a la búsqueda de la constante transformación, esta metodología le llevará a considerar la arquitectura como una sucesión interminable de experimentos. Bajo esta concepción, ambos autores trabajan con un único proyecto que constantemente se rehace singularizándose ante contextos y situaciones específicas.

Para Miralles, como para Max Bill, lo importante será partir de lo existente alejándose de cualquier sentimiento utópico y utilizando lo cotidiano como vía para suprimir la oposición entre estética y función, entre arte y vida.

Optimisation of the typological continuity in the city form

Bougherira, Q. Université Saad Dahleb de Blida. Argelia/*Algeria*

The morphological dimension of cities seems to obey a certain structural constancy, as far as the two dimensional projection of its growth goes.

It is mainly the recognition of this constancy as « internal law » to city growth, which made possible the birth of this new discipline called « urban morphology ».

Urban morphology developed following several trends or schools. Even in Italy where it first started, there are diverse schools of thought in this matter. Not to speak about the French, English, Canadian, Swiss, etc. every one of them has its own vision.

However, the diverse definitions given to urban morphology meet at a common point of interest, that is, the evolutional aspect of the edification phenomenon.

It is true that certain differences must appear from one author to another. But what seems essential to us, is their common interest for the dynamic character of the phenomenon, in constant change, even if it is always the same "object", known as such, in the constancy of the nature of its "being". The same as Descartes' candle; whatever state it presents, and thoughts its different forms, it is still a piece of candle.

The morphological process concept could thus be defined as *"The apprehension of material realities in a continuum of formations and transformations, getting from one mature state to another throughout automatic adaptation to new environing conditions, in perpetual evolution"*.

Without pleading for a fossil town, or for a "passéiste" architecture, nostalgic and improper in the present context, it is nonetheless interesting to look for a continuity in the urban morphology and typology, which will take the evolutional mechanisms, in their actual new context with new constraints, so as to obtain the looked for, and value proclaimed, continuity.

So, how can we realize it without shifting towards the infinity of possibilities offered by technology and communication today, thus avoiding getting lost in a no man's land?

How can we recover the right gesture in a situation where everything is possible?

Weak and radical transdisciplinarity: a tension in the contemporary theoretical practice of architecture

Caciuc, C. Ion Mincu University. Rumania/*Romania*

The following essay tackles two troubling questions about architectural design and education, against the general background of "transdisciplinarity anxiety" with reference to "over-theorizing" phenomenon in architecture:

1) Which are the research strategies, paradigms, methods and theories today that are better acquitted and are more promising in the field of the architectural activities in design, building and dwelling?

2) Which are the best scientific ways for the understanding of the relationships between

objects and subjects, past and future dimensions of culture, from an architectural viewpoint? Perceived as a giant meta-dialogue, between and beyond disciplines, paradigms, and theories, transdisciplinarity has become a very "hot" topic in architectural circles since the last decade of 20th century, even its cultural adventure started almost forty years ago. The large interest in this new form of collaboration is equaled by the divergences of defining it. In the field of architecture and urbanism,

beside the more recent position of Roderick J. Lawrence and Carole Després, we have remarked explicit transdisciplinary attitudes in Mark Linder and Marcos Novak's work since the beginning of 1990's, or some implicit ones in Charles Jencks's activity after 2000. All of these authors share contrasting paradigmatic platforms, which may render a paradoxical situation of "unity in diversity."

In order to answer the two questions, we propose a definition of transdisciplinarity starting from Basarab Nicolescu's vision, and interpreting it in into a "non-disciplined" way, following Mark Linder's model. Distinguishing transdisciplinarity from interdisciplinarity mainly through its *sacred domain of investigation*, where the highest cultural values and aspirations are articulated, we will go even further describing the meta-philosophical attitudes polarizing different traditions, like that ones of

"radical thought" and "weak thought," and mapping the "ultimate" theoretical believes acting in the trans-cultural field of knowledge. The research strategies, paradigms, methods and theories today that are better acquitted and more promising in the field of the architectural activities in design, building and dwelling must be assessed first through their highest *beliefs*, as they have passed the test of time: scientific / cold, fundamentalist, weak, existentialist, endological, theophanic, theosophical or critical.

If we consider "the best scientific ways" for the understanding of the relationships between objects and subjects, past and future dimensions of culture, from an architectural viewpoint, *not* as a new call for self-referential and rigid disciplinarity, but from a transdisciplinary perspective capable to be articulated architecturally, we may further state that what we need is not a new "science" (be that a "complex" one), but rather better forms of cognitive mapping and hermeneutical tools. The weak belief articulates very pertinent the triple temporality (past, present, future) and "the included third" based on an intense dialogue with the radical thought. Our plea is for *mediation* between weak and radical transdisciplinarity:

i) Contextualization (enciclopedization, broader horizons for understanding)

ii) Mediation and conciliation between different beliefs

iii) Transforming conflict to creative tension between radical and weak thought

iv) Integration between form and content (Paul Ricoeur's model):

How are we connected with the past traditions (form)

What traditions constitute the body of pre-understanding (available contents)

Which tradition may help us to legitimate ourselves in the dialogue with other traditions (the chosen tradition)

v) Homiletics and undisciplined conversation: knowledge without centre

The Camorra is both an economic power and a social background. It built over the decades an intricate network of semi-legal and illegal activities, and in the meantime, it forges cultural habits and contributes to shape, in a negative way, the social background of Naples' neighbourhoods.

The proposed approach is defined "environmental", inside the tradition of CPTED studies (Crime Prevention Through Environmental Design), because it emphasizes the physical aspects of safety strategies.

It consists in a model of urban analysis, aimed to understand matters of social perception of unsafety, concerning physical and social aspects of the urban environment, suitable also on the occasion of "events."

The more meaningful indicators have been gathered in three groups: the first one related to the physical characters of the place; the second one investigates the social composition and the crime rates; and the third one relating to the perception of unsafety in the area.

After analysis it proceeds to a diagnosis of the relationships between physical environment and unsafety, focusing on setting the priorities of intervention and adopting appropriate strategies and actions to improve social perception of safety and to reduce objective rates of crime in the area.

Escuela de arquitectura UCV; tenemos 56 años

Caraves, P. Escuela de Arquitectura. Pontificia Universidad Católica de Valparaíso. Chile.

Tenemos 56 años. En 1952, un grupo de siete arquitectos encabezados por Alberto Cruz y el poeta Godofredo Iommi parten de Santiago y se incorporan a la UCV . Fundan el Instituto de Arquitectura, desde donde refundan la escuela. Formulan un planteamiento original acerca de la concepción de la poesía, el arte y, el oficio arquitectónico: "arquitectura co-generada con la poesía" Se postula una orientación artística que oye a la palabra poética como origen del oficio.

Desde el inicio se convino en un modo de ser colectivo; Esto tiene su fundamento teórico; el que llamamos del acto y la forma.

La escuela tiene un plan de estudios que ha elaborado a través de 56 años, ahondando las diversas facetas que componen el ejercicio del arte arquitectónico. Nada de improvisaciones; todo llevado a cabo en una marcha sostenida, guiada por un planteamiento al que se ha sabido desarrollarlo, permaneciendo fiel a su sustancia o fondo más íntimo.

Esta escuela es un plantel universitario, con todas las condiciones que éste exige; pero al mismo tiempo es una escuela en el sentido de hacer escuela, o sea, de crear y establecer un ámbito en donde estudiar; no sólo es un cumplimiento de pruebas que atestiguan que se han recibido las enseñanzas, sino que es hacer de ese cumplimiento una labor que toca lo que es en la vida de cada cual y en la vida de todos. Lo cual requiere de una vida real y hondamente vivida. Tal ámbito es una escuela en la segunda acepción de la palabra. Y así nació ésta, desde su primer momento, y así se ha mantenido a lo largo de los años.

El planteamiento propio considera la arquitectura como un oficio especial. Es un arte que edifica obras, que se contemplan no sólo por fuera sino por dentro, puesto que es para ser

habitada, así: a la vez, fuera y dentro. Es un oficio que se da en la complejidad. Decimos: La arquitectura es el arte que le da cabida a los actos de los hombres.

La expresión de este planteamiento se desarrolla en el tiempo, fundando primeramente el instituto, luego la escuela, enseguida la ciudad abierta y más tarde las travesías por el continente americano, todo ello, iluminado por la poesía de Amereida; la Eneida de América.

Primer año: destinado a introducir al alumno en el mundo de la Escuela; es posibilitarle, para adquirir una mente teórica y un ojo abstracto. Pero no por ello significa alejarse de lo sensible. Sino todo lo contrario. Y este modo de adquirir lo abstracto frente a lo sensible le entrega lo que llamamos la "observación", que es volverse a nuestro propio contorno inmediato, para ver en ello lo teórico y lo abstracto propio a la intimidad misma del real habitar del hombre. Todo ello cogido con el dibujo de croquis, junto a breves textos.

La formación del arquitecto se realiza en un ámbito que reúne vida, trabajo y estudio, que llamamos taller, siendo ésta, la materia central de la carrera.

La arquitectura - El espectro en la red

De la Puente, J.M. ETSAB, UPC. España/*Spain*

¿La arquitectura constituye la red, la red por antonomasia, es decir, lo que es opuesto a aquello que no es red en absoluto? Quizá asistamos al enésimo intento de absorber intelectualmente un fenómeno actual, contemporáneo, intuido como relevante y de gran alcance, por los émulos de Vitruvio. En los últimos años, desde Koolhas hasta prominentes académicos-arquitectos se han sentido concernidos por la "red" en términos arquitectónicos y urbanísticos, en el bien (mal)entendido de que la mera yuxtaposición de la continuidad de los flujos y la discreción de las edificaciones daba crédito, de nuevo —forzando una relación meramente metonímica—, a la arquitectura. La coartada de mantener la arquitectura en el pedestal preeminente en que se ha mantenido hasta el momento no deja de estar fundamentada, pues hubo un tiempo —hoy irrecuperable— en que la arquitectura "fue" la red. Pero el residuo de ese "espacio de flujos" formulado por Manuel Castells en 1989 hay que interpretarlo ahora como un mero precipitado inconexo, desparramado y obsceno (lo que no crea ni teje una escena), que ha quedado ahí como lo "real", en términos lacanianos. Los valores de la Naturaleza se han desnaturalizado hasta el punto de haberse incorporado simbióticamente a los nuevos planos de lo imaginario y lo simbólico, nutriendo y alimentando la red. La arquitectura y el urbanismo se leen como el resultado lamentable de las interconexiones de las instituciones de poder y de la

circulación financiera, y no como reflejo de eventuales teorizaciones, polémicas, especulaciones, etc., sobre el movimiento moderno, la ciudad jardín, o la ciudad dispersa. Los escritos de los llamados "desurbanistas" de la Unión Soviética, las anécdotas sobre la *Broadacre City* de F.Ll.W., las teorías alemanas de entreguerras sobre la disolución de las ciudades, o incluso la teoría de los fractales aplicada a la ciencia urbana en los ochentas, resultan ser banales al lado de desastres o celebraciones del caos (en una acepción no matemática, sino puramente escatológica) como Tokyo o Los Angeles. Desde el punto de vista de la profundidad del conocimiento, es más razonable entender estos conglomerados urbanos como un "accidente" —en términos de Paul Virilio— de la carrera tecnológica a la que hemos asistido durante el pasado siglo XX. La arquitectura y el urbanismo actuales, desbordados, proliferantes y espúreos, se leen como el resto de los espasmos esquizofrénicos del capital; es decir, aparecen como precipitado o detritus sobre un territorio burdamente consumido.

Vittorio Gregotti llegó a decir en un contexto contemporáneo que "esencialmente la arquitectura califica la red, tanto generando relaciones nodales como recreando posiciones centrales". Series, árboles, calles y fachadas fueron, como dijo Georges Bataille, algo esencial en el proceso de hominización, una especie de "estadio del espejo" lacaniano; podemos intuirlo. Pero en este momento de la civilización, el ámbito de la red —aquel a que su metamorfosis histórica parece haberla llevado— ha cambiado dramáticamente, y su complejidad digital la aproxima al funcionamiento de un organismo natural o a un bio-estado. La red actual rechaza casi etimológicamente los paralelismos con la arquitectura.

El uso del objeto arquitectónico: ¿qué comunica finalmente el objeto?

De Oliveira, A.P. ETSAB, UPC. España/*Spain*

Dada la situación actual de la arquitectura en que cada vez más los despachos proyectan, construyen y analizan el espacio construido fuera de su ámbito de lo sobreentendido,[1] desarrollando proyectos en diferentes lugares del mundo, se hace necesario un conjunto de herramientas metodológicas preestablecidas que concientemente se destinen a la elaboración de proyectos arquitectónicos comunicativos con respecto al entorno y al usuario, conociendo y respetando lo específico y lo universal de cada uno de ellos.

Esta comunicación busca centrar su reflexión en la relación sociocultural que se establece entre AUTOR (ATRAVÉS DEL OBJETO) – ENTORNO – USUARIO. La relación citada es determinante en la construcción de una arquitectura comunicativa. El objeto arquitectónico se

vuelve protagonista de esta relación a partir del momento en que construye símbolos que sostienen la identidad de un lugar y de un grupo social.

Así como el análisis del proceso creativo del arquitecto es importante para conocer en profundidad los elementos constructores de la comunicación del objeto arquitectónico propuesto por el autor, el análisis de cómo se comporta el objeto arquitectónico una vez construido con respecto al medio y con respecto al uso es el otro punto protagonista de una lectura tanto sociológica como hermenéutica de la arquitectura. Sin un análisis en profundidad de la relación objeto construido — usuario — entorno, no es posible averiguar el alcance real de la comunicabilidad proyectada por el arquitecto, de su compromiso con la función social de la arquitectura. Del mismo modo, tampoco es posible averiguar qué otras clases de comunicación consiguió establecer el objeto arquitectónico después de construido y que no fueron proyectadas por el arquitecto.

La necesidad de conocimiento y reflexión sobre lo que ocurre cuando el objeto arquitectónico ya está inserto en el medio y en contacto con los usuarios es fundamental tanto para el autor como para el investigador de la arquitectura. El objeto usado da muchas de las claves de comprensión del alcance de la arquitectura en la construcción del entorno, de la identidad, de la memoria, de la historia y de cómo muchas veces la arquitectura influencia a los grupos sociales en sus comportamientos espaciales, en su forma de comprender el espacio.

Semiotics of architected space - sas

Djerbi, A. Ecole National d'Architecture et d'Urbanisme. Tunisia/*Tunesia*

This group of research aims to understand the phenomena which determines the expression of architecture considered as an articulated and meaningful system.

In this way it considers that space own a signification when it is activated by being to become a place, a course or a field relatively to this activation.

The architecture of this space expresses the existential happenings of human being and becomes the environment of the systemic interactions of these happenings.

In fact it integrates all the scales and concerns at the same time the noumenal world, the phenomenal world and the material world.

Considered under this angle architecture is identified with the configurations of the programs which appear through the various syntagmatic and paradigmatic organizations of its forms i.e. the nature and the articulation of its morphological components.

Thus it constitutes in it self a syncretic system whose significant language communicates beyonds its material concretion the presence of an interaction between the man as a physiological being, nature as a physical environment and the thought as an ideological and spiritual framework. Crossing the ideal and the material architecture, as a phenomenon, thus requests, in its investigation, a transdisciplinaire approach so asserted by the researchers since decades.

The SEA/SAS group works under this prospect to look further as well into the methods of analysis and methods of conception of architecture by integrating in its fields of observation the actantial space through several dimensions as geographical, anthropological, historical, sociological, psycological, semiotical, etc.

Being based on a methodology worked out in a thesis on the principles of the vernacular architecture of the island of Djerba, which we will present in this communication, the scholars of the group currently tackle several subjects of research which treats specificity of architected space to release from it the deep meaning and the genesis of its components.

We selected some of these works to allow their authors to present them at the conference.

– principles of the vernacular architecture of the island of Djerba, by Ali Djerbi

– Characteristics of the Domus in Roman Africa, by Rym El Asmi Nouira

– Syntagmatic analysis of the Madrassahs of Tunis, by Ghada Cherif.

– The meaning of the public space, the squares of Tunis, by Fatma Chaffai Brigui

– From conceaved space to used space, the Hafsia project, by Inès Dimassi

– The spatial order and the parameters of its stage setting, by Zeineb Allani

– The expression of official architecture through the concourse system, by Sarra Kasri

– Design and use in architected space, by Sihem Jendoubi.

Sites of memory – trauma, deixis and the limits of historical (and architectural) discourse

Dziuban, Z. Adam Mickiewicz University Poznan. Polonia/*Poland*

In this paper I am mainly interested in the characteristics of cultural spaces which are often referred to as 'sites of memory' (such as museums or monuments). As the name suggests, these spaces not only play a major part in the process of constituting a collective, cultural identity, but also function as tools for generating different kinds of experience of the past — including spatial experience - since they are media of cultural memory (Aleida Assmann). With reference to particular artistic projects, I will primarily attempt to point out a fundamental change that for several years now has been taking place in the way such sites are constructed, developed and, as a result, experienced. The basic categories employed in this paper in interpreting the architectural projects that can be said to mirror the aforementioned change are: the notion of trauma, the notion of trauma experience, and atopia (related here, amongst other things, to the question of representations of the Holocaust), as well as the category of *deixis,* referring to the deictic or indexical rather than narrative methods of representing or recalling historical events. These are the categories that highlight forms of experience of the past other, than narrative or interpretative, in which the past which is 'presentified' and lived thanks to the sites of memory analysed herein.

The argumentation presented in this paper relies on a theoretical context of contemporary discussions on the phenomenon of musealization apprehended as a rapid increase in both the number of museums and monuments and their social significance. The musealization process, reflecting a cultural tendency defined by Pierre Nora as the will to remember, has become an object of various interpretations giving grounds for a critical approach towards current developments in architectural design that are part of the process themselves. One of the most famous interpretations has been introduced by representatives of the German Ritter-Schule (Odo Marquard, Herman Lübbe); the notion of compensation is its central idea. From this theoretical perspective, the musealization process — taken here as a signal for the cultural need to secure the past — is supposed to provide us with an answer to the feeling of loss of cultural familiarity and identity. Therefore, the purpose of museums and monuments is more than simply bearing witness to our historical heritage; most of all they are meant to establish a close connection with the past, which enables us to recover this feeling of familiarity. The compensation perspective will be the object of my critical approach, as the phenomenon of a compulsive musealization treated as an imminent problem of late modernity deserves to be questioned with respect to issues that seem to be of primary importance to the contemporary experience of the past and its architectural representations. On the one hand, questions arise about whether a museum or a monument can or should perform a function of restoring our feeling of cultural familiarity, and to what extent, and about whether

the past, unless treated most selectively of course, can actually guarantee any feeling of familiarity whatsoever. For compensation theory faces an unavoidable paradox when confronting a difficult, uncomfortable or even traumatic past (represented by the artistic projects interpreted in this paper). The paradox is that a site of memory can sometimes be interpreted as a space where the past violates the more or less familiar present rather than offering a safe harbour for memory. Another matter that needs to be addressed is the question of the potential risk associated with an expansive musealization process, which can lead to an equally paradoxical phenomenon of 'forgetting through remembering' (*durch Erinnern zu Vergessen*), to cite Odo Marquard. Or to rephrase the problem: how to establish a relation with the past by means of museums or other kinds of sites of memory that is not tantamount to rendering the past petrified, neutralized or unreal, and the museum its tomb? To the contrary, if the past is to be of any significance to late modernity or late modern self-identification, the relation created by sites of memory needs to be vivid and alive. The focal point of my reflection on sites of memory is where these two problems overlap. As will be argued in the later part of my paper, there is little doubt that contemporary artistic endeavours correspond to the need for a close and vivid relationship to the past, rejecting sometimes the form of exhibition typical of traditional museums. This act of rejection is often aimed at destroying the distance created by display cabinets. Examination is replaced by touch, contemplation by experience. It is worth noticing that artistic practices carried out with the intention of transferring the experience of the past from the realm of distanced contemplation to the realm of experience become exceptionally important with respect to projects whose function is to commemorate a tragic or traumatic past. Practices that not only defy the compensation theory introduced by the representatives of the Ritter-Schule, but which sometimes also have to face the following and much more serious problem: is a representation of the Holocaust, the most traumatic event in recent history, possible, and can this event be worked through? The choice between silence, postulated in the form of the controversial thesis by Theodor W Adorno, that "to write poetry after Auschwitz is an act of barbarism", and keeping archives of artefacts which belonged to the victims, does not appear to be a good alternative solution.

In this paper this problem will be juxtaposed with the results of a discussion on the limits of historical discourse (a linear, metaphorical historical narration) led by representatives of Anglo-American historiography in the face of the Holocaust trauma (Frank Ankersmit, Dominick LaCapra). The awareness of these limits exhibited by theoreticians of historiography is marked by a turn towards memory — towards an immediate, authentic relation to the past — which is supposed to replace historical narration, by a demand for a vivid experience of the past instead of a distanced reflection on it. Locating the question of sites of memory in this theoretical context allows us to understand contemporary artistic practices in a better way, as they can be interpreted as part of a trend from history towards memory taking place outside the range of academic discussions.

The examples of artistic projects I am going to refer to in this paper are the Bridge of Ghosts, designed by Polish architect Jaroslaw Kozakiewicz, and the Holocaust Memorial by Peter Eisenman, i.e., projects that address the problem of Holocaust representation in an innovative and critical manner. Their role is not only to embody or represent the past, but also to generate a specific and evocative experience of the past whose nature is somatic rather than contemplative or purely interpretative.

Diseño en estructuras urbanas informales

Fernández, M. ETSAB, UPC. España/*Spain*

La dicotomía que presentan las ciudades del Tercer Mundo ofrece la contraposición de realidades urbanas preconcebidas y asentamientos urbanos espontáneos. El diseño en estructuras urbanas informales aborda esa brecha que existe entre la ciudad formal y la ciudad informal.

La total incorporación urbana pretendida en los procesos de *habilitación física de asentamientos informales* comienza por asumir los requerimientos infraestructurales en términos numéricos y estadísticos; sin embargo, hay otra exigencia de igual importancia aunque menos mecánica que demanda un tipo de cuidado sensible con el contexto y atento a la oportunidad. Una exigencia que consiste en aprovechar las potencialidades que ofrece la situación urbana tal y como se presenta en la realidad. Se trata, pues, de reconocer, preservar y potenciar los valores propios del contexto informal.

La tesis toma como caso de estudio los asentamientos informales en Caracas (Venezuela) que fueron objeto de diversos proyectos de habilitación física promovidos por diversos organismos internacionales y nacionales, bajo la metodología propuesta por el Banco Mundial. Tres figuras conceptuales recorren las diferentes escalas contempladas en los niveles de actuación de diseño urbano y arquitectónico.

El concepto del límite atiende a la escala metropolitana y se asume que objetivo principal de los proyectos de habilitación física de asentamientos informales persiguen la total incorporación infraestructural de un sector informal desprovisto de servicios básicos en el contexto urbano de la ciudad formal. Se sostiene que toda voluntad que pretenda una total incorporación urbana debe atender a los niveles de integración espacial determinados por los análisis sintácticos. Mientras los niveles de segregación espacial demuestren la desproporción revelada en los análisis espaciales, los niveles socioeconómicos supondrán una desproporción consecuente . La optimización de los proyectos infraestructurales comienza

por elevar sustancialmente los niveles de integración espacial, y se sugiere que los límites físicos que dividen y excluyen a la ciudad informal de la ciudad formal contienen un importante potencial como factor de integración.

A partir del análisis de un proyecto de habilitación física se aborda la mediana escala del diseño urbano en el espacio público. Se sostiene que el proyecto integral en todos sus niveles de actuación puede responder al desafío de cualificar el diseño infraestructural en los procesos de habilitación física. Un desafío arquitectónico que plantea proporcionar nueva infraestructura y preservar las cualidades sociofísicas contenidas en la propia naturaleza orgánica del espacio informal. Se trata, pues, de construir un verdadero espacio urbano informal dotado de infraestructura y cargado de su propia *porosidad* genética que entremezcla formas y funciones en un espacio público ahora más urbano.

Por último, el concepto de cromatismo atiende al diseño arquitectónico requerido en el ámbito de la pequeña escala del objeto arquitectónico. Una conclusión general del cromatismo contenido en esta pequeña escala no puede considerarse sino a partir del diseño como proceso. En primer lugar, hay que recordar la importante participación comunitaria requerida en estos procesos. Y en segundo lugar, se debe resaltar la importancia de lo que significa hacer visible el proceso de diseño y el proceso constructivo en el objeto edificado. La arquitectura que utilice los propios recursos informales se tiene que dedicar a conservar y a plasmar el proceso de diseño arquitectónico en un resultado final que en definitiva será solo un fragmento de otro proceso más grande.

Esta tesis persigue la esencia de un fenómeno informal muchas veces despreciado como poco culto o poco interesante para la arquitectura, y ha determinado valores inherentes que pueden servir como herramientas para cualificar los proyectos de intervención física sobre el contexto urbano informal.

La dialogía en la arquitectura de los museos brasileños después del movimiento moderno

Krahe, R. ETSAB, UPC. España/*Spain*

La evolución del gesto del coleccionismo, en lo que respecta a la arquitectura, ha demandado un edificio que busca proteger y ordenar colecciones a través de una narrativa, percibida en la visita. El museo como edificio, durante su trayectoria histórica, ha servido como un envoltorio para guardar objetos, un contenedor de gran importancia para la humanidad, para guardar su memoria.

Es importante resaltar la visión de la arquitectura a partir de un sistema de relaciones, entendiéndola a través de su contexto. El aporte de la teoría del lugar, o topogénesis, de Josep Muntañola, comprende la arquitectura a través de su contexto en su complejidad tanto cultural, como histórica y geográfica, contemplando interacciones entre partes, lugares, objetos construidos, culturas y técnicas. Cuando la arquitectura es comprendida como un objeto artístico, para comprender la relación del "arte dentro del arte" y para poder identificar la postura que asume la arquitectura en la condición de contenedor, es de gran importancia el aporte de los estudios de Paul Ricoeur acerca de la narrativa y su aplicación a la arquitectura. Con base en la narrativa, es posible trazar un paralelo entre el camino ya trazado por este autor y el que en este estudio llamamos de "acto museístico", lo que posibilita desmembrar la existencia del museo en diferentes tiempos, y en ellos identificar los individuos presentes y sus papeles. En función de la relación establecida entre contenedor y contenido, con base en los estudios de la dialogía, de Mikhail Bakhtin, resaltamos la relación entre todos los elementos en "diálogo" en el acto de la visita, tales como edificio, obra de arte, individuo y contexto. En la hipótesis de la existencia de diferentes posturas por parte del autor de un edificio, identificamos "estrategias proyectuales" que surgen de una necesidad de diálogo o de ruptura entre contenedor y contenido. En este trabajo han sido identificadas tres posibilidades de posturas con respecto a la relación dialógica, clasificadas en las siguientes categorías: "museos idénticos", "museos neutros" e "museos dialógicos".

Como objetos de estudio han sido seleccionados ejemplos de museos de arte del panorama brasileño del período a partir de la eclosión del movimiento moderno, según la calidad de su arquitectura, diversidad en los ejemplos, familiaridad por parte de la autora con el tema y posibilidad de contribución para el conocimiento de la arquitectura brasileña. Son: Museu Lasar Segall de Gregori Warchavchik, Museu de Artes de São Paulo de Lina Bo Bardi, Museu das Missões de Lucio Costa, Museu de Arte Contemporânea de Niterói de Oscar Niemeyer y Pinacoteca do Estado de São Paulo de Paulo Mendes da Rocha.

Se observa en esta investigación de carácter híbrido un camino interesante y viable para su aplicación a la investigación en el campo de la arquitectura. En la aplicación de la herramienta al panorama brasileño se ensaya un camino que revela la riqueza de su arquitectura museística. El foco dialógico prueba ser una herramienta interesante para el crecimiento intelectual en el campo de la arquitectura y más específicamente de la museística.

Nuevos entornos de formación en arquitectura

Lagos, R.; García, R. Universidad del Bío-Bío. Chile

La formación en Arquitectura se encuentra hoy inmersa en un quehacer educativo cada vez más complejo y exigente que ha puesto en crisis los actuales modelos de conocimiento. Una importante tradición y herencia constitutiva de la disciplina se ha apoyado sobre una particular didáctica y estrategia pedagógica: el *proyecto* es el centro de los programas de estudio y base de formación de generaciones a través de la historia. En la llamada pedagogía de la *reflexión en la acción,* el sujeto es autoformador imprescindible: a la vez que conoce sobre su hacer, se constituye y modifica por acción reflexiva en un mismo proceso cognitivo (D. Schon). Desde una singular tradición, que se debe mantener y desarrollar, la arquitectura vuelve a considerarse, más que como problema técnico o artístico, como un hecho cultural, en constante transformación (A. Rapoport). La excelencia del oficio, que antes se adquiría haciendo -*junto*, o *mirando*, a los maestros movilizándose de obra en obra-, se da al menos desde el siglo pasado en academias donde la producción arquitectónica de los docentes, apartados ahora de su práctica, es menos relevante que la calidad de la comunicación que puedan generar en torno de los aprendizajes. Advertimos un giro desde los paradigmas de la llamada *enseñanza del proyecto* hacia lo que llamamos *entornos de acción proyectual*: un conocimiento basado en objetos tornaría a otro enfocado sobre redes de procesos de enseñanza-aprendizaje, más inclusivos que exclusivos. Nuevos modos de pensar y trabajar sobre el lenguaje han generado cambios radicales en distintas áreas, y también nuevos modos de mirar y actuar en arquitectura. Desde dos vertientes fundamentales como la filosofía (M. Heidegger) y la biología (H. Maturana / F. Varela), el lenguaje es visto, más que como un medio operativo, como un medio constitutivo: el proyecto es un entorno comunicativo y constituye un dominio *generativo* capaz de crear nuevas realidades. Una estructura académica rígida basada en el saber del enseñante daría lugar a un entorno flexible que rescata saberes de aprendices como cogestores de aprendizaje, adquiriendo competencias acreditables, convalidables y homologables en diversos niveles y programas, volviendo a tener un papel tanto o más importante que el del enseñante movilizándose en una autoformación continua. El enseñante propone entornos socioeducativos de comunicación considerando la movilidad de ambos, produciendo e incorporando conocimiento sobre el saber hacer docente. Comprender la cultura no significa una formación para la actualidad conducente a la reproducción de respuestas prontamente obsoletas frente a las continuas transformaciones, sino una basada al mismo tiempo en la tradición y en la anticipación, al margen de cualquier eficacia, aplicabilidad o rentabilidad inmediata del mundo del mercado. Una formación de calidad entrega al aprendiz competencias y saberes del oficio de generaciones anteriores para ir encontrando, enfrentado a la acción proyectual y a los aprendizajes del presente, las

formas del oficio para un tiempo futuro. Más que simular un encargo profesional determinado y validado por el enseñante, generará una propuesta autónoma que vaya explicitando sus coordinaciones validada por su coherencia interna en el entorno de acción proyectual de formación.

Aspects of wayfinding and spatial behavior in different types of physical environment on an example of visually impaired (blind) people

Maslov, K. Tallin University. Estonia

This study investigated wayfinding and spatial behavior aspects of the visually-impaired population in different types of physical environment. In the experiments group of 14 blind subjects (5 men and 9 women) walked on their regularly used route and through a complex of unfamiliar architectural setting. According to the results it is possible to admit that visually impaired people are capable to behave succesfully in different types of physical environment regardless to some sort of problems of environmental organization and design. The findings show that people with visual impairments can use "route-map" and "survey-map" spatial representations.

Arquitectónica y arquitectura responsable en los concursos del estado de Chile. El caso de la Escuela de Derecho de la Universidad de Chile (1938)

Morales, J. Universidad Finis Terrae. Chile

En la segunda y tercera décadas del siglo pasado, el estado chileno impulsa un proceso de transformación social en el cual la arquitectura de sus instituciones asume un papel ejemplar, en el que la modernidad se hace presente a través de su potencial dialógico. Políticamente se ha caracterizado este período por una transformación ideológica social donde la mesocracia y el laicismo formulan una arquitectónica social responsable, donde "se piensa teóricamente, se contempla estéticamente y se actúa éticamente" (Bajtin, 1997).

Esta arquitectónica se manifiesta en general en los concursos de arquitectura convocados en todo el período 1932-1973 y en particular en el concurso para el edificio para la Escuela de Derecho de la Universidad de Chile, del arquitecto Juan Martínez, como ejemplo de arquitectura responsable, en el sentido del acto ético.

La hipótesis específica estudia la abstracción como herramienta que construye la dialogía obra-habitante. Esta construcción es la que otorga identidad a la arquitectura y es un puente entre lo físico y lo social, pues construye su dialogía en la tensión entre un saber universal y uno particular, es decir, la abstracción es una simbología y simultáneamente es el resultado de la experiencia sensorial del habitante con la obra, como fenomenología.

La abstracción se estudia como cualidad visual y se origina en una capacidad formativa del artista para concebir universos y del observador para interpretarlos, estableciendo una identidad a partir de las relaciones que estructuran la propia obra. La abstracción absorbe al símbolo como una estación hacia lo absoluto, es una capacidad formativa que no reduce la realidad sino que la codifica según la experiencia de la obra, es a la vez herramienta y proceso, que provoca una dialogía entre obra y espectador, donde la forma se constituye en vinculo entre lo físico y lo social.

Creación y experiencia se transforman en un medio para acceder a lo esencial y a la vez se constituyen en principio formativo, llegando a ser un real transmisor del fundamento y sentido, y renovado motor del juicio estético, poniendo de acuerdo a la imaginación y al entendimiento, permitiendo ser compartido universalmente y provocando un lenguaje al servicio del conocimiento.

Considerando la histórica dependencia cultural del Chile y la inexistencia de una tradición arquitectónica propia, lo nuevo en las primeras décadas del siglo xx no es la importación de ideas y formas, sino la coexistencia de varios estilos simultáneamente, apareciendo las formas modernas como uno más entre varios estilos; así, la Escuela de Derecho de la Universidad de Chile es soporte físico y a la vez testimonio de una interacción entre las particulares abstracciones de una sociedad periférica y abierta como la chilena y las abstracciones genéricas de la cultura mundial dominante.

Los cánones tradicionales, estilos codificados *a priori* e interpretables según convenciones culturales de la elite social, son ahora sujetos de la experiencia particular de la obra con el observador.

Robust programs in the state of exception

Møystad, O. Institut for byggekunst, projektering og forvaltning. Noruega/*Norway*

Public space is the backbone of urbanity. The Soviet avantgarde considered the city to be the 'general social condenser'.

Public space in the state of normality is based on symbolic programs (parades, political rallies, leisure, parks, "meeting places" etc). Symbols work on concensus, habit, law, convention and trust. These meanings are set out of play when a state of exception occurs.

A process of rapid change, whatever causes it: war, terrorism, natural disaster, political turmoil, economy or simply globalisation, tends to produce a state of exception.

The state of exception (Agamben) sets normal modes of conduct, laws and conventions aside and allows for direct intervention by use of physical power to replace civil legal or political procedures. In consequence the state of exception dissolves public space; metaphorically as well as literally.

For public space to survive during the state of exception, it has to be embedded in robust programs such as transportation and trade. On a smaller scale, necessities such as the aquisition of food and the disposal of waste compose robust programs.

Art is probably a robust program in this sense.

Morfogénesis y evolución de las ciudades-red: la representación de la forma urbana y sus procesos en los imaginarios de sus habitantes

Narváez, A. Universidad Autónoma de Nueva León. México

Esta investigación aborda el problema de la morfogénesis de las ciudades-red, entidades urbanas de reciente aparición e incipiente caracterización por la teoría urbanística y la geografía. Los estudios sobre la emergencia de áreas urbanizadas que superan a la escala metropolitana han sido la preocupación reciente de un reducido número de investigadores en el mundo, entre los que podemos señalar a Friedmann y Wolf, 1982; Friedmann, 1986, 1997; Sassen, 1991; Knox y Taylor, 1995; Lo y Yeung, 1996; Hall, 1998; Hall y Castells, 2001, Narváez, 2006, entre otros. Han planteado que las ciudades contemporáneas empiezan a enlazarse unas con otras cada vez más fuertemente, constituyendo espacios de flujos (Castells, Hall) económicos, informáticos, energéticos, hasta flujos de personas que trabajan fuera de su ciudad e inclusive de su patria (Friedmann, 1997).

Una de las tesis que maneja Friedmann (1997) es la de que estas ciudades-red planetarias surgen como un resultado natural de la evolución del sistema capitalista, que en sus últimas fases de desarrollo ha adoptado unos alcances globales. Si se une a esta tendencia inercial de las últimas fases del capitalismo la de que el capital se volatiliza, con lo que la articu-

lación económica tiende a formas en las que la localización de las fases de la producción de un producto e incluso de servicios no se relacionan con una sola localidad, tenemos como resultado la emergencia de unas formas espaciales más dependientes de un sistema de localizaciones que potencialmente independientes, autosuficientes y eventualmente autónomas en el terreno político.

En los contextos en los que el capitalismo ha arraigado y se ha desarrollado con más tiempo, fuerza e influencia, es evidente ya la conformación de las vastas zonas urbanas que describimos, mientras que en los contextos periféricos las urbanizaciones crecen a ritmos muy por encima de los que se experimentan en el occidente industrializado. Friedmann hizo al final de la década de 1990 el alarmante anuncio de hiperurbanizaciones en formación y rápido crecimiento en el sureste asiático que desbordaban ya y desbordarían mayormente en el futuro cercano las capacidades de los gobiernos nacionales para la dotación de edificaciones, infraestructuras y servicios básicos. Esta clase de urbanizaciones, para el estudioso, ya representaban el surgimiento de estas formas de urbanización que caracterizaba como una ciudad región.

Esta investigación intenta responder las siguientes interrogantes: ¿Cómo se vive e imagina una entidad espacial de estas dimensiones? ¿Cuál es la evolución del espacio social en el contexto del surgimiento de estas gigantescas estructuras físicas? ¿En qué grado se cohesionan o se fragmentan en la actualidad los espacios que constituyen a estas entidades urbanas?

En este trabajo se estudia la morfogénesis y evolución de ciudades-red regionales en dos contextos socioculturales: México en su frontera noreste (Monterrey, el área conurbada de Reynosa-Matamoros) y el sur de los Estados Unidos relacionado urbanísticamente con la conurbación Reynosa-Matamoros (el área conurbada de McAllen-Brownsville-Corpus Christi), para comprender los procesos de evolución del espacio social y físico, los procesos de integración o diferenciación de los espacios urbanos que surgen y las representaciones de estas entidades urbanas en los imaginarios de sus habitantes, así como para estar en posibilidades de llevar a cabo investigaciones urbanas comparadas.

La originalidad de este estudio radica en que a partir de los enfoques, teorías y métodos de los estudios sobre imaginarios urbanos de la geografía y del urbanismo se estudiarán las condiciones en las que la forma y los procesos que acontecen en estas entidades urbanas son interiorizados por sus habitantes, hasta incorporarlos al ámbito de los imaginarios con los que operan en esa clase de medios habitados. Un análisis así no se ha emprendido desde esta perspectiva teórica.

Laboratoire architectureanthropologie

Palumbo, M. Laboratoire Architecture/Anthropologie de l'École Supérieure d'Architecture de la Villette (Paris). Francia/*France*

The aim of the Laboratory of Architecture and Anthropology is to investigate the correspondence between place and collective identity, a potent binomial that has become a problematic formula, which needs to be aggressively redressed. In the context of globalization, can we still insist that different places prefigure specific cultural identities? Or that today distinct identities call for particular places? Our anthropological practice takes on the city as a whole, considering its real, imaginary, spatial, and temporal dimensions from an interdisciplinary perspective. We approach the city as a complex of realities that span time and space and are continuously re- imagined, projected, rejected, and dreamed about by the people who live there. Urban and architectural forms are therefore the central object of LAA's analysis.

Our axes of research are :

1) Representing Contemporary Worlds: Cities and Architectures in the Face of Globalization, coordinated by Alessia de Biase

2) Time in Contemporary Cities, organized by Alain Guez

3) New Methods for Research/ Methodology as a Scientific Subject, coordinated by Cristina Rossi

Let´s explain some of our courant research:

A Slice of the City (Tranche de ville) is a methodology that LAA first implemented in 2005, while collaborating with APUR (Parisian urbanism atelier) on ways to define new indicators that would measure the quality of life in Paris. In this case, classical and functional indicators as well as the historical and administrative limits of neighborhoods, were disregarded in favor of privileging the residents' perception and use of the spaces in which they live. As a result, new criteria and cartographies that describe the quality of urban life began to emerge. Our team now uses this method to investigate other regional territories and has applied this approach to Mexico City, Slavador de Bahia, and London. Our findings are intended to play an important role in political decisions and evaluating city planning, as well as serve as a means to engage fundamental questions of urban life: What forces are at work in creating a suburb? What forces create a neighborhood? What, in the end, is a city made of?

Re-enchantement of Banlieue

The aim of this interdisciplinary research is to understand the context of several successive building demolitions that mark categorically the process of urban renewal and development in "the 4000 south" of La Courneuve, a suburb of Paris. Here we are interested in the impact of past and future demolitions on the "urban imaginary". How has the policy of demolition affected the memory and daily life of the residents?

And what image of the city are promoters, for whom the demolitions are an essential step, cultivating? We are thus discovering La Courneuve through the process of dramatic physical transformation as it appears in narratives created by the media, politicians, and the people living and working in this complex area. For this project, we have developed a web site that acts as a place of sedimentation for what has become an unconventional history made of fragments, bits of memory, misunderstandings, paradoxes, crises, and love.

Imagined Landscapes, constructed landscapes: This project analyzes the contemporary imaginary of the Alps. In the context of research at LAA we consider the Alps as a paradox: a region valorized by outsiders as a model natural, archaic, and elegiac environment, when, in fact, it is developed and heavily constructed, promoted to be sold and consumed, according to urban priorities. Therefore, we focused our research on the urban and architectural dimension of this landscape. The hypothesis at the base of this work is that only a re-composition of images of the Alps, as an anthropological and geographical place, can clarify the present logic of this territory, a territory between local and global dimensions, and between everyday experience and its consequences on physical space. The way we look at mountain determines the way we act on the landscape.

Torres gemelas en Nueva Belgrado. Construcción y reconstrucción del antiguo edificio del Partido Comunista Yugoslavo.

Prokopljevic, J. ETSAB, UPC. España/*Spain*

Cuando, en la primavera de 1999, tres misiles de la OTAN atravesaron la estructura miesiana del rascacielos más alto de la capital Serbia, muchos pensaron en la desaparición definitiva del símbolo más visible que la época socialista había dejado en el perfil urbano de Belgrado. Era difícil imaginar la planicie entre el Sava y Danubio sin aquel panóptico que en tiempos de festividades socialistas iluminaba sus ventanas, formando en vertical las cuatro letras: TITO.

Su construcción duró menos de cuatro años, tiempo considerablemente corto para sus 24 plantas y sus cimientos a más de 50 m de profundidad. El despliegue tecnológico fue sin precedentes, empleando uno de los primeros muros cortina en el país. Sin embargo, la decisión de qué forma tenía que adoptar el edificio y, más importante, qué ideas tenía que reflejar de manera clara e inequívoca, tardó casi trece años en tomarse. Desde las primeras propuestas en línea del más puro realismo socialista de 1947, hasta el edificio funcionalista que se inauguró en 1964, fue organizada una decena de concursos, abiertos y restringidos entre los arquitectos más reconocidos de la antigua Yugoslavia.

La destrucción del edificio, entonces sede de diferentes empresas y medios de comunicación relacionados con el régimen de Slobodan Milosevic, supuso un choque visual y también un interrogante identitario para la capital. Si no de Belgrado, este edificio había sido un símbolo de Nueva Belgrado, y la posible reconstrucción era un reto: lógico, estético e ideológico.

El resultado, el complejo de edificios previsto para inaugurarse en 2010 consiste de la torre reconstruida que no varía la base estética de la torre antigua, la segunda torre "gemela" y el volumen bajo. El aumento de superficie corresponde a intereses comerciales, pero la aparición de una segunda torre "del partido" responde a la complicada intención de conservar la imagen y, al mismo tiempo, suavizar sus matices histórico-políticos, no siempre bienvenidos.

Las ciudades del centro y este de Europa conservan un gran patrimonio arquitectónico y urbanístico correspondiente a la época de las democracias populares. Mayoritariamente consiste en barrios residenciales, con problemas de escala, densidad, cualidad material y mantenimiento de los edificios. Sin embargo, los edificios que han sido especialmente difíciles de aceptar para la ciudadanía, incluso odiados tras la caída de los regímenes, han sido los edificios similares al edificio del Partido Comunista Yugoslavo: de alta calidad, con emplazamiento destacado y con vocación de símbolo.

A medida que nos alejamos de los tiempos socialistas, estos monumentos vuelven a ganar interés, principalmente turístico, por su específico contenido histórico y político, muy propio de Europa del Este. La investigación que se propone, analizando ejemplos como la reconstrucción del edificio del Partido Comunista Yugoslavo, consiste en analizar paralelamente los proyectos de construcción de los edificios emblemáticos de los regímenes socialistas, y las propuestas para su integración en la vida urbana actual. El doble análisis es necesario para descifrar, explicar y así conservar las diferentes capas de significado de estos edificios.

El umbral como interpretacion de la identidad urbana y arquitectonica

Ramírez, B. Universidad de los Andes. Venezuela

La evolución de la estructura de ciudad como lugar habitado está determinada por diversos factores como: la configuración de su *territorio* físico, la cultura de la *sociedad* inserta en el lugar y los hechos o acontecimientos que han marcado históricamente su desarrollo. Estos elementos conforman la *historia* del lugar, el cual define en su configuración un *texto* que narra su propia evolución. Las diferentes etapas de esta evolución se ven articuladas a través de puntos de transformación o umbrales que hacen de la experiencia urbana una secuencia de cambios. La ciudad como contexto y el elemento umbral como texto constituyen los elementos básicos de la cultura urbana de un lugar y permiten la comprensión de la misma. Estas son las premisas del taller de diseño que se presenta y sus resultados demuestran tales objetivos.

Se manejan diferentes escalas del diseño, partiendo desde la escala de la ciudad, como diseño urbano; la escala del conjunto, como diseño de espacio público y privado; y la escala del edificio mismo, como diseño arquitectónico, llegando incluso al detalle de construcción.

La ciudad de Mérida, como caso particular, muestra una estrecha vinculación con la Universidad de los Andes. Esta ha sido determinante en cada una de sus etapas de desarrollo y crecimiento, la misma, dispersa en toda su extensión. De igual manera, el Parque Metropolitano Albarregas es un proyecto universitario que pretende vincular el río Albarregas a la ciudad, dado que éste se encuentra emplazado a lo largo de uno de los lados de la meseta que conforma la misma y además posee un potencial enorme, y puede ser convertido en un lugar de encuentro social y vinculación territorial, con espacios públicos y culturales, que brinden una mejor calidad de vida a los habitantes del lugar.

Es por esto que el trabajo delimita, en principio, las áreas universitarias que se encuentran en contacto con el parque y con la ciudad. Luego interviene los sectores universitarios no desarrollados y a continuación propone nuevos desarrollos arquitectónicos, conducentes a establecer esa articulación ciudad-parque-universidad, la cual, creemos, es la clave para desarrollar nuestra ciudad, con un claro sentido de identidad.

Es entendida la arquitectura y la ciudad como una suma de umbrales, de puntos de transformación en el espacio, y el objeto arquitectónico es visto como límite entre espacios interiores y exteriores, naturales y construidos, urbanos y arquitectónicos, que buscan como objetivo rescatar nuestras raíces y nuestro sentido de identidad cultural.

La pertenencia de la memoria en la arquitectura

Rivera, M. Universidad del Táchira. Venezuela

Un palacio lleno de depósitos y rodeado de un amplio patio es la metáfora usada por San Agustín[2] para explicar cómo funciona la memoria del individuo; en los depósitos están almacenados los recuerdos y cada vez que necesitamos traerlos al presente por medio de la rememoración, se sacan al inmenso patio donde volvemos a verlos.

Si llevamos nuestra mirada al análisis de la pertenencia de la memoria, partimos de este palacio perteneciente al individuo, hacia una socialización de la memoria; la explicación de este paso se la debemos a Husserl,[3] quien intenta pasar de un ego solitario a otro capaz de convertirse en un "nosotros".

Por tanto, la memoria individual es radicalmente singular, es el vínculo original de la conciencia con el pasado y es aquella que nos permite tener un sentido de orientación en el tiempo. Si trazamos una línea sobre la cual explicar la pertenencia de la memoria, en el otro extremo nos encontramos la memoria colectiva, que es declarativa, transmitida de generación en generación, divulgada en libros o simplemente compartida por el ciudadano.

Pero entre ambos extremos existe un salto, aparentemente no existe una zona de intersección, la primera memoria a la que nos referimos pertenece al individuo y la segunda a la colectividad. Con este punto de partida, el filósofo francés Paul Ricoeur indaga sobre los estudios de Husserl, John Locke, Maurice Halbwachs y Shutz, y resuelve el plano intermedio, la proximidad a mitad de camino entre el individuo solitario y el ciudadano de la polis, con lo cual plantea una triple atribución de la memoria: uno mismo/sí propio, los próximos y los otros.[4]

En el "uno mismo/sí propio" encontramos al individuo, en los "próximos" un intermedio y en los "otros" a la colectividad. Por ejemplo, sin una técnica compartida y enseñada entre próximos, de generación en generación, y toda una cultura llena de mitos y ritos de la memoria colectiva no se hubiese llegado a comprender el sentido de las catedrales que relacionan los descubrimientos tecnológicos y los aspectos sociológicos donde siglos de desarrollo de oficios se entrecruzan con siglos de desarrollo de una sociedad. En este ejemplo podemos comprobar la compleja red de relaciones que conecta la arquitectura y sus formas constructivas con todas las características de una cultura.

Podemos hacer un paralelismo de los aportes de Ricoeur al campo de la arquitectura.[5] Si la capacidad individual del arquitecto se nutre de su propia memoria, de la de sus allegados y

de aquella perteneciente a la colectividad, su repertorio cultural se verá reflejado en la arquitectura que genere, y si el resultado es óptimo, este diálogo continuará en el uso del edificio o la ciudad.

En el proyecto arquitectónico, la memoria de los próximos tiene un gran valor, pues el arquitecto no trabaja solo, sino que se nutre de apoyos exteriores, lo que ocurre también en los talleres de diseño. Entre la memoria individual del arquitecto y la memoria colectiva de una sociedad, podemos ubicar lo que llamaremos la *memoria de grupo*,[6] la cual se refleja en innumerables ejemplos; si un arquitecto utiliza las herramientas de la memoria para diseñar, no solo manejará lo que está guardado en su repertorio cultural, sino que tendrá que hacer uso de la memoria declarativa y de la relación con otros, quienes enriquecerán su respuesta arquitectónica.

Permanencia y transformación en arquitectura. Gibellina y Salemi: ciudades usadas

Rodeghiero, B. ETSAB, UPC. España/*Spain*

Objeto de la tesis son las ciudades de Gibellina y Salemi (valle del Belice, Sicilia), destruidas, en su totalidad o en parte, por un violento terremoto en enero de 1968.

Objetivo de la tesis es estudiar la relación entre permanencia y transformación en la arquitectura de la ciudad a través del análisis de un caso extremo donde una catástrofe opera una fractura repentina en la evolución, física y social, de la historia de un lugar. El proceso de reconstrucción evidencia como estos elementos se combinan en el proyecto arquitectónico y en el uso del espacio construido para que la ciudad se mantenga viva.

En los últimos cuarenta años Gibellina y Salemi han sido un laboratorio de la arquitectura y de las ciencias humanas, en una dimensión analizable en un único estudio; es Belice un banco de prueba para la cultura política y arquitectónica italiana, que no tenía, entonces, herramientas legislativas para actuar al margen de la cultura de la emergencia.

Gibellina y Salemi son el sujeto de una investigación histórica que sitúa la mirada en el presente y en el uso. Las dos ciudades, física y social, dialogan: la primera cambia y requiere que lo haga también la segunda. ¿Cómo la historia interrumpida puede seguir su curso? ¿Cómo la conservación y la innovación de los elementos espaciales y culturales de una comunidad garantizan su supervivencia? ¿Cómo la memoria rememorada hace avanzar hacia el futuro?

Estas preguntas nacen de unas hipótesis iniciales. La primera es que la construcción de la ciudad sea un proceso continuo donde territorio y sociedad son los términos de un diálogo constante. La segunda interesa al propio mecanismo de la catástrofe, que no puede leerse solo como acontecimiento luctuoso, sino como portador de un punto de vista nuevo, de la oportunidad de hacer las cosas de manera diferente. La memoria, para acabar, cobra un papel fundamental combinando permanencia y transformación tanto en el proyecto de arquitectura como en el uso de la ciudad. Si el análisis de un caso concreto puede aclarar los mecanismos de producción, transformación y transmisión de la arquitectura en el tiempo, podremos entender, por su trámite, cómo se mantiene a lo largo de la historia la conexión entre un territorio y su cultura.

La tesis reordena las etapas de la reconstrucción y propone un punto de vista diferente con respecto a mucha literatura sobre Belice, situando el análisis del texto urbano en su específico contesto histórico, geográfico y cultural, sin expresar juicios *a posteriori* e investigando las razones contingentes de las elecciones operadas.

La tesis se compone de tres partes según una estructura cronológica clásica.

En la primera se analiza Belice según los parámetros de construcción y resistencia. La teoría del territorio como paisaje construido y culturalizado se refiere a la tradición italiana desde R. Assunto hasta E. Natarelli. La lectura de A. Rossi es fundamental para entender la ciudad como artefacto que evoluciona en el tiempo. La teoría sociogenética de J. Muntañola relaciona proyecto, territorio y sociedad, mientras que la psicología ambiental, E. Po, ayuda a comprender lo urbano desde el punto de vista del sujeto que lo habita. El análisis de la arquitectura en el tiempo se hace a partir de la teoría del tipo como estructura que, en la tradición de Quatremère de Quincy, es releída y actualizada por G. Caniggia y S. Muratori en los setenta y, más recientemente, por C. Martì e R. Moneo. Para la reflexión sobre forma, figura y símbolo nos referimos a A. Colquhoun y para el concepto de espacio prototípico en psicología ambiental a S. Valera. Fuera de la arquitectura, la topología y la teoría psicogenética de J. Piaget sugieren un interesante punto de vista para entender la evolución del tipo en el tiempo. Con estas bases se identifican y describen los tipos urbanos y arquitectónicos fundamentales del Belice antes 1968.

La segunda parte se apoya en los estudios de Muntañola sobre la poética en arquitectura y utiliza la teoría de las catástrofes del matemático R. Thom para defender la duplicidad del concepto de catástrofe: como trauma y como solución. El análisis de estos puntos de vista aplicados a la arquitectura hace reflexionar sobre cómo "regla" y "modelo" intervienen en el proyecto de arquitectura en un contexto de destrucción de la forma urbana y disolución del contexto social al que pertenece. El estudio de los planes para Gibellina y Salemi ha sido hecho de acuerdo con esta nueva orientación.

En la tercera parte la teoría de la memoria de P. Ricoeur ayuda a entender cómo resistencia y transformación de declinan en los diferentes proyectos de reconstrucción a través de los tres elementos de *topos*, *tipo* e *uso*. La relación del texto arquitectónico con su contexto histórico y social se cumple en el habitar reflexivo.

La ciudad bajo la lógica de la proliferación. Estética del exceso

Sierra, M. E.T.S. de Arquitectura de Sevilla. España/*Spain*

Uno de los conceptos clave para entender la ciudad contemporánea es la información. Vivimos en la sociedad de las telecomunicaciones, de los flujos de información. Un dato que pueda surgir en un lugar por medio de la red puede devenir instantáneamente global. De este modo los nodos de la red reciben y acumulan información, en ocasiones demasiada, más allá de lo que puede asumir, siendo el resultado una situación inasible, inabordable, compleja. Cuanta más información, menos significado, o al menos eso es lo que afirman los teóricos de la ciudad genérica: cuanta mayor complejidad, el espacio de la ciudad se vuelve común en la instancia de que no existe una cultura o disposición dominante, un orden organizador, sino que deviene caótico. El caos y la complejidad es lo común, y lo local en esta circunstancia supone lo redundante, algo innecesario.

Frente a esta concepción de lo contemporáneo, se intenta oponer un discurso contrapuesto: reivindicar lo local, pero no desde los regionalismos o singularidades patrimoniales, sino desde los comportamientos derivados del exceso de información. Frente a la idea de que cuanta más información menos significado, se opone el argumento de autores como Fernández Porta, en que el exceso de información, más que como confusión, debe entenderse como una superposición de mensajes individuales cada uno con su propio significado. El significado no desaparece, se multiplica. El flujo de información no diluye, sólo superpone; únicamente podríamos observar disolución si contempláramos el objeto de estudio desde fuera, pero la cuestión es que debemos tener en cuenta que pertenecemos a dicho objeto, y que nosotros mismos no suponemos más que otra entidad que coexiste y presenta un significado. Una vez entendido esto, lo importante es observar las reacciones que se dan: pudiera ser que una entidad, ante la incapacidad de trascender debido a tanta información, vea frustradas sus intenciones; o que en su fascinación, convierta la complejidad (y no sus componentes) en el objeto de consumo; o que entienda el exceso como una enfermedad, una reformulación del síndrome de Stendhal que en vez de belleza se dirija al conjunto de la información, etc. Frustración, objeto de consumo, enfermedad..., en cualquier caso comportamientos derivados de los flujos de información y no inducidos dentro de los mismos. Los nuevos localismos podrían

surgir de estos resultados, de estas desviaciones. Los entornos urbanos diferenciados que pudieran aparecer a lo largo del planeta podrían estudiarse a través de esta lógica.

Para ello, el objeto de estudio es el espacio fenomenológico del individuo. Lo que piensa, lo que siente, lo que consume, lo que produce: las manifestaciones artísticas, el cine, la literatura, la televisión... La cuestión no es tanto observar la ciudad desde la globalidad, desde los procesos de especulación, como suponer acerca de cómo se configuraría si se dejara al habitante posmoderno, un habitante con comportamientos derivados de la ingente proliferación, cuyo brazo armado es una acción estética surgida del exceso, la decisión sobre su espacio vital.

The "architecture of light": from archetypes to biophotonics

Stănciulescu, T.; Poenaru, A. AL. I. CUZA University. Rumania/*Romania*

The authors suggest that, into the frame of human life, a novelty architecture will be able to mediate the natural harmony between man and his / her cosmic roots, between the nature and culture, respectively. The LIGHT is considered to represent the physical, biologic, psycho-social archetype able to unify, not only symbolically, the human's life and its built frame.

In this topic, the hypotheses of a new science of the "living light", namely BIOPHOTONICS (biology + theory / technology of lasers), will be able to rationally explain and scientifically / technologically recuperate for the benefits of the modern architecture the harmonizing features of the old "SACRED GEOMETRY & ARCHITECTURE", such as:

the connection of any type of major architectural object with the cosmic and telluric frame / landscape, with the essential cosmogonic elements (fire, air, water, earth or / and the unifying ether), which the Indian science of COSMOGRAMS / MANDALAS / YANTRAS, used from ancient times as essential patterns, and which the traditional Chinese FENG SHUI practice efficiently applied into the science of sacred architecture;

– the resonant power of the natural "living materials" used for building, such as clay, stone, wood, manufactured glass, etc., having (biophotonic) properties perfectly accorded to the human body frequencies;

– the modeling of the horizontal and vertical surfaces an volumes, accorded to the principles of the "gold number" of the universal "phi proportion;

– the forms of the decorative motifs and of the associated colors, subordinated to the same "sacred geometry" and harmonizing electromagnetic waves and human bioluminescence (aura);

– the spiritual / symbolic signification of the architectural assembly functions.

"The world as a temple / cathedral" inside whom is the human being is healthy pulsating as an "integrative cosmos", as a "being of light" represents the basic idea of the archetypal and modern too "ARCHITECTURE OF LIGHT", synergically connecting NATURE (cosmic space → structural materials → biological body), on the one hand, and CULTURE (cosmic symbolism → functional planning → psycho-logical human state), on the other hand. In this way, the old heritage of will not be longer artificially separated, due to a new vision of human competence to rebuilt his / her architectural space.

Finally, starting from all these unifying principle, argued by a lot of examples detached from the history of the universal architecture, the authors present – as and integrative project – the architectural complex of ICHTUS (International Center for Human Therapy and Unity of Spirit), ROMANIA.

Reprogramming european modern suburbia new urban design strategies in low-dense spaces

Suau, C.; Tunka, S. Welsh School of Architecture, Cardiff University. Reino Unido/ *UnitedKingdom*

Sprawl is the most significant and urgent issue in Europe. Suburban sprawl's public transportation is a need in many places. Yet most Europeans persist in their desire to live further and further away from urban centers, moving to exurbs made up almost entirely of single-family residential houses and stand-alone retail zones. This research study analyses the phenomenon of urbanity in suburban spaces and specific suburban patterns. It is focused on the reflection of urbanity (or anti-urbanity) in sprawl areas, based on the case study of two awarded proposals carried out at Europan 8 and 9. On one hand, this comparative study shows new techniques of sustainable urban design in sprawls; on other hand, stimulate the debate on sustainable urban systems and new models of transformation of dysfunctional spaces by formulating new suburban configurations and types.

Constitution of a graduates´course "Prosthetic architecture: end of architectural bodies – beginning of spatial prosthesises?"

Werner, F. Bergische Universität Wuppertal. Alemania/Germany

Important exponents of Classical Modernism (Le Corbusier, Hugo Haering) explicitly spoke of "living machines" and "prosthesises" already in the 1920s, i.e. of prosthetic functions the *Neues Bauen* increasingly had to adopt. This led critics of the *Neues Bauen* then and today to the argument of "delivery forceps´purity" and "aseptic sterility", concerning many of the outstanding buildings of this period. In the 1950s the international movement of Situationism picked up surreal aspects of the prosthetic just to polemically reinforce the role of bodily demonstrativeness amongst "cooled down architecture". But only the architectural protest- und utopian-movement of the late 60s and early 70s was the first to coin the issue of transarchitectural aspects like expansion of consciousness, cognition and body, like robotics, bionics or metabolism by means of prosthetic prototypes both thought and built. From a contemporary point of view we do know these tendencies were far ahead of the times. Just since the technical implementation of digital, virtual worlds and the possibility of absorbing "cold" virtual spaces by real "hot" bodies in real time by means of prosthetic timespace-bodysuits, prosthetic compartments of architecture became an important issue for artistic and architectural avantgardes. In addition, since the late 80s sociologists, psychologists, ethnologists, behaviourists and philosophers showed intense interest in "Mental Mapping" as well as in movements of bodies in space including required prosthesises. This interest lasted till today and led to exciting case studies and research projects. The rapidly growing development of digitalization and control engineering at the beginning of the 21st century opened up entirely new visions of programmable and self-controlling intelligent houses of any size. These visions and its built prototypes contain so many prosthetic armatures, putting Le Corbusier´s 1920s "Living Machines" as romantic aperçus of history in second place. In addition, bionics was installed as a new branch of science. Remains the question of how aspects of the prosthetic, if they were as noticeable as physically implemented, could affect matters of future urbanistic strategies. In principle, Siegfried Giedions´ legendary 1948 benchmark "*Mechanization takes command*" should be updated, if not entirely and radically renewed.

Thematic questions will include:

– cultural history of the prosthetic in architecture, city, art and equipment

– strategies of absorption and their prosthetic means

– construction and form of the Second Skin

– behavioral patters of "hot" bodies in "cold" spaces and the prosthetic compensation

– the intelligent house and possibilities of urban integration

– prosthesises for spatial reinforcement yesterday, today and tomorrow

– prosthetic intentions of technical building equipment

– prosthetic building skins and materials as well as bionic constructions and structures

La recualificación de un espacio publico marginal desde la interpretación del fenómeno urbano como lugar

Zárate, M. Universidad Nacional del Litoral Santa Fe. Argentina

La problemática a la que hace referencia la presente comunicación tiene que ver con la condición del espacio público como soporte de sociabilidad y urbanidad a partir de reconocer que sus rasgos configurativos son separables del proceso de construcción cultural de un lugar.

En el caso del barrio Santa Rosa de Lima, los rasgos morfológicos del espacio son los propios de áreas urbanas periféricas marginadas no solo en lo socioeconómico, sino, además, en lo físico funcional, con todo lo que ello implica como condicionamiento negativo para la calidad de vida del barrio.

Ello implica reconocer que la baja calidad configurativa infraestructural y de servicios de un espacio público, junto a la percepción de inseguridad y abandono que reactúan sobre la representación de la gente, contribuyen a la pérdida de los espacios de interacción social, los lugares donde se construye la identidad colectiva.

De este modo el trabajo apunta a rescatar el espacio público desde el sentido de lugar directamente vinculado a lo que se considera el "capital social" (consiste en una "invitación" a reconstruir formas de cooperación basadas en el espíritu cívico, como una forma de disminuir tendencias a la disgregación social y de aumentar la eficiencia de la acción colectiva). Desde este concepto, el espacio público cumple el papel fundamental de fomentar y promover el capital social, ya que aquel constituye el escenario donde se despliega la fiesta (la sociedad actuando), se proyecta el simbolismo y se construye la identidad.

De este modo los espacios públicos se convierten en un buen referente para evaluar los grados de integración social, los alcances de los sentidos de pertenencia, las capacidades de apropiación de lo público y los niveles de democracia obtenidos en un barrio, una zona

o una ciudad, con el propósito proyectual de alentar las posibilidades de comunicación y alteridad entre diversos grupos sociales y la potenciación de actividades de apropiación que lo carguen con simbolismo e identidad. Ello será la condición esencial para posibilitar estrategias de gestión compartidas sobre el espacio público y de este modo alentar las sinergias positivas en las redes sociales que se verán enriquecidas y con mayores fortalezas en cuanto al capital social y las posibilidades consecuentes para afrontar e ir superando los retos de la pobreza y la marginación social y económica.

El tema-problema fue identificado y construido conjuntamente por los referentes barriales y los representantes de diversas institucionales sociales, a lo largo de un proceso previo de reuniones de trabajo en el propio barrio y conducido por un equipo de profesionales de la universidad que se encuentra trabajando en el lugar desde hace un tiempo lo suficientemente extenso como para sustentar la legitimidad social e interés académico científico de la problemática aquí propuesta.

La estrategia de acción se orienta hacia la meta de lograr instalar en los sectores sociales más activos y representativos del barrio un cambio en la percepción y posterior reformulación de sus representaciones sociales con respecto a la importancia del espacio público como escenario de construcción de sociabilidad, de urbanidad, de posibilidades para fortalecer redes de interacción social, que pudieran contribuir al mejoramiento de la calidad de vida del barrio. El modo que este proyecto propone para llevar adelante ese cambio está basado en el desarrollo de un proceso de proyectación urbana participativa que posibilite arribar a la elaboración de pautas arquitectónicas de mejoramiento del espacio público barrial.

Territory new meanings rethinking portugaltourism – two case studys

Zuquete, R. Universidade Lusiada. Portugal

Studying the Dialogical meaning on Mikhail Bakhtin essays, and according with Josep Muntañola interpretation towards architecture understanding, this *dialogical series* are theoretical essays made along with some practical projects of the office for their conceptual definitions, and to make a critical reflection about the gap between the investigation on theoretical subjects and architectural *praxis*.

The two case studies presented are about new tourism developmonto in Portugal. In the early sixties the country begins to build the first resorts and tourism equipments, with dramatic impact in local culture and landscape, *shaping* drastically the future of the most desirable and fragile places.

Now a new and sophisticated tourism is wanted to develop economic expectations, respect the environmental issues, and achieve cultural significance and architectural qualities. The theme of "Quality Resorts", cultural and environmental friendly, and surprisingly contemporary concerning architecture, is among the most important projects in the country, priority of the newest politics as it concerns great fragments of territory, cultural and economic development, a theme for the future that as given a poor image in the past, concerning the lack of quality and less respect for cultural tradition, with no serious or strategically idea of regional development.

Time to rethink a strategy and a new meaning for tourism, and to understand the complex cultural and social relations, and reshape fragments of territory to a new relation between locals and other new inhabitants, renewed uses and programs, and a coherent understanding of future on new meanings for cultural landscapes.

A lost Territory in the province of *Alentejo* that only as the sense and the memory of the regional culture, one of the most powerful in Portuguese tradition. The place is between the rurality of the interior and the new values of the cost and the sea front.

This lost land, historically without any use, needs to be drawned for new values and to maintain the cultural and social meanings, between memory and the needed desire of future.

This landscape has being drawn in the project like the traditional large farms in Alentejo, modulating the terrain to receive the buildings with a sense of belonging, like a global gesture; land, habitants, Architecture.

The project has began with the conscience of the cultural and social values in existence, like a *web* or a *weaving* that shaped the meaning of this landscape. The concept is to give shape to a second *web* that appears from the first one, like if new meanings and contemporary values as to be drawned as a desire for transforming the landscape, *weaving* to keep its meanings and memories, but also to be completed by the conscience of its future.

This atmosphere of Alentejo has a singular telluric sense and a quietness that makes it unique in Portuguese vernacular culture. The volumes and shapes of is shy architecture, but with a sense of nobility that cames from description and intelligence. The unique atmosphere, the whiteness and the shadows of the simple and noble architecture, along with a singular idea and sense of place, as being the concept for drawing the property. The intemporal values of this vernacular architecture were maintained by *weaving* the existent and the new and reshaping their timeless significance.

Douro is a province protected by Unesco as one of a kind, like a wine shaped land and culture.

The cultural web of significance and meaning of the place has to do with a unique telluric and tectonic sense, made buy rough, crude and strong materials, sculptured vineyard slops like giant gestures along the Douro river. All the meaning is about wine and is culture, a presence of centuries that defined the use of the river, the shape of the land and the social texture.

The second *web* begins with the idea of bringing new inhabitants to the centre of this wine cultural meaning. Shaped by this wine values, like the slops of Douro, the project is drawned by this tectonic gesture of the wine terraces. It completes for his interior the wine slopes and vineyard from both sides of the terrain, and builds houses inside is morphology, opening courtyards on the terraces, like sophisticated corners on the rough stone walls.

The Hotel is formed like giant geometrical stones on the higher point of the terrain. Inside, the social areas goes to the elegance of the ancient Douro Villas that, at the end, opens on a terrace, like a stage over the river and the vineyard.

The Wine Spa is on the top of an abandoned giant wall that stayed from the building of the dam. Like a metaphor of an old abandoned train bridge near by, it's a "promenade" along the wall. It's a memory of the water over the presence of the river, the touch of the wine and the sense of Douro`s atmosphere.

Notas / Notes

1. Lo sobreentendido forma parte del poder comunicativo del objeto arquitectónico, sus ámbitos (espacial, conocimiento compartido y valoraciones compartidas) son ámbitos socialmente objetivos, que formalizan la comprensión de un colectivo a respecto del mundo que los rodea. Bajtín justifica la objetividad de lo sobreentendido como 'actos que socialmente son necesarios y consecuentes', que garantizan una unidad social a un grupo y conforman su visión de mundo.
2. San Agustin. (1475). Pág. 249
3. Husserl, E. (1931). Pág. 190
4. Ricoeur, P. Pág. 165
5. Rivera R. (2006) Pag. 33
6. Op Cit. Pag. 143

Editor

Josep Muntañola. *Barcelona*

Associate Editors

Magda Saura. *Barcelona*
Alfred Linares. *Barcelona*

Assistent Co-Editors

Beatriz Ramírez. *Universidad de los Andes. Mérida. Venezuela*
Marcelo Zárate. *Universidad Nacional del Litoral. Santa Fe. Argentina*
Ruth Marcela, Samuel Jaimes Botía . *Universidad Santo Tomás, Bucaramanga. Colombia*
Nadya Nenadich. *Universidad Politécnica de Puerto Rico. Puerto Rico*

Editorial Board

Board of Advisory Editors (Scientific Committee):
(alphabetical order)

Botta, Mario; *Architect, Switzerland*
Boudon, Pierre; *Architect, Canada*
Bilbeny, Norbert; *Philosopher, Spain*
Carbonell, Eudald; *Archaeology, Spain*
Fernández Alba, Antonio; *Architect, Spain*

Ferrater, Carlos; *Architect, Spain*
Gómez Pin, Víctor; *Philosopher, Spain*
Heikkinen, Mikko; *Architect, Finland*
Kalogirou, Nikolaos; *Architect, Greece*
Langer, Jonas; *Psychologist, USA*
Levy, Albert; *Architect, France*
Lagopoulos, Alexandros; *Urban Planner, Greece*
Mack, Mark; *Architect, United States*
Messori, Rita; *Philosopher, Italy*
Moore, Gary T; *Architect, Australia*
Mul, Jos de; *Philosopher, The Netherlands*
Pallasmaa, Juhani; *Architect, Finland*
Ponzio, Augusto; *Philosopher, Italy*
Preziosi, Donald; *Anthropologist and Linguist, USA/UK*
Provensal, Danielle; *Anthropologist, Spain*
Rapoport, Amos; *Architect, USA*
Rewers, Eva; *Philosopher, Poland*
Romañà, Teresa; *Pedagogue, Spain*
Salmona, Rogelio; *Architect, Colombia* †
Sanoff, Henry; *Architect, USA*
Scandurra, Enzo; *Urban Planner, Italy*
Solaguren, Félix; *Architect, Spain*
Tagliabue & Miralles; *Architects, Spain*
Valsiner, Jaan; *Psychologist, USA*
Werner, Frank; *Historian, Germany*

Institutions that support the review:

Universitat Politècnica de Catalunya. Dep. Projectes Arquitectònics. Grup de Recerca GIRAS. *Barcelona, Spain*
Universidad de los Andes. *Mérida, Venezuela*
Universidad Nacional del Litoral. *Santa Fe. Argentina*
Universidad de Santo Tomás. *Bucaramanga. Colombia.*
Universidad Politécnica de Puerto Rico. *Puerto Rico*
Corporación HEKA. *Ecuador.*
Colegio Nacional de Arquitectos del Ecuador. *Quito. Ecuador*

ARQUITECTONICS is included in the following catalogues:

Avery Library Columbia University Catalogue. USA

School of architecture Paris-la-Villette Library Catalogue. France
Library of Congress Catalogue. USA. *http://catalog.loc.gov*
Zurich Polytechnic School of architecture Library Catalogue. Switzerland
Escola Tècnica Superior d'Arquitectura de Barcelona Library Catalogue. *http://bibliotecnica.upc.es/*
Trondheim School of architecture Library Catalogue. Norway

The ARQUITECTONICS Series is in the web www.edicionsupc.es

The Arquitectonics Series can be ordered through the webs:
www.agapea.com - www.parisvalencia,com - http://buecher.a.get-me-books.de

Guidelines for the presentation of full paper

Normas para la presentación de artículos

Estructura del artículo

El artículo debe tener un máximo de 12 páginas

Cada artículo debe contener:
- *el título del artículo*
- *el nombre del autor o autores con su dirección electrónica*
- *el resumen*
- *las palabras clave (sin su explicación)*
- *el texto del artículo con figuras*
- *las notas al final del texto*
- *la bibliografía*

La bibliografía se presentará en la lengua original, el resto en las dos lenguas del artículo.

Las divisiones

Los artículos se dividirán en capítulos sin numeración.

Referencias y citas

Las referencias deben citarse en el texto, señalando entre paréntesis autor y el año de la publicación. En caso de dos autores, ambos han de citarse. Cuando hay más autores, ha de citarse al primero seguido de et al.

Structure of the paper

Size of the paper: 10-15 pages

The paper must contain:
- title of paper
- name of author or authors and their email address
- abstract
- keywords
- full paper text with figures
- notes at the end of the text
- bibliography

The bibliography should be presented in the original language and the rest in the two languages of the paper.

Divisions

The text should be divided into chapters without numbering.

Citations and references

References must be cited in the text as follows:.
- One author: (RAPOPORT 1990)
- Two authors: (KANDEL AND SQUIRE 2001)

- Un autor: (RAPOPORT 1990)
- Dos autores: (KANDEL Y SQUIRE 2001)
- Tres o más autores: (HENSHILWOOD et al. 2004)
- Dos o más referencias del mismo autor y año: (RAPOPORT 1997a, 2000b, 2003c)
- Dos o más referencias juntas (BECHTEL 1986; ALTMANN 2002; Damasio 2001)

Figuras

Aparte del texto solo existirán Figuras. Con la denominación de figuras se incluyen los gráficos, mapas, fotografías, dibujos, cuadros de texto y similares. El año de la publicación se pondrá entre corchetes.

Bibliografía

Deberá aparecer completa correspondiente con las referencias y citas del texto.

Ejemplos

Libros: RAPOPORT, A. (1990) History and Precedent in Environmental Design, New York: Plenum.

Artículos: KANDEL, E.R. y L.R. Squire (2001) "Neuroscience: Breaking down Scientific Barriers to the Study of Brain and Mind", en A.R. DAMASIO et al. (Eds.) Unity of Knowledge, New York: NY Academy of Sciences, pags. 118 - 135.

HENSHILWOOD, C. et al. (2004) "Middle Stone Age Shell Beads from South Africa", Science Vol. 304 Nº 5669 (16 abril) pág. 404.

- Three or more authors: (HENSHILWOOD et al. 2004)
- Two or more references of the same author and year: (RAPOPORT 1997a, 2000b, 2003c)
- Two or more references together (Bechtel 1986; Altmann 2002; Damasio 2001)

Figures

Apart from the text the paper should only contain Figures. Figures include graphics, maps, photos, drawings, text boxes, etc. The year of publication should be put in square brackets.

Bibliography

It should be presented according to the references and citations of the text.

Examples

Books: RAPOPORT, A. (1990) *History and Precedent in Environmental Design*, New York: Plenum.

Articles: KANDEL, E.R. and L.R. SQUIRE (2001) "Neuroscience: Breaking down Scientific Barriers to the Study of Brain and Mind", in A.R. Damasio et al. (Eds.) *Unity of Knowledge*, New York: NY Academy of Sciences, pp. 118 - 135.

HENSHILWOOD, C. et al. (2004) "Middle Stone Age Shell Beads from South Africa", *Science* Vol. 304 No. 5669 (16 April) p. 404.

www.ingramcontent.com/pod-product-compliance
Lightning Source LLC
Chambersburg PA
CBHW080430230426
43662CB00015B/2237